LOGÍSTICA E CADEIA DE SUPRIMENTOS
O ESSENCIAL

LOGÍSTICA E CADEIA DE SUPRIMENTOS
O ESSENCIAL

Paulo Sérgio Gonçalves
Professor do IBMEC

Copyright © 2013, Editora Manole Ltda., por meio de contrato com o autor.

Editor gestor: Walter Luiz Coutinho
Editora responsável: Ana Maria da Silva Hosaka
Produção editorial: Pamela Juliana de Oliveira
                           Marília Courbassier Paris
                           Rodrigo de Oliveira Silva
Editora de arte: Deborah Sayuri Takaishi
Projeto gráfico e diagramação: Anna Yue
Capa: Thereza de Almeida

Dados Internacionais de Catalogação na Publicação (CIP)
(Câmara Brasileira do Livro, SP, Brasil)

Gonçalves, Paulo Sérgio
Logística e cadeia de suprimentos: o essencial / Paulo Sérgio Gonçalves. -- Barueri, SP : Manole, 2013.

Bibliografia.
ISBN 978-85-204-3123-8

1. Cadeia de suprimentos - Gerenciamento 2. Logística empresarial
3. Logística (Organização) 4. Tecnologia da informação I. Título.
13-05094   CDD-658.5

Índices para catálogo sistemático:
1. Cadeia de suprimentos : Logística :
Administração de empresas 658.5

Todos os direitos reservados.
Nenhuma parte deste livro poderá ser reproduzida, por qualquer processo, sem a permissão expressa dos editores. É proibida a reprodução por xerox.

A Editora Manole é filiada à ABDR – Associação Brasileira de Direitos Reprográficos

1ª edição – 2013

Editora Manole Ltda.
Av. Ceci, 672 – Tamboré
06460-120 – Barueri – SP – Brasil
Tel.: (11) 4196-6000 – Fax: (11) 4196-6021
www.manole.com.br
info@manole.com.br

Impresso no Brasil
Printed in Brazil

Para meus pais que neste ano completaram 68 anos de casados,
um exemplo de vida e amor.
E para meus filhos Paulo Eduardo e Leticia Coeli,
com todo carinho.

"Há guerras dentro de mim, mas são guerras de
aperfeiçoamento, não guerras de destruição!"
Geraldo Carneiro

Sumário

Sobre o autor XIII
Apresentação XV

Capítulo 1   Introdução à logística 1
  Introdução 1
  A logística como atividade essencial 2
  Conceito de logística 6
  Atividades-chave da logística 10
  A logística sob a óptica de um modelo de transformação 14
  Objetivos da logística 15
  Exemplos de objetivos logísticos bem-sucedidos 18
  Visão sistêmica da logística 20
  Exercícios 21

Capítulo 2   Logística e estratégia 25
  Introdução 25
  Planejamento logístico 29
  Estratégicas básicas 33
  Princípios básicos 37
  Planejamento estratégico da logística 42
  Exercícios 51

Capítulo 3   Logística e tecnologia da informação 55
  Introdução 55
  Código de barras e etiquetas eletrônicas 59

IX

Logística e cadeia de suprimentos: o essencial

Sistemas colaborativos e comércio eletrônico 67
Integração da tecnologia da informação à logística 75
Integração da cadeia de suprimentos via tecnologia da informação 75
Softwares de gestão da cadeia de suprimentos................................. 78
Sistemas de informações logísticas (LIS – *logistics information system*) 81
Exercícios... 85

Capítulo 4   Logística e serviço ao cliente... 89
Introdução 89
Estratégia de serviço ao cliente 92
Logística e serviço ao cliente 96
Medida de desempenho do serviço ao cliente................................. 97
Exercícios 103

Capítulo 5   Custos logísticos 107
Introdução 107
Conceito de custos logísticos.. 108
Análise da dinâmica da logística e seus custos.................................. 114
Análise dos fatores relacionados aos custos logísticos........................... 119
Custos baseados na atividade 122
Visibilidade dos custos logísticos.. 124
Exercícios 125

Capítulo 6   Transporte... 129
Introdução 129
Modalidades de transporte.. 132
Transporte ferroviário 137
Modal hidroviário... 142
Transporte aéreo.. 145
Intermodalidade e multimodalidade.. 153
Portos e operações portuárias 158
Exercícios... 159

Capítulo 7   Armazenagem e movimentação de materiais 165
Introdução 165
Papel da armazenagem no conceito da logística................................. 170
Serviços prestados pelos armazéns ou centros de distribuição.................... 173
Tipos de armazéns.. 174
Princípios operacionais.. 175
Projeto de armazenagem – fluxo dos materiais.................................. 175

Equipamentos de manuseio e armazenagem dos materiais 182
Armazenagem especial (AR/RS – armazenagem automática/sistema
de recuperação) 188
Técnicas de operação de um armazém 190
Sistemas de gerenciamento de armazéns 194
Exercícios 197

Capítulo 8 Logística e distribuição física 201

Introdução 201
Cadeia de distribuição 202
Mutações dos mercados e distribuição física 204
Canais de distribuição 206
O mercado e sua extensão 209
O produto e sua formatação 211
O uso de intermediários 211
Distribuição como uma rede 213
Efeitos da internet na distribuição física 221
Exercícios 223

Capítulo 9 Previsão de demanda 227

Introdução 227
Técnicas não científicas 228
Técnicas um pouco mais sofisticadas com algum ferramental
quantitativo 228
Ajustamento exponencial 231
Regressão linear 232
Ciclos e sazonalidade 240
Escolha do modelo de previsão 245
Exercícios 248

Capítulo 10 Gestão de estoques 253

Introdução 253
Conceito de lote econômico de compras 254
Dimensionamento de estoques de segurança 260
Sistemas de gestão de estoques 268
Curva ABC ou curva de Pareto 276
Exercícios 278

Capítulo 11 Gestão dos riscos da cadeia de suprimentos 281

Introdução 281
Classificação dos riscos 283

XI

Logística e cadeia de suprimentos: o essencial

Riscos da cadeia de suprimentos 289
Gestão dos riscos logísticos. 292
Critérios para a identificação dos riscos de uma cadeia de suprimentos 298
Estágios críticos para a gestão dos riscos de uma cadeia de suprimentos 300
Exercícios. 301

Capítulo 12 Indicadores de desempenho das atividades logísticas 305

Introdução 305
Indicadores de desempenho 305
Balanced scorecard 307
Modelo SCOR. 309
Exercícios. 318

Referências 319
Índice remissivo 325

Sobre o autor

Paulo Sérgio Gonçalves é engenheiro mecânico pela Universidade Federal do Espírito Santo, mestre em Engenharia de Produção pela Coppe/UFRJ e possui MBA em Estratégia Empresarial pelo PDG/IBMEC.

Possui vasta experiência profissional na área de logística e operações (manufatura e serviços), tendo trabalhado em diversas funções executivas de cunho gerencial. Também desenvolve atividades na área do magistério em cursos de graduação e pós-graduação, tendo trabalhado na ESPM/RJ e como professor convidado da FGV/Management e Universidade Federal de Juiz de Fora. É professor de Administração de Materiais e Logística das faculdades IBMEC/RJ.

Autor dos livros *Gestão de estoques: teoria e prática* e *Administração de materiais*.

Exerce atividades de consultoria nas áreas de logística e operações (manufatura e serviços).

XIV

Apresentação

A logística está presente em todos os campos de atividades. Isso acontece porque em todas as áreas, quer sejam empresariais ou pessoais, o fluxo de bens e serviços tem de acontecer. Afinal, os produtos e serviços devem ser disponibilizados nos locais requeridos no menor prazo possível e dentro das expectativas dos clientes e consumidores.

É evidente que a globalização dos mercados acabou por impulsionar a logística para agir em todos os recantos do planeta, em uma busca constante de matérias-primas, insumos e componentes para disponibilizá-los em seu local de destino de forma ágil e economicamente viável.

Não é sem razão que atualmente compramos e consumimos produtos denominados "mundiais". Isso se deve a um bom planejamento logístico que permite que o fluxo de bens ocorra de forma ordenada, planejada e a baixo custo final. É por essa razão que Bowersox et al. (2006) escreve que "o gerente logístico do futuro será muito mais um líder de mudanças e muito menos um técnico".

Em razão de tudo isso, este livro veio ao encontro desse objetivo: apresentar aos executivos, gerentes e estudantes das mais diversas áreas que a logística é essencial para a sobrevivência das empresas.

Uma das dificuldades que encontramos, ao lecionarmos a disciplina nos cursos de graduação e pós-graduação, está justamente na escassa disponibilidade de exercícios quantitativos e estudos de casos. Em sua maioria, eles são voltados para o modelo americano que, em muitas situações, não são aplicáveis ao ambiente das empresas brasileiras, particularmente em função da diversidade cultural, tecnológica e mesmo de formação profissional de seus colaboradores.

Em função disso, a nossa preocupação voltou-se para a produção de um texto que focasse a logística dentro de uma visão empresarial e especialmente voltada para os aspectos gerenciais dos processos logísticos. A obra também apresenta uma série de exercícios e estudos de caso para reforçar o aprendizado da disciplina.

Para os professores da disciplina, o autor disponibiliza no site da editora (www.manoleeducacao.com.br/logisticaecadeiadesuprimentos) um completo material de apoio envolvendo slides, cadernos de exercícios e estudos de caso, bem como recomendação de vídeos ilustrativos das diversas atividades logísticas que poderão ser "baixados" gratuitamente de sites da internet.

Finalmente, submetemos ao público leitor e aos colegas do magistério a presente obra, esperando contar com críticas e sugestões para aprimorá-la.

Paulo Sérgio Gonçalves
Email: professor.pgoncalves@gmail.com
Blog: http://professorgoncalves.blogspot.com

CAPÍTULO 1

Introdução à logística

INTRODUÇÃO

O rápido desenvolvimento de produtos, a globalização dos mercados e a acirrada competição formada entre as corporações levaram à necessidade de melhor incrementar o atendimento aos mercados, suprindo seus usuários na qualidade, na quantidade e nos prazos desejados.

As exigências dos clientes estão cada vez mais exacerbadas no sentido da diversificação de produtos e serviços, cujas características se vinculam às necessidades específicas de cada cliente e em cada região do planeta.

Evidentemente, essa diversificação do mercado e o atendimento aos seus clientes têm um custo que precisa ser otimizado, sob pena de tornar inviável qualquer operação de atendimento.

As mutações sucessivas que ocorrem na economia, na tecnologia, nos mercados e nos clientes provocam óticas diferentes de análise, e a melhoria de métodos e processos é fator indispensável para reduzir custos e aumentar a possibilidade de entrada em vários mercados novos. O resultado disso é um aumento considerável na competitividade entre as empresas.

Para disponibilizar um produto ou um serviço no mercado, as empresas necessitam de uma boa estrutura operacional de apoio e análises das condições mercadológicas e da infraestrutura disponível que, em alguns casos, resulta em assumir compromissos diante de cenários mundiais. É claro que essas análises implicam assumir certos riscos que poderão acarretar um grande sucesso ou um retumbante fracasso empresarial.

Da divisão do trabalho descrita por Adam Smith (1776) e Charles Babbage (1852) até os mercados interativos via internet e *web* dos nossos dias, foram produzidas inúmeras modificações, tanto nos mercados, que se tornaram globais, quanto nos seus clientes, que se tornaram cada vez mais exigentes e conscientes de seus direitos. A arte e a ciência se deslocaram em uma geografia de âmbito mundial, focadas em levar tudo para todos os mercados em todos os lugares, nascendo, assim, a logística.

As barreiras tradicionais foram derrubadas com a globalização. Empresas como Ford®, Microsoft®, Gillete® produzem produtos em escala mundial. Além da movimentação das informações que fluem por meio da internet, um enorme fluxo de bens circula entre empresas, países e comunidades diferentes. Produtos são configurados levando-se em conta os custos de cada componente. Assim, pode-se ter um produto mundial com partes deste oriundas dos mais diversos pontos do planeta para ser montado em uma determinada região e, então, distribuído em escala mundial.

Evidentemente, orquestrar uma operação desse porte é uma tarefa muito complexa e envolve uma grande variedade de técnicas, tanto para a produção do bem ou do serviço, quanto para sua distribuição e comercialização em escala mundial.

Assim, para ser eficiente e poder competir em mercados globais, torna-se necessário que sejam eliminados todos os desperdícios e se produza dentro dos níveis de qualidade mínimos aceitáveis pelos clientes e que a oferta e a entrega dos produtos sejam realizadas de forma rápida e eficiente. O aparente contrassenso de ter disponibilidade de produtos ou mesmo um leque de produtos e reduzir custos não é visto hoje como objetivo conflitante, mas uma necessidade imperiosa marcada pela eficiência empresarial.

A LOGÍSTICA COMO ATIVIDADE ESSENCIAL

Por volta de 1870, os melhores mercados já tinham sido formalmente anexados, ou informalmente agregados, e integrados na economia europeia em expansão, mas ainda havia lucros por realizar na África e, sobretudo, na Ásia, embora a pobreza desses países e sua baixa taxa de crescimento do PIB fizessem com que a demanda de produtos manufaturados para esses mercados fosse bastante limitada (Landes, 2005).

A concentração dos consumidores mais ricos do mundo em número e em disponibilidade de riqueza acabou por reduzir consideravelmente a potencialidade dos mercados externos. As potências industrializadas da Europa eram clientes umas das outras, o que resultou no aumento da importância do mercado interno.

Entre 1870 e 1910, a população da Europa passou de 290 milhões de habitantes para 435 milhões (Landes, 2005), quando as rendas nacionais se multiplicaram. "Ainda mais importante do que o crescimento do poder global de compras foi a

CAPÍTULO 1 Introdução à logística

mudança no padrão de consumo. A elevação sistemática da renda *per capita*, que atingia até as camadas mais baixas da população" (Landes, 2005, p. 254) acabou por liberar somas de recursos financeiros para a compra de produtos manufaturados, em vez de unicamente alimentos, e produtos que geravam conforto material no lugar de gêneros de primeira necessidade.

O mercado estava em um crescimento considerável, provocado tanto pelo aumento populacional, quanto pelo fato de a economia ter produzido um incremento de renda que passou a permear as diversas classes sociais.

As pesquisas realizadas pelas indústrias com o aço e a química provocaram uma explosão de novos produtos. Na França, a produção de tecidos altamente coloridos e de desenhos criativos fez com que suas indústrias se destacassem na produção de estamparia de algodão.

A Revolução Industrial e o impulso das novas tecnologias aplicadas à manufatura de produtos, especialmente com a invenção da máquina a vapor, foram essenciais para a expansão da indústria e dos negócios.

Se, de um lado, o processo industrial começava a se tornar mais automatizado com a introdução de novas invenções e aprimoramentos nas máquinas, de outro, os transportes se multiplicavam com uma força motriz (Landes, 2005) que permitia levar grandes volumes a longas distâncias.

Essa expansão abrupta da produção levou a um processo de padronização de produtos que permitiu a intercambialidade das peças que compusessem cada produto, facilitando, assim, o processo produtivo em etapas e a criação dos chamados centros de trabalho.

Com a expansão da capacidade produtiva, as empresas não queriam ficar restritas às cidades e periferias em que se encontravam instaladas. Os mercados de outras cidades eram sedutores e a produção precisava ser escoada até esses mercados de forma segura e econômica.

Com a demanda exacerbada por produtos, a produção desenfreada visava primordialmente à produção máxima para atender a uma demanda que crescia de forma exponencial. Esse crescimento acelerado da demanda foi motivado pela produção em maior escala, o que permitiu reduzir os custos de produção e tornar os produtos acessíveis a um maior número de pessoas. Como a demanda por produtos era bem superior à oferta, toda a produção era consumida levando as empresas a obterem altos lucros com a venda desses produtos. Os custos não eram muito relevantes, em face dos elevados lucros obtidos.

De um lado, com um mercado absorvente e sedento de novos produtos e de melhor qualidade, as empresas passaram a ter grandes margens de lucros que toleravam as ineficiências da administração e da produção. O marketing ainda não se encontrava estruturado e as áreas de vendas ou de finanças eram as responsáveis pelo processamento dos pedidos dos clientes.

De outro lado, as guerras tanto produzem estragos exacerbados, quanto trazem benefícios incontáveis em termos de avanços tecnológicos, estratégias e alavancagem de novos negócios. A necessidade imperiosa de produzir artefatos bélicos e fazer-se presente nos campos de batalha de forma estrategicamente eficiente, levando para esse cenário tropas, equipamentos, suprimentos e munição, acabou por traduzir-se na descoberta de novos métodos de produção, movimentação e transporte.

O custo de uma guerra é altíssimo e pode acabar por inviabilizar o equilíbrio entre as formas beligerantes, resultando em perdas e ganhos de ambas as facções no teatro de operações e nas mesas de negociações. Essa preocupação impulsionou as empresas supridoras da indústria bélica a buscarem economias de escala com novos processos e novos focos na operação dos sistemas produtivos, buscando otimizar os tempos de produção, melhorar a qualidade dos produtos e reduzir os custos de produção dos materiais.

A explosão da Segunda Guerra Mundial resultou na necessidade de uma grande mobilização de tropas, suprimentos e equipamentos para as áreas estratégicas e de combate, fazendo com que as indústrias focassem sua produção para atender às exigências da guerra na fabricação de artefatos bélicos e materiais diversos destinados aos combatentes.

O esforço ligado à área bélica para reduzir custos, criar novos processos de produção, inventar novas armas, melhorar tecnologias existentes e criar novas estratégias militares acarretou o surgimento de vários grupos de estudos envolvidos na busca de novas tecnologias voltadas para atender às necessidades dos aliados. Esses grupos reuniam um seleto séquito de renomados cientistas, engenheiros, matemáticos etc. surgindo, assim, uma nova área do conhecimento humano que tem como objetivo otimizar processos e reduzir custos. Essa nova área passou a ser denominada pesquisa operacional.

O término da Segunda Guerra Mundial refletiu de maneira positiva na implantação de novas tecnologias, métodos e processos, visto que as empresas passaram a absorver parte da tecnologia de produção de artefatos bélicos na produção de bens e serviços voltados para a produção em massa. Apesar das melhorias operacionais, o pós-guerra levou a uma grande ociosidade das indústrias em face da redução das encomendas, antes voltadas para atender às demandas basicamente focadas nas atividades bélicas.

Os avanços tecnológicos proporcionados pelo advento da Segunda Guerra Mundial passaram a ser incorporados na manufatura de bens e serviços, como (Gonçalves, 2010a):

* Produção em massa de veículos automotores e demais produtos, o que permitiu aos fabricantes produzir mais produtos com um menor custo e levou o automóvel a tornar-se o meio de transporte mais importante.

CAPÍTULO 1 Introdução à logística

- A invenção de máquinas voadoras mais pesadas que o ar e do motor a jato que permitiram ao mundo ficar "menor".
- Disponibilidade em massa do telefone e, mais tarde, do computador, que, especialmente por meio da internet, fornece às pessoas novas oportunidades de comunicação quase instantânea.
- Eletrônica aplicada, que tornou possível o crescimento por intermédio de veículos de massa como a televisão, telecomunicações etc.
- O desenvolvimento do fertilizante à base de nitrogênio e o uso de pesticidas e herbicidas, o que resultou em um melhor aproveitamento na agricultura.
- Avanços na física fundamental, especialmente por meio da teoria da relatividade e da mecânica quântica, o que levou ao desenvolvimento de armas nucleares (conhecidas informalmente como "a bomba" e jogadas na cidade industrial de Hiroshima e na cidade histórica de Nagasaki), o reator nuclear e o laser.

Por trás desse caleidoscópio de mudanças, que também imprimiu a reconstrução de vários centros urbanos, estava uma tendência geral que é o casamento da ciência com a tecnologia, em função da ampliação do leque de conhecimentos obtidos nas pesquisas e do desenvolvimento no decorrer da guerra.

Somente a partir de 1950 as atividades de marketing começaram, de forma incipiente, a estar presentes em algumas empresas, e a distribuição física tornou-se um elemento-chave, em face da necessidade de levar os produtos solicitados pelos clientes às mais diversas regiões. Esse era o grande desafio que se apresentava diante das empresas e mercados. A partir dessa época, começou a surgir, de forma inicial, uma coordenação de funções relacionadas a marketing e distribuição de produtos.

A logística, à época, estava muito mais voltada para a área militar, cujo objetivo primordial era levar armamentos, munições e suprimentos para a linha de frente das batalhas. Com a explosão dos mercados, resultante do aumento das populações urbanas e do incremento das rendas *per capita*, o desafio, igualmente, era levar os produtos a diversas regiões. Com isso, as experiências militares no campo da logística bélica passaram a ser um referencial importante para promover melhorias essenciais no sistema de distribuição física de produtos e na redução dos custos.

Se, de um lado, os clientes tornavam-se cada vez mais exigentes em termos de padrão de qualidade e requisitos quanto à demanda de produtos, de outro, o surgimento de novas empresas com novas tecnologias ocasionou para estas um ganho considerável em produtividade e, por consequência, aumentou a competitividade, com reflexo na eficiência operacional, em um mercado mais exigente e em constante mutação.

Entre 1950 e 1970, as atividades de marketing começaram a tomar corpo nas empresas e a distribuição física começou a crescer em importância, em face da necessidade de levar os produtos a diversas regiões. Surgem, assim, os primeiros grupos de atividades logísticas nas empresas. A experiência e a pesquisa militares na área de logística passam a ser incorporadas nas empresas.

Começam os estudos acadêmicos e trabalhos destinados a buscar a otimização de custos logísticos, pois a concorrência está presente. Os avanços da tecnologia passam a ser também incorporados pela logística. Clientes cada vez mais exigentes promovem mudanças nos padrões de consumo e na demanda de produtos.

Após o ano de 1970, a logística passa a conquistar um espaço de importância fundamental nas empresas. A competição acirrada e as pressões para redução de custos se fazem presentes com grande intensidade. O uso intensivo da tecnologia na manufatura desloca seu foco para as áreas de serviços. O comércio começa a sofrer o impacto da globalização. A expansão da tecnologia da informação com novos computadores e novos processos de tratamento da informação passou a ser incorporada pela logística, que começou a ficar dependente dessa tecnologia.

O mercado passa a sofrer grandes mudanças no hábito de consumo: em um primeiro plano, a redução da fidelidade do consumidor e o aumento da frequência das compras, por exemplo,; em um segundo plano, após a estabilização da economia brasileira, os consumidores mudaram seus hábitos de compras nos supermercados, antes, esses consumidores realizavam compras mensais, passando a realizá-las com maior frequência, em face de não ser mais necessário estocar produtos com receio de grandes aumentos de preços.

De um lado, as famílias começaram a realizar o planejamento familiar, cujo resultado foi uma sensível redução no tamanho das famílias com imediato impacto no consumo de bens; de outro, o ingresso ao mercado de trabalho, com maior participação dos membros de uma família, acabou por ter reflexo no número de refeições preparadas em casa.

Para dar uma ideia do avanço da tecnologia, dos métodos e dos processos, basta examinar o quadro apresentado na Figura 1.1, que apresenta um pequeno estudo comparativo relativo à indústria automobilística brasileira nos últimos vinte anos de existência.

Evidentemente, a simples existência de tecnologia de ponta na manufatura não significava, obrigatoriamente, que os produtos chegassem ao mercado na mesma voracidade com que eram fabricados. Eis aqui uma questão essencial na qual a logística se apresenta como protagonista principal. Sem uma logística de alto desempenho, dificilmente o escoamento de produtos manufaturados ocorreria da forma como hoje se apresenta.

CONCEITO DE LOGÍSTICA

Há um vasto repertório de conceitos e definições para explicar o que é logística.

CAPÍTULO 1 Introdução à logística

Quase sem parafuso

Em vinte anos, o tempo necessário para produzir
um carro caiu de uma semana para apenas 24 horas

	Anos 1980		Hoje
▶ Veículos por empregado/ano	10 a 20	⇒	100 a 150
▶ Tempo de produção do veículo	5 a 10 dias	⇒	24 horas
▶ Número de peças de um carro	4.000 a 6.000	⇒	500 a 1.000
▶ Veículo projetado para durar	3 anos	⇒	10 anos
▶ Maquinário	Manual	⇒	50% robotizado
▶ Número de fornecedores	1.000	⇒	100
▶ Estoque	30 dias	⇒	1 dia
▶ Produção anual	600.000 veículos	⇒	1,6 milhão

FIGURA 1.1 Evolução da indústria automobilística.
Fonte: *Veja* (2002).

O conceito mais antigo remonta à época da Segunda Guerra Mundial, em que a logística é definida como "parte da arte militar que trata dos problemas de transporte e de abastecimento das tropas" (Koogan Larousse, 1981, p.516). Essa conceituação, circundada pela área militar, apresenta em seu bojo do que a logística trata, muito embora com um foco meramente militar.

O *Council of Logistics Management*, por sua vez, a define como um processo de "planejamento, implementação e controle do fluxo eficiente e economicamente eficaz de matérias-primas, produtos em processo, produtos acabados e informações relativas, desde o ponto de origem até o ponto de consumo, com o propósito de atender às exigências dos clientes e consumidores".

De um lado, Ballou (2006, p.27), um autor consagrado na área da logística, a define no contexto da logística empresarial, que trata de

> Todas as atividades de movimentação e armazenagem que facilitam o escoamento de produtos, desde o ponto de aquisição de matérias-primas até o ponto de consumo final, assim como os fluxos de informação que colocam os produtos em movimento, com o propósito de providenciar níveis de serviços adequados aos clientes a um custo razoável.

A definição oferecida por Ballou agrega um conjunto de novos mecanismos operacionais, por inserir o conceito de nível de serviço e adicionar as questões relacionadas ao fluxo de matérias-primas e insumos destinados à produção de um bem de consumo. A Figura 1.2 apresenta de forma resumida o fluxo logístico tratado na definição criada por Ballou.

Daskin (1985, p.383-98), por outro lado, examina-a em um contexto ainda maior, quando a define como "o planejamento e a operação dos sistemas físicos, informacionais e gerenciais necessários para que insumos e produtos vençam condicionantes espaciais e temporais de forma econômica".

Essa definição é de grande abrangência quando aborda a necessidade de vencer as condicionantes geográficas e topológicas dos espaços em todas as suas dimensões, não esquecendo que a variável tempo é elemento essencial para uma boa *performance* dessa operação, ou seja, levar o produto desejado ao cliente certo, no exato momento em que ele o deseja e no menor custo possível.

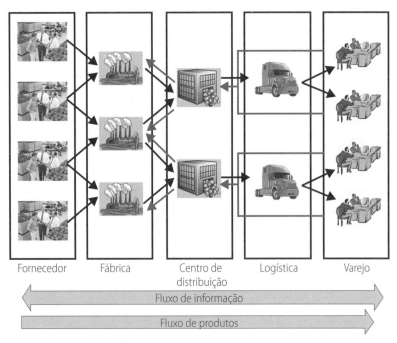

FIGURA 1.2 Dinâmica do fluxo logístico.
Fonte: adaptada de Harsh (2010).

Sem esgotar o repertório de definições que visitam a área da logística, acrescentamos, ainda, a definição de Martin Christopher (2005, p.3), também consagrado autor inglês na área da logística e do marketing, que a trata como

> O processo de gerenciar estrategicamente a aquisição, movimentação e armazenagem de materiais, peças e produtos acabados e o fluxo de informações correlatas por meio da organização de seus canais de marketing, de modo a poder maximizar as lucratividades presentes e futuras por intermédio do atendimento dos pedidos a baixo custo.

A visão proporcionada por Christopher (1999) permite identificar um novo componente essencial ao teatro das operações logísticas que é essencial para o deslocamento adequado de produtos e serviços, que são os canais de marketing.

Para o Institute of Purchasing and Supply, a logística é um conceito que visa:

- Promover o gerenciamento e a coordenação das atividades relacionadas com a cadeia de suprimentos.
- Procura e compra de bens e da sua produção, onde apropriadas.
- Ao escoamento desses bens por intermédio de canais de distribuição até o consumidor final.

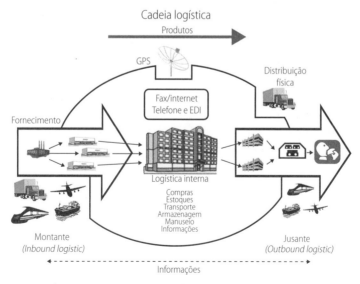

FIGURA 1.3 Logística em uma visão global.
Fonte: adaptada de Barbosa e Arbache (2005).

Logística e cadeia de suprimentos: o essencial

- À criação de vantagens competitivas por meio do fornecimento de um alto nível de serviço aos consumidores.
- À otimização dos investimentos e do valor do dinheiro.

Com esses conceitos, é possível concluir que a logística:

- É uma função de gerenciamento do fluxo total de bens e serviços por intermédio de uma rede.
- Essa rede envolve a movimentação desde os insumos e as matérias-primas até os produtos acabados destinados aos consumidores.
- O gerenciamento logístico acontece por meio do fluxo de informações que é criado e flui por intermédio da rede.
- Essa rede envolve tanto o suprimento (logística a jusante) quanto a distribuição física (logística a montante).
- Para vencer os desafios de levar os insumos e produtos ao longo dessa rede, é necessário vencer:
  - Condicionantes espaciais – topografia das regiões, situações de climas, meios de transporte etc.
  - Condicionantes temporais – os produtos necessitam estar em seus destinos no momento exato da sua necessidade.
- O gerenciamento logístico tem por objetivo reduzir os custos e aumentar, por consequência, a vantagem competitiva da empresa.
- A busca de vantagens competitivas é resultante de reduções de custos da operação da rede logística que envolve o fluxo de matérias-primas, produtos em processo e produtos acabados.
- O tempo é uma variável muito importante na otimização do fluxo logístico. Ele flui consideravelmente na manutenção de estoques adicionais destinados a manter o suprimento de bens, mesmo em ocasiões em que houver atrasos nas entregas ou aumento do consumo destes bens.
- A tecnologia da informação é parceira indispensável de qualquer rede logística.

ATIVIDADES-CHAVE DA LOGÍSTICA

As principais atividades da logística são:

1. **Processamento de pedido** – esta é a atividade primordial da logística. Sem clientes, não há demanda de produtos e, consequentemente, não haverá pedidos e, portanto, não haverá processamento de pedidos. Logo, a logística não é uma necessidade.

CAPÍTULO 1 Introdução à logística

2. **Gerenciamento de transporte** – a gestão do transporte é um elemento essencial das atividades logísticas e contribui significativamente na redução dos tempos logísticos. A gestão do transporte envolve o transporte próprio ou contratado, o planejamento de veículos e seus roteiros de entrega (roteirização), e a seleção do melhor meio de transporte a ser utilizado (aéreo, ferroviário, hidroviário, marítimo, rodoviário ou dutoviário).

3. **Gestão dos estoques** – os estoques são necessários para atender e manter os requisitos de demanda e do tempo de suprimento dos produtos. A defasagem entre a geração de necessidade de um determinado produto e a satisfação desta necessidade acaba por produzir estoques para evitar longos tempos de espera até se satisfazer a demanda por produtos. Ter produtos disponíveis é essencial para evitar perdas de vendas. A gestão dos estoques perpassa a determinação de estoques de segurança, a definição dos níveis de estoques que disparam a necessidade de uma nova encomenda e a determinação dos critérios para a reposição dos estoques.

4. **Armazenagem** – representada pela gestão dos espaços físicos destinados ao controle e à guarda dos produtos, envolve atividades como:
   – Seleção do espaço geográfico dentro da topologia espacial onde acontece o fluxo de produtos.
   – Determinação dos espaços necessários para o armazenamento de cada produto.
   – Projeto do armazém e o seu arranjo físico externo e interno.
   – Recebimento, estocagem e fornecimento dos produtos.
   – Armazenamento dos produtos de acordo com os requisitos específicos de cada produto.

5. **Movimentação dos materiais** – a movimentação dos materiais é responsável pelo fluxo de produtos nos pontos de estocagem (armazéns) e envolve atividades como: fluxo dos materiais de forma eficiente e constante, seleção dos equipamentos de movimentação, manutenção dos equipamentos de elevação e manuseio dos produtos.

6. **Embalagem** – refere-se ao projeto de embalagens de produtos para evitar danos na movimentação destes e também para produzir uma movimentação e uma estocagem da forma mais eficiente possível.

7. **Compras** – responsável pela procura, pelo planejamento e pela contratação de fornecedores para o fornecimento de produtos. Tem por objetivo principal garantir a viabilidade do fornecimento de bens, nas quantidades corretas, no tempo certo, no local exigido e com o menor custo possível. As compras aqui referidas não incluem as atividades como negociação de preços etc.

8. **Planejamento da produção** – relacionado à preparação de quantidades agregadas a serem produzidas de acordo com as respectivas demandas atuais e fu-

11

turas. O planejamento da produção aqui referido não inclui o detalhamento do dia a dia de planejamento.

9. **Sistema de informação** – a razão do sucesso da implantação das funções logísticas e do seu gerenciamento. Um banco de dados que envolve a localização dos consumidores, o volume de vendas, os níveis de estoques, os tempos de reposição (*lead time*) etc. deve ser mantido e atualizado em tempo real.

Para promover as atividades logísticas de forma efetiva, as operações logísticas necessitam estar apoiadas em cinco pilares básicos, como mostra a Figura 1.4.

- **Redes logísticas** – incluem as facilidades, como manufatura, armazenagem, intermediários e varejistas. Quanto maior a amplitude espacial dessas redes, mais complexas elas se tornam.

  Uma rede logística deve ser frequentemente analisada com o objetivo de se determinar o elenco de facilidades de apoio necessário e reavaliar a sua localização geográfica e a especificidade da alocação dos recursos para que ela promova vantagens competitivas para a organização.

- **Sistemas de informação** – previsões acuradas e gestão dos pedidos são elementos essenciais para um sistema de gestão de estoques na modalidade *just in time* agregado ao contingenciamento da reposição dos estoques, mediante a utilização de um sistema de resposta rápida para o consumidor.

  Ter informações no momento oportuno é a chave para uma logística de alto desempenho. Hoje, a tecnologia da informação opera com um grande leque de possibilidades de troca de informações entre unidades de negócios, como

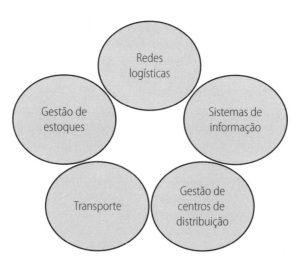

FIGURA 1.4 Pilares básicos da logística.
Fonte: Logistics Overview (2010).

CAPÍTULO 1 Introdução à logística

fax, telefones celulares, e-mails etc., além de contar com sofisticados softwares de apoio à gestão dos negócios, como os sistemas integrados de gestão (ERP's, do inglês *enterprise resource planning*) que possibilitam ter, a qualquer momento e em qualquer lugar, informações em tempo real.

- **Transporte** – velocidade, redução de custos e respostas rápidas são elementos essenciais em qualquer negócio. O transporte é um fator crítico para o sucesso de qualquer projeto de rede logística. O binômio velocidade *versus* custos é importante nas decisões de transporte destinadas a levar o produto até o consumidor. Esse binômio acaba refletindo nas demais atividades de apoio quando examinadas sob a ótica de custos totais. Por exemplo, ao utilizar um meio de transporte mais rápido, embora tenha-se custos de transporte mais elevados, é possível compensar esses custos com a redução dos estoques e melhorias no nível de serviço prestado ao consumidor.
- **Gestão de estoques** – um sistema de gestão de estoques adequado vai permitir atender aos consumidores com um elevado nível de serviço e com um baixo investimento em estoque.

As políticas de estoques que definem as quantidades a serem mantidas em estoque, as quantidades que deverão ser adquiridas, o momento em que essas quantidades devem ser compradas etc. devem ser frequentemente revistas. Excesso de estoque, é uma deficiência que acaba por gerar elevados custos. Do mesmo modo, uma baixa qualificação de fornecedores poderá acarretar deficiências no suprimento de produtos ou mesmo acarretar longos períodos de espera para o suprimento se efetivar. O resultado não poderia ser outro: baixo nível de serviço de atendimento ao consumidor com elevados riscos de perda do cliente ou de baixa captação de novos clientes.

O gestor de materiais deverá estar em perfeita sintonia com os mercados, tanto relacionados ao suprimento dos insumos e matérias-primas quanto ao fornecimento de produtos acabados.

- **Gestão de centros de distribuição** – engloba atividades como recebimento dos produtos, armazenamento e fornecimento. Essas atividades, para serem realizadas de forma adequada, dependem de um conjunto de fatores, entre eles a movimentação e a embalagem do produto. Por um lado, os recursos de movimentação estão intimamente relacionados com a disponibilidade de equipamentos destinados à movimentação dos materiais, por outro, a embalagem e o acondicionamento exercem influência capital na eficiência do sistema de movimentação dos materiais nos centros de distribuição, tanto na recepção dos produtos, quanto na movimentação propriamente dita (movimentar para as áreas de estocagem e, posteriormente, retirar da área de estocagem) e no seu fornecimento.

Projetos adequados de embalagens para movimentação e transporte que, preferencialmente, permitam a unitização das cargas, são essenciais para melhorias consideráveis na área de armazenagem e movimentação, especialmente nos centros de distribuição.

Do mesmo modo, o acondicionamento do produto deverá ser estudado não só sob a ótica de marketing (embalagem vende produto), mas buscando adequação aos sistemas de movimentação e transporte.

A gestão de centros de distribuição é um elemento-chave para permitir um elevado nível de serviço prestado ao consumidor.

A LOGÍSTICA SOB A ÓTICA DE UM MODELO DE TRANSFORMAÇÃO

Sob a ótica de um modelo de transformação no estilo entradas-transformação-saída, é possível examinar a logística sob os aspectos apresentados na Figura 1.5. Como pode-se observar, uma das principais funções da logística é fazer com que os produtos e serviços estejam disponíveis no local e no momento em que sua demanda ocorre.

O modelo de transformação apresentado na Figura 1.5 mostra a logística como um processo de transformação que envolve um elenco de atividades. A logística e a cadeia de suprimentos são dois dos lados do processo de transformação. Muitos autores distinguem os dois conceitos separadamente, enquanto outros os

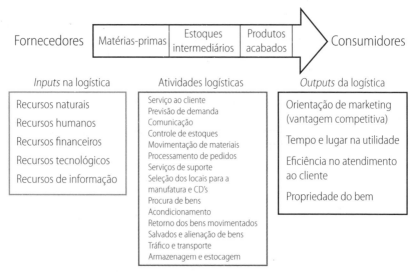

FIGURA 1.5 A logística como um modelo de transformação.
Fonte: Srinivas (2010).

consideram como intercambiáveis. Na verdade, tanto a logística como a cadeia de suprimentos são participantes ativos de um mesmo processo. Examinando o assunto à luz de ganhos em vantagem competitiva para toda a organização, essa vantagem aumenta na medida em que a cadeia de suprimentos e a logística trabalham em conjunto.

De uma maneira abrangente, pode-se considerar a cadeia de suprimentos como a integração de todas as atividades associadas com o fluxo e a transformação de bens, desde as matérias-primas até o produto acabado, destinada a melhorar as relações entre os atores partícipes desse processo com o objetivo primordial de manter uma vantagem competitiva sustentável.

Ao examinar a evolução da logística até a cadeia de suprimentos, como mostra a Figura 1.6, observa-se entre os objetivos operacionais da logística e o gerenciamento da cadeia de suprimento, resposta rápida no atendimento às exigências dos consumidores, variância mínima no fornecimento e na distribuição de produtos, estoques mínimos, movimentação e transporte realizados de forma consolidada e qualidade assegurada dos produtos e serviços logísticos.

OBJETIVOS DA LOGÍSTICA

Considerando que a logística envolve o transporte de materiais, ao menor custo possível, de forma consistente, com segurança e para atender às exigências

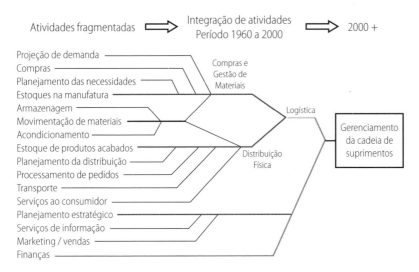

FIGURA 1.6 Evolução do gerenciamento da cadeia de suprimentos.
Fonte: adaptada de Chiu (2006).

de consumo, ela acaba por se processar por meio dos diversos canais de suprimentos.

Garantir a quantidade de produtos no tempo certo no local de vendas só é viável por intermédio de uma comunicação eficiente, assegurando que os pedidos processados sejam disponibilizados nos volumes necessários e no tempo requerido.

Nesse sentido, o gestor dos processos logísticos deverá monitorar constantemente os níveis de estoques para garantir que os pedidos sejam atendidos nas quantidades requisitadas e que os estoques sejam renovados na medida das respectivas necessidades.

Para fazer fluir de forma constante e ao menor custo possível os materiais ao longo da cadeia de suprimentos, de maneira que cheguem a seus destinos finais na quantidade certa e no momento adequado, a logística persegue um conjunto de objetivos. Por um lado, necessita trilhar por meio de:

- **Resposta rápida** – essencialmente, objetiva atender aos requisitos dos clientes no menor tempo possível. Para tanto, algumas medidas para o acionamento de regimes de contingência deverão estar presentes no projeto da cadeia logística. O que se pretende aqui é agir o mais rápido possível, de forma proativa, para atender às necessidades dos clientes.
- **Variância mínima** – eis aqui uma questão-chave para a logística! Manter permanentemente um determinado nível de serviço sem percalços é essencial. Isso significa dizer que a regularidade no fornecimento, tanto nas quantidades desejadas, quanto nos prazos requeridos, é elemento mínimo indispensável para o sucesso da logística.
- **Estoques mínimos** – reduzidos estoques advêm de um bom planejamento de vendas, adequados sistemas de previsão de consumo e uma perfeita sincronia entre a produção e o consumo. A meta aqui é a produção *on demand*, ou seja, produzir o estritamente necessário para atender às necessidades dos consumidores. Como isso é, na prática, uma meta difícil, há que se ter um estoque mínimo, também conhecido como estoque pulmão ou estoque de segurança, para absorver certas oscilações da demanda ou dos prazos de entrega.

  O dimensionamento desses estoques recai no equacionamento do binômio necessidade dos consumidores e manutenção dos prazos de entrega. Assim, quanto maior for a variação da demanda e quanto menos confiável for o tempo de atendimento, maior será o estoque adicional para absorver essas variações.

  Estudos detalhados sobre os processos e métodos de previsão de vendas permitirão levar ao dimensionamento de reduzidos estoques de segurança, com

CAPÍTULO 1 Introdução à logística

consideráveis ganhos em termos de vantagens competitivas, custos e redução nos investimentos e no capital de giro.

- **Movimentação consolidada** – otimizar o transporte de produtos é elemento essencial para aumentar a produtividade da frota de veículos e, consequentemente, reduzir custos no transporte.

A consolidação de cargas permite obter a utilização máxima dos veículos de transporte e o seu deslocamento será realizado dentro das exigências para atender aos requisitos dos consumidores ao menor custo possível.

Programar o transporte e equacionar o tipo ideal de veículo para efetivar o transporte, bem como escolher o melhor modal a ser utilizado, é uma tarefa constante que precisa ser trabalhada de forma diligente, proativa e tendo como meta a otimização dos custos e a utilização do volume máximo ou da carga máxima em cada veículo de transporte.

- **Qualidade assegurada** – de nada vai adiantar levar rapidamente o produto até o consumidor, nos prazos e nas quantidades por ele desejados, se esse produto não atender às exigências mínimas de qualidade requeridas pelo cliente. Qualidade é um conceito diretamente relacionado com o que o cliente exige. Assim, dar ao cliente a exata medida de qualidade dos produtos por ele exigida é indispensável. A qualidade implica inexistência de retrabalho. Este acaba por produzir baixa produtividade, e projetos com essas características produzem uma imagem muito negativa da empresa. Qualidade assegurada implica oferecer produtos prontos para uso, sem qualquer defeito ou possibilidade de apresentar defeito.

Por outro lado, observando o elenco de atores que transitam nos processos logísticos, é possível identificar objetivos específicos de cada um destes atores que ocasionem o aumento do desempenho de todo o processo. Entre os atores colaboradores, tem-se:

- **Produção** – dá o suporte necessário para as atividades logísticas. O ideal é que a produção aconteça de forma cadenciada e sem sobressaltos, que acabam por onerar significativamente os custos dos produtos.

É claro que, na hipótese de os pedidos não serem atendidos dentro das quantidades e prazos desejados, a produção será sobrecarregada para dar conta dessa exigência.

É importante que, na gestão dos processos logísticos, tenha-se em mente assegurar um fluxo adequado de produtos, de forma que a manufatura passe a produzir da maneira mais econômica possível, evitando-se o oneroso aumento de custos quando a produção necessitar trabalhar fora do seu ritmo normal, em face de exigências especiais destinadas a atender a pedidos extras ou em face da má gestão dos processos logísticos.

Assim, podemos concluir que o objetivo da produção é assegurar o atendimento à demanda de produtos dentro de uma alta qualidade e no menor custo possível.

* **Custos** – reduzir os custos aos valores mínimos possíveis na compra de matérias-primas e insumos, de forma a garantir uma produção de alta *performance* e de baixos custos finais dos produtos. Esse objetivo também demanda um adequado gerenciamento dos estoques, no sentido de promover um aumento no giro dos estoques e, consequentemente, baixar os custos de posse destes.

EXEMPLOS DE OBJETIVOS LOGÍSTICOS BEM-SUCEDIDOS

Federal Express – FedEx

É uma empresa considerada como modelo e mundialmente conhecida. Entre os objetivos logísticos que essa empresa persegue, pode-se citar:

* Entrega em 24 horas ou o seu dinheiro de volta.
* Coleta rápida de pacotes.
* Monitoramento dos pacotes em tempo real – a FedEx disponibiliza o rastreamento dos pacotes dos clientes na internet. No Brasil, a ECT também faz isso, bastando que o usuário interessado entre com o código do documento postado para que tenha um adequado posicionamento do seu envio ao destinatário final.
* Uso do conceito de canal de coleta e canal distribuidor – processo conhecido na literatura inglesa como *hub and spoke*. Nesse conceito, a empresa mantém uma unidade em Memphis, no Tennessee.

Martins Comércio e Serviço de Distribuição S/A[1]

Essa empresa, genuinamente brasileira, nasceu do esforço de seus empreendedores e da visão de negócios que possuem. Uma das principais atividades é atender ao mercado varejista em quantidades reduzidas, por pedido efetuado. Entre seus objetivos, pode-se citar:

* Entrega rápida dos pedidos para pequenos varejistas.

---

[1] Disponível em: http://portal.martins.com.br.

CAPÍTULO 1 Introdução à logística

- Ampla variedade de produtos disponíveis.
- Estoques centralizados.

Com três centrais de armazenagem (336 mil m² de área e 113 mil m² destinados à armazenagem) e 39 centros de distribuição avançada espalhados pelo país, a Martins Comércio e Serviço de Distribuição S/A oferece mais de 16 mil itens aos seus clientes, que são basicamente pequenos e médios varejistas.

Os 3.470 representantes comerciais autônomos da empresa são responsáveis por gerar uma média de 3 milhões de pedidos por ano que são entregues pela frota de 1.100 veículos próprios e 200 terceirizados. Para passar pelo menos uma vez por semana em cada cidade brasileira, esses caminhões rodam cerca de 47 milhões de km por ano. E para garantir a eficiência nesse processo, há um complexo sistema logístico com tecnologia de última geração.

Por intermédio de seu relacionamento sólido construído com a indústria ao longo dos anos, a Martins oferece uma extensa gama de produtos que contemplam materiais de construção, eletroeletrônicos, alimentícios, higiene e beleza, produtos de limpeza, veterinários, papelaria, utensílios domésticos, descartáveis, ferramentas, entre outros.

O sucesso da pequena e média empresa é vital para o desenvolvimento sustentável da sociedade. E um sistema que capacite essas empresas a cooperar e competir, gerando relações de qualidade e integrando produção e consumo, é a melhor solução para garantir esse sucesso. Essa é a visão do Sistema Integrado Martins, que congrega a Martins Comércio e Serviços de Distribuição (atacado), o Tribanco (seu braço financeiro), a Universidade Martins do Varejo (UMV) e a Rede Smart.

A denominação Sistema Integrado Martins foi definida após um trabalho minucioso de observação do modelo de negócio da corporação e de preparação para a nova fase de crescimento.

Com sede em Uberlândia (MG), o Sistema Integrado Martins conta com cerca de 4.730 colaboradores (como são denominados os funcionários) e concluiu 2008 com um faturamento de R$ 4 bilhões. Fundada há 55 anos por Alair Martins do Nascimento, a organização possui uma carteira com 376.850 clientes ativos em todo o país e é líder em seu setor no Brasil.

Sua força empresarial[2] está pautada nos seguintes dados:

- Colaboradores (funcionários): 4.730.

---

[2] Para ter acesso ao vídeo institucional da empresa, acesse: http://www.youtube.com/watch?v=KCVfFqcENcs.

19

- Frota própria: 1.100 veículos.
- Representantes comerciais autônomos: 4.877.
- Itens comercializados: 17 mil.
- Centrais de armazenagem e distribuição: 1 (Uberlândia).
- Pedidos separados, carregados e entregues por ano: média de 3 milhões.
- Total de clientes ativos do atacado: 376.850.
- Pessoas já treinadas pela UMV: mais de 286 mil.
- Lojas da Rede Smart: 1.200 filiadas.
- Lojas projetadas pela UMV: mais de 12 mil.
- Faturamento do Sistema Integrado Martins em 2008: R$ 4 bilhões.
- Faturamento da Martins Comércio e Serviços de Distribuição (atacado) em 2008: R$ 3,7 bilhões.

VISÃO SISTÊMICA DA LOGÍSTICA

Sob o foco de uma visão sistêmica que busca uma efetiva integração entre os diversos atores de uma cadeia de suprimentos, é possível obter consideráveis melhorias. Assim, melhorar a visibilidade da cadeia, de forma a promover a sua integração, é elemento essencial.

Essa visibilidade tem início a partir do momento em que os atores participantes possam atuar de forma integrada, e não focados exclusivamente nas suas próprias atividades. Para que esse objetivo seja atingido, é necessário um alto grau de confiança mútua, em especial pela condição indispensável de que as informações entre todos os entes da cadeia deverão ser compartilhadas.

Aliado a essa visibilidade, há que se considerar o gerenciamento da cadeia em uma visão sistêmica das atividades logísticas que busca adotar o conceito de cadeia de valor: os ganhos devem ser na cadeia como um todo, e não na busca do ótimo local. Dentro dessa abordagem, o ganho da cadeia é compartilhado por todos dela integrantes. Para que essa visão sistêmica surta efeito, será necessário redobrar esforços para:

- Transformar esforços individuais em esforços integrados.
- Promover a gestão do fluxo dos materiais ao longo da cadeia da forma mais rápida e precisa possível.
- Potencializar a gestão da demanda em detrimento da gestão por pedidos.

A análise conjunta da cadeia e a busca da sua integração têm como objetivo principal perseguir a maximização da utilidade dos esforços e investimentos aplicados, evitando-se a aplicação de recursos em atividades que pouco resultem em efetivas melhorias sistêmicas. Em resumo, a condição indispensável aqui é pensar

CAPÍTULO 1 Introdução à logística

coletivamente, em prol de uma melhoria significativa que ocasionará benefícios para todos os atores participantes do elenco de atividades de uma cadeia logística.

O resultado desse esforço conjunto será traduzido por melhora da eficiência operacional global, redução dos tempos dos processos, redução da burocracia, melhoras nos *lead time* e nos tempos de resposta às demandas, consideráveis reduções nos investimentos em estoques e melhora na qualidade dos serviços prestados ao cliente final.

EXERCÍCIOS

Exercício quantitativo[3]

A POPFOR fabrica camisas para homens, produzindo uma camisa que vale R$ 90,00 na sua confecção localizada em Fortaleza (CE) a um custo de R$ 48,00 por camisa, incluindo matérias-primas.

São Paulo é seu maior mercado, consumindo 100 mil camisas por ano.

Os custos de embalagem, transporte e armazenagem de Fortaleza para São Paulo estão discriminados nas seguintes rubricas:

- Custo da embalagem individual de uma camisa: R$ 0,06 por unidade.
- Custo de transporte de Fortaleza para São Paulo: R$18,00 por fardo com 100 camisas.
- Custo de armazenagem: R$ 0,06 por unidade.

Considerando a possibilidade de a POPFOR vir a confeccionar suas camisas no exterior, o gerente da POPFOR estuda uma oferta de uma confecção em Taiwan para produzir as camisas a um custo de US$ 12,00 por unidade, desde que as matérias-primas destinadas à produção das camisas sejam fornecidas pela POPFOR.

As matérias-primas podem ser transportadas de Fortaleza para Taiwan a um custo de US$ 2,00 para cada grupo de 100 camisas.

Assim que forem fabricadas, em Taiwan, as camisas devem ser embarcadas diretamente para São Paulo, com um custo de embalagem, transporte e armazenagem de US$ 18,00 para cada grupo de 100 camisas. Uma taxa de importação de US$ 1,50 por camisa deve ser considerada no planejamento.

---

[3] Adaptado de Ballou (2006).

Logística e cadeia de suprimentos: o essencial

Perguntas

1. Do ponto de vista de logística, produção e custos, as camisas devem ser produzidas em Taiwan? Considere o dólar comercial a R$ 2,00.
2. Caso o dólar comercial sofresse uma elevação para R$ 2,50, qual seria o custo final de cada camisa produzida em Taiwan?
3. Além do dólar passar para R$ 2,50, considere a possibilidade de um acréscimo na taxa de importação de 20%. Qual a diferença entre o custo de uma camisa produzida no Brasil e a mesma camisa produzida em Taiwan?

Solução

TABELA 1 Custo total da fabricação

Demanda de camisas	100.000	Valores finais
	R$ 1,00	
Preço de venda (SP)	R$ 90,00	R$ 90,00
Fábrica em Fortaleza (CE)	**Lucro bruto:**	**R$ 4.170.000,00**
Custo unitário (CE)	R$ 48,00	R$ 48,00
Custo embalagem	R$ 0,06	R$ 0,06
Custo transporte	R$ 0,18	R$ 0,18
Custo armazenagem	R$ 0,06	R$ 0,06
Custo total unitário		R$ 48,30
Fabricação em Taiwan	**Lucro bruto:**	**R$ 6.360.000,00**
Custo fabricação	US$ 12,00	R$ 24,00
Custo transporte matéria-prima	US$ 0,02	R$ 0,04
Custo transporte Taiwan-SP	US$ 0,18	R$ 0,36
Taxa de importação por camisa	US$ 1,00	R$ 2,00
Taxa do dólar US$ 1,00	US$ 2,00	R$ 26,40

Questões

1. Como você conceitua a logística?
2. Que atividades são consideradas como apoiadoras da logística?
3. Quais são os principais objetivos da logística?
4. Como você conceitua uma cadeia logística?
5. Qual a importância da integração de uma cadeia logística?
6. O que é "ter visibilidade de uma cadeia logística"?

CAPÍTULO 1 Introdução à logística

Exercício quantitativo

Uma empresa varejista vende ternos populares (normalmente utilizados como uniforme para agentes de segurança patrimonial) por R$ 100,00 a unidade.
Sua demanda anual é de 180 mil unidades.
Atualmente, esses ternos são fabricados em sua unidade localizada em Nova Iguaçu, a um custo de R$ 68,00 a unidade.
Com o incremento das relações bilaterais entre o Brasil e a China, essa empresa prospecta em uma manufatura chinesa a possibilidade de adquirir o produto por meio de importação.
Os levantamentos de custos para o estudo de viabilidade da operação permitiram coletar os seguintes dados:

1. Cada terno tem um custo de US$ 21,50, posto que a fábrica é na China.
2. O transporte desses ternos para a importação da China é realizado em contêineres com a capacidade de acondicionar 1 mil unidades.
3. Os embarques são realizados na quantidade de 30 mil unidades por embarque.
4. O custo do transporte terrestre do contêiner, saindo da fábrica até o porto de embarque, foi estimado em US$ 150,00.
5. Em média, cada contêiner, desde a fábrica até o total desembaraço alfandegário no Brasil, demora 45 dias para estar totalmente disponível para ter os produtos comercializados no Brasil.
6. A empresa paga US$ 250,00 pelo aluguel do contêiner por um período de 60 dias.
7. Por conta do tempo de trânsito desde a saída do contêiner da fábrica até a sua liberação para comercialização no Brasil, a empresa necessitará manter um estoque estratégico de 400 ternos.
8. Para armazenar cada terno, levando em conta as suas condições especiais, a empresa gasta, em média, R$ 3,80 por unidade por ano. Ela opera com um capital de giro que tem uma taxa média de juros de 18% ao ano.
9. Os custos envolvidos na operação de transporte, seguro, manuseio e desembaraço alfandegário de cada contêiner foram estimados em US$ 380,00.

Considerando as informações apresentadas, faça um estudo comparativo do custo unitário de um terno importado, levando em conta as seguintes variáveis:

a. A relação entre o dólar e o real foi projetada para US$ 1,00 = R$ 1,62.

b. Existe a possibilidade de o governo brasileiro sobretaxar a importação com uma taxa de 15% sobre o valor FOT[4] do produto.

c. Qual é o impacto da operação na hipótese de o dólar sofrer um aumento em função da crescente instabilidade mundial, passando à paridade de US\$ 1.00 = R\$ 1,80?

d. Que outros fatores você deverá levar em consideração caso venha a recomendar a operação para a diretoria da empresa?

---

[4] FOT: *free on truck* – produto colocado no caminhão.

CAPÍTULO 2

Logística e estratégia

INTRODUÇÃO

Um estudo realizado pela Oracle (2006) mostrou cifras surpreendentes nas transações internacionais. A Figura 2.1 apresenta esse verdadeiro paradoxo global já em 2004, comparativamente a 1970.

Não é sem razão que executivos de diversos países têm se valido de uma máxima que se tornou um verdadeiro mantra das transações: "seja focado, porém antenado na globalização!"

A logística é uma das atividades econômicas mais antigas e um conceito gerencial dos mais atuais. Nele se apoiam todas as estratégias logísticas que buscam maximizar a utilidade para o cliente final com menores tempo e custos possíveis.

O panorama mundial, hoje, se apresenta com um elevado grau de competitividade, em que a conquista de novos mercados não fica subordinada aos ditames

FIGURA 2.1 Volume de transações nos mercados internacionais.
Fonte: Oracle (2006).

de um determinado país. Essa conquista, tal qual Genghis Khan, abriu um leque de possibilidades em escala mundial.

Não são poucos os exemplos de produtos amplamente "globalizados". Uma pequena pesquisa por meio do Google permite obter alguns[1]:

- O Ford Fiesta é montado em Valência (Espanha), mas os vidros vêm do Canadá; o carburador, da Itália; o radiador, da Áustria; os cilindros, as baterias e a ignição, da Inglaterra; os pistões, da Alemanha; e o eixo de transmissão, da França.
- Um carro esporte Mazda é desenhado na Califórnia, financiado por Tóquio; o protótipo é criado em Worthing (Inglaterra) e a montagem é feita nos Estados Unidos e no México, usando componentes eletrônicos inventados em Nova Jersey e fabricados no Japão.
- Um filme global, realizado para um público-alvo mundial, é produzido por uma produtora de Hollywood, dirigido por um cineasta europeu, financiado pelos japoneses, contém no elenco vedetes internacionais e as cenas se passam em vários lugares do planeta.
- As roupas japonesas, consumidas no mercado americano, são fabricadas em Hong Kong, Taiwan, Coreia do Sul e Cingapura; já a indústria de confecção norte-americana, quando inscreve em seus produtos *made in USA*, se esquece de mencionar que eles foram produzidos no México, no Caribe ou nas Filipinas.

O planejamento da logística depara-se com um grande número de desafios, a começar pela própria globalização da economia que promoveu, de um lado, uma considerável ampliação dos mercados e, de outro, um aumento na complexidade operacional em face da necessidade de vencer desafios como distâncias geográficas, aspectos sociais locais e culturais de cada mercado, legislação e seu impacto na comercialização, produção, importação e exportação de produtos etc.

Embora tenha ocorrido um aumento considerável na oferta de produtos e a compressão cada vez maior no seu ciclo de vida, basta lembrar que um telefone celular, praticamente a cada três meses, torna-se um produto obsoleto: novas tecnologias são incorporadas aos celulares que acabam por se transformar, cada vez mais, em produtos multimídias acoplados a verdadeiros computadores de bolso. Esse fato produz uma complexa orientação para o planejamento da produção, a adequação dos estoques, a previsão de vendas e a agilidade na entrega dos pedidos.

---

[1] O que é a globalização. Disponível em: http://www.cefetsp.br/edu/eso/introducaoglob. html. Acesso em 08/11/2009.

Outro paradoxal vetor de transformação dos mercados está integralmente focado no cliente, quer seja ele um cliente corporativo, ou um consumidor em particular. As grandes corporações estão reduzindo os seus volumes de compras por passarem a utilizar uma estratégia mais dinâmica, que consiste em comprar em pequenos lotes, aumentando, por consequência, a frequência das compras. Esse fenômeno também surgiu nos consumidores em geral que, soltando-se das amarras da fidelidade a determinadas marcas ou empresas, passaram a exigir cada vez mais produtos de alta qualidade e são cada vez mais intolerantes a erros.

Aqui cabe um registro do que denomina-se de bomba I. Um produto ou um atendimento inadequado acabam por gerar uma manifestação negativa via internet (Gmail, Facebook, Twitter etc.) que se espalha na rede em um efeito multiplicador de resultado catastrófico, tal qual o resultado de uma bomba atômica.

A conquista de mercados e posicionamento competitivo ocorre quando a logística se torna eficiente, ganhando novas posições por acesso a novos mercados e mediante a geração de vantagem competitiva.

Embora não exista uma estratégia única, nem tampouco uma "receita de bolo milagrosa", cada empresa deverá nortear suas atividades logísticas procurando maximizar sua utilidade operacional.

De forma geral, três critérios estão direcionados dentro de uma perspectiva de foco em estratégias logísticas, como mostra a Figura 2.2.

Cada empresa em particular deve buscar sua própria estratégia, analisando detalhadamente o conjunto de fatores que integram suas características específicas (negócio na qual se encontra inserida) com a situação e os requisitos de mercado.

Evidentemente, diferentes empresas apresentam diferentes problemas logísticos e este é o grande desafio a ser perseguido. Exemplos típicos, que ressaltam

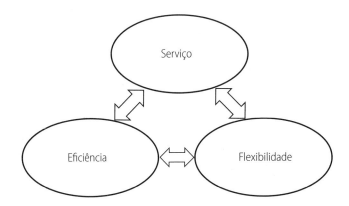

FIGURA 2.2   Focos estratégicos da logística.

de forma bastante evidenciada os problemas e desafios logísticos, são visíveis em empresas como:

- Fabricantes de eletroeletrônicos localizados em Manaus que precisam escoar sua produção para as regiões do Rio de Janeiro, São Paulo, Rio Grande do Sul etc.
- Rede de supermercado que necessita transferir produtos de um centro de distribuição para as unidades regionais localizadas em determinada cidade ou município.
- Fabricantes de produto de varejo ou de produto/serviço que necessitam de uma rede de alta capilaridade para entregar seus produtos nos mais diversos pontos de venda, como: cartões pré-pagos de telefonia celular, refrigerantes, cigarros etc.
- Fabricantes que necessitam ajustar sua produção às necessidades dos clientes em termos de inovação tecnológica ou estratégias de atendimento, como o caso da Nokia; Dell Computadores, em termos de tecnologia de ponta e atendimento à demanda; ou o caso típico da Caterpillar, quando trata de atender, de forma rápida e eficiente, a um cliente corporativo, por exemplo, uma mineradora, na manutenção de caminhões especiais, denominados "fora de estrada".

Como mostrado na Figura 2.2, de um lado, no escopo global e genérico, as estratégias voltam-se para três pontos básicos: a busca da eficiência, que é retratada em procurar atingir um alto desempenho ou um desempenho desejado para um determinado segmento de mercado aos menores custos possíveis; a flexibilidade, expressa na habilidade de responder rapidamente às exigências dos mercados ou mesmo ajustar-se às mutações dos mercados em termos de volumes e leque de produtos oferecidos; e o nível de serviço, em termos de promover um alto impacto na relação com o cliente, traduzido pela acurácia no fornecimento do pedido, leque de oferta de produtos e alternativas de fornecimento, reduzindo o tempo de entrega e mantendo uma resposta rápida às exigências e reclamos dos clientes.

> Em trabalho conjunto de parceria, a Vivo, empresa de telefonia celular, se uniu à Souza Cruz, que possui uma alta capilaridade logística, para viabilizar o fornecimento de cartões pré-pagos de telefones celulares para os mais diversos pontos de vendas abrangidos pela Souza Cruz.

De outro lado, a agilidade do fluxo logístico ao longo da cadeia de suprimentos é elemento estratégico para reduzir custos e melhorar os requisitos de resposta rápida e adequação às novas exigências dos mercados.

Nesse contexto, três focos são passíveis de análise:

- Melhorar o fluxo logístico por intermédio da análise de processos e manter o foco na gestão por processos.
- Aumentar a visibilidade do fluxo logístico por integrar os atores dele participantes mediante ampla utilização da tecnologia da informação aplicada à logística.
- Tratar o fluxo logístico como uma cadeia sistêmica e passar a gerenciá-lo como tal.

É importante registrar que nem sempre é possível focar as estratégias tendo como foco a própria empresa, pois o fluxo logístico se realiza também por meio de parceiros do negócio. Em consequência, as estratégias de melhorias precisam levar em conta esses parceiros.

Assim, se um fornecedor estiver bastante envolvido em uma cadeia produtiva, como em uma montadora de automóveis, seguramente este fornecedor será muito mais influenciado pelas estratégias competitivas de produção e logística da montadora do que de suas próprias estratégias; diferentemente de outro fornecedor que, não se encontrando vinculado a esta cadeia logística, terá muito mais autonomia para formular e implementar estratégias próprias.

Quando, por exemplo, um grupo de fornecedores encontra-se interligado em uma cadeia logística direcionada para uma grande empresa, como exemplo típico de uma montadora do setor automobilístico, as estratégias dos fornecedores (também chamados de modulistas) a ela ligados são baseadas integralmente na estratégia da montadora.

PLANEJAMENTO LOGÍSTICO

Considerando que o planejamento logístico deve estar em perfeita sintonia com o planejamento estratégico das empresas, aquele deve ser integralmente subordinado a este.

O planejamento estratégico é o processo pelo qual uma empresa define sua visão de longo prazo (onde se quer chegar) traça estratégias de curto, médio e longo prazos para alcançar esse objetivo (visão), por meio da análise das suas forças, fraquezas, ameaças e oportunidades.

A Figura 2.3 apresenta a primeira análise destinada a esse objetivo.

De uma forma geral, esse processo acaba por percorrer vários segmentos de análise, a começar pelas expectativas da empresa em relação ao negócio no qual se encontra. Em uma análise mais detalhada, invade a dinâmica dos mercados e dos consumidores, as atividades dos concorrentes, as tecnologias atuais e as mudanças

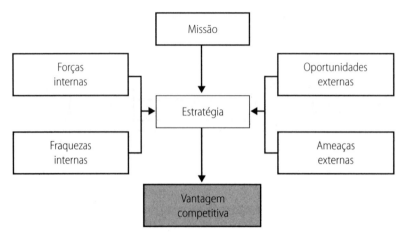

FIGURA 2.3 Formulação de um plano estratégico.
Fonte: adaptada de Heizer e Render (1999).

tecnológicas em foco a curto e médio prazos, a regulamentação do setor pelas autoridades governamentais, o impacto ambiental, entre outros.

Dentro dessa ótica, a estratégia da logística tem de ser integrada, isto é, sendo um conceito multidimensional, acaba por agregar todas as operações críticas da logística, dando-lhes um sentido e uma direção únicos.

Esse sentido e essa direção destacam-se por uma visão em rede disposta com vários nós, que se interligam, objetivando levar os produtos de um ponto ao seu destino e prover toda a rede com informações que permitam gerenciá-la de forma eficaz e integrada.

A logística não está só em um contexto e, portanto, é necessário analisá-la sob a ótica de suas interfaces com as demais atividades de uma empresa.

O resultado dessa análise permitirá a elaboração de um plano estratégico da logística, levando em conta os objetivos estratégicos da organização, como mostra a Figura 2.4.

As questões do planejamento estratégico da logística são analisadas sob a ótica de buscar respostas e adequações de meios e processos que visam a atender às exigências dos clientes dentro do triângulo demonstrado na Figura 2.5.

Todo o planejamento persegue suas metas em três etapas distintas:

- Planejamento operacional – curto prazo.
- Planejamento tático – médio prazo.
- Planejamento estratégico – longo prazo.

CAPÍTULO 2 Logística e estratégia

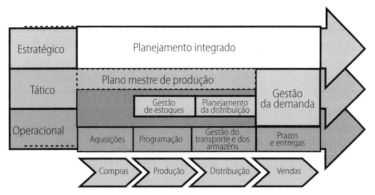

FIGURA 2.4 Planejamento estratégico da logística.
Fonte: Gonçalves (2010b).

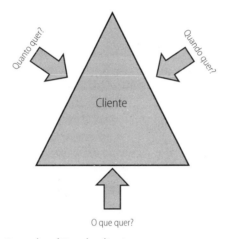

FIGURA 2.5 A logística sob a ótica do cliente.
Fonte: Ballou (2006).

Examinando esses aspectos do planejamento, sob a ótica de uma logística focada em resultados, pode-se criar uma grade de planejamento que focaliza as diversas funções logísticas e os seus impactos em curto, médio e longo prazos, como mostrado na Figura 2.6.

No plano operacional, é requerido um adequado processo de aquisição de insumos, matérias-primas e componentes, que permita a produção de forma cadenciada, sem sobressaltos, além de visar aos requisitos de que essas aquisições sejam efetuadas com consideração das estratégias que acarretem vantagens, como compras realizadas com base em um planejamento adequado em função das oscilações dos preços no mercado (sazonalidades), que resultará em sensíveis reduções de custos.

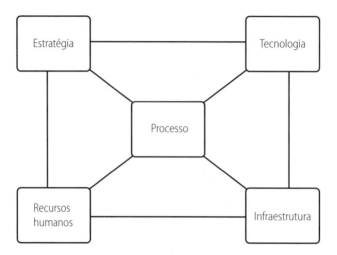

FIGURA 2.6 Estratégia com base na gestão por processos.
Fonte: Air Force Logistics Management Agency (2005).

A programação da produção é o segundo fator a ser considerado, com o objetivo de evitar desperdícios e retrabalho, e buscando sempre, como meta, o ganho em produtividade.

Na distribuição, o foco será centrado na gestão dos centros de distribuição, na recepção, no despacho das cargas e no gerenciamento do transporte.

Na gestão dos estoques, embora o estoque seja necessário, o objetivo neste aspecto é mantê-lo no menor nível possível, o que provoca, como consequência, a necessidade de se implementar uma boa gestão dos materiais.

Outro aspecto importante a ser considerado refere-se à estratégia de gestão por processos, como mostra a Figura 2.6.

Como é evidente que todas as operações logísticas visam atender os consumidores, as principais áreas do planejamento logístico estão relacionadas a um verdadeiro tripé logístico:

- Gestão dos estoques e da demanda.
- Gestão de transporte.
- Gestão do centro de distribuição.

Cada um dos pilares desse tripé se desdobra em um conjunto de formulações estratégicas.

Na gestão dos estoques e da demanda, questões fundamentais a serem respondidas são:

CAPÍTULO 2 Logística e estratégia

- Qual é o nível de estoque a ser mantido para cada item em particular?
- Como serão e onde estarão dispostos os estoques (centralizados ou descentralizados, junto das fábricas ou próximo aos clientes)?
- Que nível de serviço será implementado e, por consequência, qual é o tamanho do estoque de segurança que deverá ser dimensionado para suportar as oscilações de consumo ou alterações nos prazos de entrega dos produtos?
- Como esses estoques serão controlados?

Nas questões relacionadas à estratégia de transporte, a primeira proposição em exame deverá envolver o estudo das alternativas frente aos diversos modais de transporte disponíveis e à eventual combinação deles (intermodalidade ou multimodalidade).

Questões relacionadas ao tamanho da carga a ser transportada, suas características físicas dimensionais e o seu peso, bem como a possibilidade de se considerar a consolidação de embarques e a unitização das cargas, devem ser também examinadas.

Por fim, estudos relacionados à programação do transporte para melhor otimizar o binômio veículo *versus* carga transportada e a roteirização deverão ser implementados.

No que se refere aos centros de distribuição, o primeiro aspecto a ser considerado envolverá o número de centros de distribuição que serão implantados, o tamanho de cada centro de distribuição e a sua localização, além de se estudar a conveniência estratégica em manter centros próprios ou terceirizados.

Também não se deve esquecer que o planejamento da demanda por produtos, suas características quanto à sazonalidade e sua dispersão geográfica também são elementos importantes para o planejamento logístico.

ESTRATÉGIAS BÁSICAS

Várias são as estratégias para um bom planejamento logístico, entre elas:

- **Distribuição diferenciada** – que tem como foco o nível de serviço. Isso significa dizer que cada produto deve ser analisado sob a ótica do nível de serviço que vai ser implementado na comercialização de cada produto, individualmente. Além disso, é importante considerar que o nível de serviço a ser prestado para cada cliente em particular pode sofrer alterações em função de sua importância e seu impacto nas vendas da empresa.
- **Adiamento** – a estratégia de adiamento é baseada no princípio da economia de energia – só produzir e movimentar um produto quando ele for indispensável. Nesse aspecto, o adiamento pode ser:

- **De tempo**, o que significa dizer que os embarques só serão realizados quando a demanda existir.
- **De forma**, que se traduz em somente dar a forma final do produto quando este for solicitado pelo cliente. Esse adiamento envolve estratégias com submontagens, embalagem e acondicionamento, bem como montagem no exato momento em que o produto se torna indispensável.

São exemplos de estratégia:

- A Dell Computadores faz entregas pelo correio. Pratica o adiamento de forma, configurando os microcomputadores para atender os pedidos dos clientes a partir das opções disponíveis.
- A Sherwin Williams criou para os clientes uma infinita variedade de cores de tintas, misturando pigmentos com poucas cores básicas em vez de estocar todas as cores pré-misturadas.
- A StarKist Foods estabeleceu uma operação de rotulagem avançada para atender ao mercado. O peixe era colocado em latas sem rótulo e, conforme o mercado demandava, as embalagens eram rotuladas, evitando-se ter pouco ou excesso de produtos de um único rótulo.

Outras práticas que também são normalmente utilizadas envolvem:

- **Consolidação de cargas** – princípio fundamental para o planejamento logístico: criar embarques a partir de pequenos volumes é uma força econômica poderosa em planejamento.
  Lógica básica: quanto menor for o tamanho do embarque, proporcionalmente, maiores serão os benefícios da consolidação.
- **Padronização** – princípio fundamental para o planejamento logístico: a proliferação da variedade de produtos pode aumentar os estoques e diminuir o tamanho dos embarques.
  Lógica básica: padroniza-se a produção por meio de peças intercambiáveis, modularização de produtos e rotulagem do mesmo produto sob diversas marcas.

No escopo do planejamento logístico poderemos considerar o foco em três estratégias voltadas para maximizar o atendimento das exigências dos clientes.

A primeira estratégia envolve decisões relacionadas com as questões de localização de unidades de apoio operacional, quer sejam simples depósitos, quer sejam desenvolvidas como centros de distribuição destinados a atender à demanda em determinadas regiões do espaço geográfico do mercado consumidor.

CAPÍTULO 2 **Logística e estratégia**

Em função da demanda e da dispersão geográfica dos mercados consumidores que serão atendidos, será necessário definir os locais onde serão instalados os centros de armazenagem (depósitos) ou centros de distribuição. Essa análise não deverá se furtar de realizar estudos de viabilidade quanto às decisões de manter espaços de armazenamento próprios ou terceirizados ou, ainda, utilizar o apoio de operadores logísticos com a atribuição e responsabilidade pelo transporte dos produtos do centro de distribuição até o mercado regional e a distribuição destes produtos junto ao mercado consumidor.

> Imagine uma empresa que possui vários departamentos que, além de atender em seus espaços físicos, também disponibiliza a sua oferta de produtos pela internet. Embora o abastecimento das lojas "físicas" seja realizado por meio de um centro de distribuição, esse centro poderá ser gerenciado por um operador logístico que terá como atribuições o atendimento das necessidades de reabastecimento das lojas, bem como o atendimento dos pedidos efetuados pelos clientes via internet. Nesse caso, tanto o transporte de suprimentos para as lojas, quanto as entregas domiciliares, serão efetivadas pelo operador logístico que poderá ou não, dependendo do tipo de contrato firmado, ser também o responsável pela gestão dos estoques dos produtos existentes no centro de distribuição da empresa varejista.

Uma segunda estratégia, que está intimamente relacionada com a estratégia de localização de centros de distribuição, está focada no transporte dos produtos. Estudar a forma mais econômica para fazer escoar a produção do centro produtivo até os mercados consumidores é uma das primeiras tarefas que demandará estudos quanto a alternativas, que envolvem:

- Modais de transporte.
- Volume das cargas a serem transportadas.
- Se as cargas serão consolidadas ou não para efeito do transporte até o centro de distribuição.
- Como será realizado o processo de roteirização (processo que determinará o caminho a ser percorrido pelo veículo ao se deslocar para fazer as entregas domiciliares dos produtos junto aos consumidores).

Uma segunda abordagem, ainda focada nas questões de transporte, está relacionada aos critérios que serão adotados para atender os diversos mercados ou diversos pontos de consumo. Nesse caso, essa estratégia poderá perpassar o estudo do tipo de veículo a ser utilizado, tanto no que se refere às suas dimensões, quanto à sua capacidade de carregamento.

Em se tratando de mercados e estratégias, o objetivo é a busca de menores custos possíveis que envolvem um balanceamento entre as atividades de transporte e armazenamento dos produtos, trabalhando-se, assim, nas denominadas trocas compensatórias de custos (*trade-off*).

Isso significa dizer que é necessário decidir, dentro do escopo de custos mínimos, qual é a melhor combinação entre os custos de transporte e o custo de manter ativo um centro de distribuição.

Embora essa estratégia vá ser estudada com maior profundidade quando tratarmos das questões relacionadas aos estoques que serão mantidos nesses centros de distribuição, é importante ressaltar que o valor imobilizado em estoque tem um custo que envolve dois componentes: de um lado, o custo de capital que é retratado pelo custo do investimento realizado com o estoque de produtos e, de outro, o custo de manutenção destes estoques, que é retratado pelo custo de armazenagem.

A decisão de transporte, assim como a decisão de manter ou não um centro de distribuição, não é unilateral, porque tem implicações e envolverá custos das atividades de transporte e investimentos em estoques. Um exemplo permitirá elucidar esse fato: a decisão de transporte e respectivo modal está relacionada com a quantidade de produto que será escoada do centro produtor até o centro consumidor e da disponibilidade e flexibilidade do modal de transporte escolhido.

O exame dessa questão mostrará que, em algumas situações, pode ser muito mais interessante manter um centro de distribuição regional que, recebendo produtos em um fluxo contínuo de entregas a partir do centro produtor, permite atender à demanda de acordo com as necessidades dos consumidores.

Esse atendimento, em termos de volume de pedidos, vai depender das exigências dos clientes e, portanto, é melhor manter um fluxo contínuo da produção para o centro de distribuição do que movimentar cargas com grandes oscilações de volume em função da demanda por produtos. Se esse processo vai acontecer, isto é, se os produtos serão demandados dentro de oscilações não totalmente previsíveis, os reflexos serão imediatos: será necessário manter estoque de produtos nos centros de distribuição, pois essas oscilações poderão inviabilizar o processo de atendimento a partir do centro de produção. Os estoques assim formados nos centros de distribuição, destinados a suportar essas variações da demanda, são investimentos e, como tal, têm um custo que precisa ser apurado.

Assim, a ciência da estratégia a ser adotada será um arranjo entre três alternativas: volume de transporte *versus* volume em estoque *versus* número de centros de distribuição ou centros de armazenagem.

Adicionalmente às decisões de transporte e localização e/ou à instalação de centros de distribuição ou armazenagem, há as questões quanto a níveis de es-

CAPÍTULO 2 Logística e estratégia

toque, que serão mantidos em cada centro de distribuição ou de armazenagem, e como estes estarão dispostos: em todos eles, em alguns deles e se serão ou não passíveis de remanejamento, além da definição dos níveis de estoques de segurança (estoque adicional para suprir a demanda no caso de eventuais atrasos nas entregas ou acelerações inesperadas no consumo).

Ao final, será preciso decidir em termos de menores custos possíveis e, assim, se chegará em um novo conceito que será estudado mais efetivamente no Capítulo 5, o conceito de custos logísticos totais.

PRINCÍPIOS BÁSICOS

Vários princípios são elencados como importantes para a estrutura das estratégias da logística (Morash, 2001). Entre eles, pode-se citar:

- **Princípio do risco seletivo** – o sistema logístico deve ser projetado levando em conta a importância do produto e/ou do cliente, o que significa dizer que os objetivos operacionais relacionados ao nível de serviço e à criticidade de atendimento serão examinados de forma individualizada, ou seja, cada produto e cada cliente deverão ser estudados em relação ao impacto que produzem na receita e nos ganhos estratégicos da empresa.
- **Princípio da informação seletiva** – o sistema logístico deverá ser projetado para ter foco nas ações que são efetivamente significativas e que causam impacto, dano ou risco ao sistema como um todo. Isso tem implicações nas questões relacionadas à coleta e ao processamento de informações. O principal objetivo desse princípio é evitar que um elevado número de informações acabe por perder qualidade e seletividade na sua captura e análise.
- **Princípio da substituição de informação** – o sistema deverá ser projetado e dirigido para utilizar a informação com prioridade máxima em detrimento de qualquer outro recurso, sempre que possível. Esse princípio é norteado pela redução de custos. Utilizar informações tem um custo muito menor do que agir por intermédio da utilização de outro recurso de maior custo.
- **Princípio da simplificação da transação** – o sistema logístico deverá ser projetado para implementar, de forma eficiente e eficaz, as transações requeridas e realizadas.
- **Princípio da redução da variância ou princípio da variância mínima** – o sistema logístico deverá ser projetado para mitigar, sempre que possível, a variância de seus eventos e reduzir ao máximo a variância não esperada pelo sistema.
- **Princípio da velocidade do fluxo de materiais.** O sistema logístico deverá ser projetado para facilitar e agilizar o fluxo, tanto de matérias-primas, quanto de produtos acabados até o cliente final.

- **Princípio do compartilhamento e/ou troca do risco** – o sistema logístico deverá ser projetado para reduzir ao máximo possível o risco que os membros da cadeia logística podem suportar.

A capacidade de resposta da cadeia de suprimentos é construída em duas vertentes destinadas a dar suporte estratégico à cadeia como um todo e a buscar vantagens competitivas para o sucesso do empreendimento (Morash, 2001).

Uma estratégia operacional de excelência pode suportar a estratégia de negócios como líder em custos, eficiência e capacidade de resiliência no suprimento dos materiais e produtos, e manter um alto grau de serviços básicos.

De maneira genérica, é possível examinar a estratégia da logística como mostra a Figura 2.7:

- **Estratégia do negócio** – por exemplo, liderança em custos, o que significa dizer custos totais mínimos possíveis, eficiência operacional, resiliência no atendimento e nos serviços básicos *versus* diferenciação em termos de produto e mercado com um alto valor agregado.
- **Estratégia da cadeia de suprimentos** – excelência operacional por meio da utilização de técnicas com *just in time*; operação de uma cadeia de suprimentos enxuta *versus* serviços customizados por intermédio de uma logística segmentada e agilidade operacional focada no cliente final.

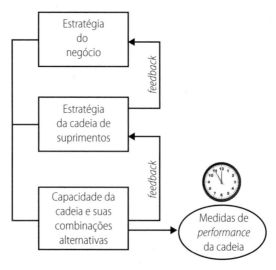

FIGURA 2.7 Estratégia do negócio e estratégia da logística.
Fonte: adaptada de Morash (2001).

CAPÍTULO 2 **Logística e estratégia**

- **Capacidade da cadeia e suas combinações** – baixos custos logísticos, boa cobertura dos estoques, padronização, velocidade *versus* responsividade, valor agregado aos serviços dos clientes, soluções inovadoras, flexibilidade e transferências intermodais.
- *Performance* **da cadeia de suprimentos** – custos e produtividade *versus* clientes e qualidade proativa.

A estratégia da logística deve estar voltada para redução de custos, cadeias enxutas, processos *just in time* que provocaram consideráveis reduções nos estoques, estoques de segurança com operações mais frequentes, utilização do *cross-docking*[2] e o transporte e a produção sequenciadas e sincronizadas (denominadas operações *on demand*) e a aproximação com o cliente.

A aproximação com o cliente refere-se muitas vezes ao gerenciamento da demanda com foco nas estratégias da cadeia de suprimentos.

Um estudo realizado por Morash (2001) e publicado no *Transportation Journal* apresenta a seguinte escala de importância para o sucesso estratégico de uma cadeia de suprimentos, considerando que o número 1 representa o fator mais importante:

1. Serviço ao cliente.
2. Qualidade.
3. Sistema de informação de suporte.
4. Distribuição flexível.
5. Baixos custos logísticos.
6. Produtividade.
7. Rapidez nas entregas.

Visibilidade, rastreabilidade e gerenciamento da cadeia de suprimentos resultam em uma maior complexidade sistêmica. Muito mais do que ter maior visibilidade da cadeia de suprimentos, é o estabelecimento de um processo de conhecimento bem sedimentado que necessita ser compartilhado pelos diversos atores e gerentes que atuam na cadeia de suprimentos. Fazer essa integração é uma tarefa onerosa em termos gerenciais e financeiros, porém, os resultados desta integração acabam por recuperar em escala multiplicativa todo o empenho realizado para obter a colaboração de todos os envolvidos.

---

[2] A operação de *cross-docking*, que será objeto de estudos no Capítulo 7, se caracteriza pela agilidade de, ao receber o produto do produtor, não deixá-lo ficar em estoque nos centros de distribuição, e imediatamente transferi-lo para o local de consumo.

Logística e cadeia de suprimentos: o essencial

O foco no serviço ao cliente mediante uma combinação entre a disponibilidade dos produtos oferecidos, a confiabilidade e a rapidez nas entregas não é garantidor suficiente da melhor estratégia de logística. É importante frisar que, além de buscar o melhor serviço para o cliente, dentro de patamares aceitáveis e reconhecidamente qualificados, é necessário buscar a ótica de minimização de custos.

Assim, as condicionantes geográficas, o tipo de mercado a ser atendido e a especificidade dos clientes também não podem ser deixados de lado em uma análise estratégica mais global de todos os processos logísticos envolvidos.

Portanto, de uma forma mais genérica, pode-se traçar três estratégias de atuação do ambiente logístico:

- Redução de custos.
- Redução dos investimentos.
- Melhorias nos serviços.

A **estratégia de redução de custos** se caracteriza pelo enfoque na redução dos custos associados a movimentação e armazenagem dos produtos, melhorias no desenho das embalagens de conteúdo e de acondicionamento que acarretem maior produtividade da movimentação, otimização na armazenagem e melhorias no transporte e no manuseio.

A localização mais apropriada para um centro de distribuição ou depósito regional e o estudo das alternativas de transporte mediante a combinação de modais disponíveis são também fatores essenciais na busca da melhor estratégia de redução de custos, porém, dentro de uma filosofia de manter o nível de serviço, apesar das reduções nos custos dos processos.

Algumas opções de melhorias podem ser focadas levando-se em conta:

- A utilização do sistema de custeio ABC no estudo dos custos dos processamentos de pedidos, manutenção de estoques, armazenagem e manuseio dos materiais, transporte e compras.
- Reestruturação organizacional das atividades administrativas para reduzir a burocracia e agilizar processos mediante a melhoria da eficiência operacional e acurácia nos serviços, evitando-se o uso inadequado do transporte dos produtos, a perda por defeito ou avaria ocasionada no transporte ou no processo de carga e descarga, e promovendo redução nos erros de processamento de pedidos e nos respectivos faturamentos, política de estoques e reavaliação dos estoques dos materiais de pouco movimento (baixa rotatividade).
- Redesenho do produto e dos processos com a finalidade de facilitar o manuseio e o transporte e reduzir os custos de armazenagem, bem como agilizar o processo de carga e descarga.

40

CAPÍTULO 2 Logística e estratégia

A **estratégia de redução dos investimentos** se caracteriza por minimizar o nível de investimento de todo o sistema logístico, sem, contudo, comprometer o nível de serviço, a acurácia dos processos e o desempenho operacional. O objetivo essencial dessa estratégia é redirecionar os custos fixos para custos variáveis que acabam por resultar em um aumento do retorno global dos investimentos de capital aplicados no sistema logístico.

A **estratégia focada no nível de serviço** deve levar em conta, primeiramente, que nem todos os produtos devem ter o mesmo nível de serviço aos clientes e tampouco deve-se utilizar do mesmo canal de distribuição, em especial por causa das características dos produtos, formatação do modelo de vendas e ambiente de mercado. Essa estratégia também é conhecida como estratégia da distribuição diferenciada e envolverá:

- O exame dos volumes de vendas e a rotação dos estoques mediante a utilização do sistema ABC (curva de Pareto).
- O estudo relacionado com a possibilidade do envio direto do produto para o cliente *versus* a utilização de armazéns ou centros de distribuição intermediários. A utilização de centros intermediários de distribuição se caracteriza pela descentralização dos estoques, o que permite viabilizar a estratégia de consolidação dos carregamentos (redução nos custos de transporte) e a consequente diluição dos custos fixos de distribuição. Se, de um lado, o giro dos estoques é um índice de extrema relevância no estudo da dicotomia entre centralizar e descentralizar os estoques, de outro, a variabilidade da demanda é fator preponderante para a centralização dos estoques.
- A gestão de demanda, de forma a coordenar e modificar as vias pelas quais os clientes fazem seus pedidos, para uma ação proativa com o propósito de reduzir as incertezas e simplificar os processos.

Tais características são chaves para a alocação dos estoques nos diversos pontos de distribuição, procurando-se evitar a dissonância entre a alocação dos estoques nos centros de distribuição em função das demandas locais. Isso é retratado em situações nas quais, em determinados pontos de centralização dos estoques, existe estoque suficiente e até mesmo bem superior às necessidades locais, enquanto em outro centro de distribuição o mesmo produto se encontra com estoque zerado ou insuficiente para atender aos requisitos da demanda local.

Nesse aspecto, Pagh e Cooper (1998) apresentam uma matriz quanto às alternativas entre a centralização e a descentralização dos estoques, como mostra a Figura 2.8:

- **Descentralização para estoque** – antecipação da demanda no espaço e no tempo. Essa estratégia acarreta disparar, com base nas estimativas de vendas

FIGURA 2.8   Centralização ou descentralização dos estoques.
Fonte: adaptada de Pagh e Cooper (1998).

(previsões), o processo de manufatura dos bens, e os produtos fabricados são então encaminhados aos centros de distribuição, independentemente das exigências dos clientes (pedidos).

- **Descentralização contra pedido** – ocasiona a política de postergar no tempo e antecipar no espaço (armazenamento). Acarreta a centralização da produção dos itens básicos por economia de escala. Os produtos assim produzidos, normalmente semiacabados ou *kits*, são encaminhados aos centros de distribuição que, mediante pedidos de clientes, realizarão a montagem do produto de acordo com as exigências dos clientes.
- **Centralização contra pedido** – mediante a postergação total do fluxo de demanda, no espaço e no tempo. Essa estratégia é mais adequada para produtos com grande flutuação da demanda e altos custos de produção. Normalmente, essa estratégia é adotada para a produção por encomenda.
- **Centralização para estoque** – consiste em antecipar no tempo e postergar no espaço. Nesse caso, o processo envolve a produção para estoque com base na previsão de vendas.

PLANEJAMENTO ESTRATÉGICO DA LOGÍSTICA

Dois aspectos devem ser observados no que se refere ao planejamento estratégico da logística:

- Planejamento do canal de distribuição.
- Estratégia da rede logística.

CAPÍTULO 2 Logística e estratégia

O canal de distribuição está relacionado aos diversos atores que o compõem. Por exemplo, em um canal mais simples, há também uma configuração mais enxuta envolvendo o fabricante, o atacadista, o varejista e, finalmente, o cliente ou o consumidor.

Por sua vez, o fabricante poderá se valer de um representante comercial ou um vendedor para realizar as vendas e efetivar os negócios da empresa junto aos seus clientes. Do mesmo modo, e seguindo metodologia semelhante, o atacadista atua como um regulador entre a fábrica e o varejista. Sendo este o último elo da rede que se vincula diretamente ao cliente e/ou consumidor, é o responsável por repassar o produto para o consumidor final.

Na montagem da estratégia do canal[3], deve-se levar em conta a busca da cooperação entre os diversos atores que efetivamente estão atuando de forma presente na rede, com a finalidade principal de garantir um fluxo de informações constantes e compartilhadas. Esse compartilhamento de informações ocasiona uma estratégia de redução de custos logísticos e mitigação do chamado efeito chicote[4], além de garantir um bom nível de serviço ao cliente e maximizar o potencial de vendas dos produtos.

No projeto do canal, abordado mais detalhadamente no Capítulo 8, deve-se buscar:

- Identificar os segmentos de clientes homogêneos.
- Identificar e priorizar as funções, como: informação sobre produtos, variedade e tamanho dos lotes de fornecimento, qualidade dos produtos oferecidos etc.
- Trabalhar por meio do *benchmarking* prospectando as melhores práticas (*best practice*).
- Analisar os custos e benefícios de cada etapa do projeto.

O projeto do canal é elemento essencial para o planejamento logístico e o planejamento das estratégias que serão utilizadas.

Para um adequado planejamento da logística, deve-se considerar três níveis de importância que acabam por condicionar toda a logística de uma organização. Esses três níveis, segundo Quiroga (2005), podem ser assim desmembrados:

---

[3]   No Capítulo 8, será tratado especificamente dos canais de distribuição. A pequena referência aqui tem por objetivo tão somente tratar o assunto sob a ótica do planejamento.

[4]   O efeito chicote acontece quando não existe a integração dos elos da rede logística, o que acaba por provocar um aumento exacerbado dos estoques nos diversos elos da cadeia.

Logística e cadeia de suprimentos: o essencial

1º nível – organização da empresa:
- Organização geral da empresa.
- Relações internas.
- Política geral:
  - Empresa comercial.
  - Empresa industrial.

2º nível – a empresa:
- Filosofia principal.
- Fator humano na organização.

3º nível – o ambiente e a empresa:
- Fatores econômicos.
- Fatores legais e societários.
- Fatores urbanos.
- Tecnologias.
- Canais de vendas.
- Infraestrutura.
- Demografia.
- Competências.
- Fatores sociais.

O exame desses níveis em uma modelagem adaptativa e expandida do modelo de Melville et al. (2004) tem uma configuração semelhante à apresentada na Figura 2.9.

Dentro dos fatores internos, a empresa detém o controle:

- Dos estoques – matérias-primas, produtos em processos e produtos acabados.
- Do transporte – modais e disponibilidades.
- Dos locais de armazenagem.
- Da movimentação dos materiais.
- Das embalagens e acondicionamentos.
- Das comunicações.

21/jun/07 (Alerta na Rede – AER): Após quase vinte anos desde o último planejamento de transportes realizado no país, feito pelo extinto Grupo de Estudos para a Integração da Política de Transportes (Geipot), acaba de ser lançado o Plano Nacional de Logística e Transporte (PNLT). Ainda em versão preliminar, o plano foi realizado pelo Centro de Excelência em Engenharia de Transportes (Centram), uma profícua parceria entre os ministérios do Transporte e da Defesa (Instituto Militar de Engenharia – IME).

CAPÍTULO 2 **Logística e estratégia**

O plano, que contempla dois períodos (2008-2015 e 2016-2023), recomenda uma mudança significativa na matriz de transportes brasileira: a participação do modal rodoviário deverá cair dos atuais 58 para 33%. A ênfase seria dada aos modais ferroviários (passando de 25 para 32%) e hidroviário, cuja participação evoluiria de 13 para 29%.

A recomendação é de investimentos de R$ 101 bilhões no período de 2008 a 2015, entre recursos públicos e privados, e de pelo menos R$ 71 bilhões no período de 2016 a 2023.

A matriz atual, segundo o relatório do PNLT, "se traduz em desvantagens comparativas em termos de competitividade internacional dos produtos de exportação". Cálculos citados no plano indicam que o transporte representa 32% dos custos logísticos dos produtores – mais do que itens como a armazenagem, estoques e trâmites legais. Há um gasto desnecessário de pelo menos US$ 2,5 bilhões por ano – os fretes hidroviários e ferroviários são, respectivamente, 62 e 37% mais baratos que o rodoviário.

Eclusas como as de Lajeado e de Estreito deverão oferecer a navegabilidade necessária para a criação de novos corredores hidroviários.

Para viabilizar essa mudança na matriz de transportes brasileira, o plano lista uma série de projetos estruturantes a serem executados segundo uma prioridade estabelecida e que foram selecionados a partir de quatro diretrizes:

- Aumento da eficiência produtiva em áreas consolidadas – em sua maioria, aumento de capacidade de infraestrutura viária, dragagem e vias de acesso portuário, eliminação de conflitos entre ferrovias e zonas urbanas.
- Indução ao desenvolvimento de áreas de expansão de fronteira agrícola e mineral – projetos voltados a catalisar processos de expansão do desenvolvimento em direção a novas áreas de fronteira agrícola, em especial no Centro-Oeste, e em regiões de exploração de riquezas minerais.
- Redução de desigualdades regionais em áreas deprimidas – projetos voltados a despertar o potencial de desenvolvimento em regiões que hoje apresentam indicadores econômicos e sociais abaixo dos valores médios nacionais, de forma a reduzir as desigualdades em relação a outras áreas do país.
- Integração regional sul-americana – projetos que se destinam a reforçar e consolidar o processo de integração da infraestrutura na América do Sul, permitindo a realização de trocas comerciais, intercâmbio cultural e social entre o Brasil e seus vizinhos.

Para a execução dos projetos, o plano indica investimentos de R$ 101 bilhões no período de 2008 a 2015, entre recursos públicos e privados, e de pelo menos R$ 71 bilhões no período de 2016 a 2023. As indicações de obras servirão de subsídio para a elaboração dos quatro próximos Planos Plurianuais (PPA).

O plano foi pensado seguindo algumas orientações, das quais se destacam as seguintes:

- É um plano nacional e federativo, não apenas federal.
- É um plano de Estado, não apenas de governo.

Logística e cadeia de suprimentos: o essencial

> • Está fortemente fundamentado nos conceitos de territorialidade, de segurança e ocupação do território nacional, e de desenvolvimento sustentável do país, com equidade e justiça social.
> Além de empreendimentos, o Plano sinaliza mudanças regulatórias e várias alterações em legislações setoriais. Prevê, por exemplo, a transformação da Valec, estatal hoje responsável pela construção da Ferrovia Norte-Sul, no braço do ministério para executar as obras ferroviárias com investimento público. Aponta a necessidade de reestruturação das companhias Docas, com novas superintendências e a retirada das empresas do Programa Nacional de Desestatização. Também diz que será preciso estabelecer uma nova legislação para a exploração e gestão de portos e terminais fluviais interiores, já que a atual restringe a participação do setor privado. No setor ferroviário, sugere reduzir impostos para a renovação da frota de vagões e de locomotivas.
> Fonte: Costa (2007).

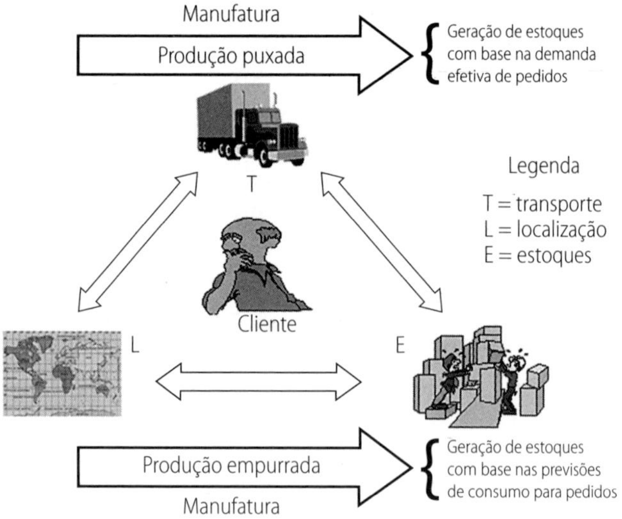

FIGURA 2.9   Fatores de sucesso para o planejamento logístico.

Por um lado, a manutenção de um controle adequado dos fatores internos vai depender de uma boa gestão no que se refere ao sistema de suprimentos dos bens destinados à produção, aos processos produtivos e tecnologias utilizadas, bem como dos recursos disponíveis ou colocados à disposição, do fluxo de bens e serviços que transitam pela empresa e das comunicações.

De outro lado, considerando que nenhuma empresa é um ambiente fechado, é importante ressaltar que muitos dos fatores de controle interno sofrem influên-

CAPÍTULO 2 Logística e estratégia

cia externa e, em razão disso, sofrem consideráveis mutações em função das variáveis externas que os perturbam. Esse fato obriga as empresas a desenvolver um processo de adaptação contínua.

Diante dessa abordagem, tomando-se, por exemplo, o produto em si, é possível verificar que a quantidade produzida, sua qualidade e sua apresentação também vão depender de fatores externos como qualidade e disponibilidade de matérias-primas e insumos destinados à produção, exigências dos clientes no que se refere ao fluxo de demanda por produtos e a sua forma de apresentação.

Outro fator a ser ponderado é o preço de venda do produto. Se não se tratar de um mercado altamente oligopolista, o preço de venda de um produto é definido pelo mercado. É ele o poderoso senhor que dita "quanto" julga oportuno pagar por um determinado produto ou serviço. Na verdade, esses fatores são gerenciados e não controlados. As exigências dos clientes quanto à qualidade do serviço e as oscilações da demanda estão incluídas nesse fator.

O mercado, a economia, a tecnologia, o espaço geográfico urbano e a legislação vigente aplicável são condicionantes incontroláveis que afetam significativamente o controle e a gestão de diversos fatores e atores que atuam na concepção e na execução do planejamento das estratégias da logística.

O mercado atua fortemente no que se refere às mutações dos consumos, exigências de qualidade, preços e serviços especiais.

O espaço urbano atua no que se refere ao transporte, tanto de passageiros, quanto de carga, e à imputação de determinantes especiais para a circulação de veículos.

> Um caso bem conhecido acontece na cidade de São Paulo, que abrigou uma política de circulação de veículos em função do último dígito da placa dos carros.
> Esse instrumento normativo causou considerável impacto na frota de veículos de transporte, o que levou, por força desse decreto, a um grau considerável de ociosidade da frota pela total impossibilidade de o veículo transitar diariamente pelas ruas da cidade.

A economia afeta o planejamento de maneira bastante acentuada, em função de fatores como aumento do poder de compra da população, incremento de renda (como foi o caso do Plano Real), hábitos de consumo, modismos etc.

Na análise do planejamento logístico, algumas perguntas-chave devem compor o processo de análise para a montagem da estratégia que melhor se adeque à empresa (Global Logistics Strategies, 2009):

1. Qual é a característica específica de cada mercado nacional?

Se a empresa vai além do mercado nacional também deverá abrir a pergunta: qual(is) característica(s) que cada mercado tem que é(são) comum(ns) (semelhante(s)) à de outro mercado nacional?

2. A empresa faz parte de algum grupo (*cluster*) do mercado nacional para operações logísticas ou de planejamento?

3. Quem é ou quem são os responsáveis pela tomada de decisões no âmbito da logística?

4. Quais são as principais premissas a respeito do mercado em análise? Essas premissas são válidas?

5. O que os clientes necessitam em termos de nível de serviços no mercado-alvo?

6. Quais são as características dos sistemas logísticos disponibilizados pela empresa em relação ao mercado-alvo?

7. Quais são as forças e as fraquezas relativas a concorrentes existentes ou potenciais em cada mercado-alvo?

8. Quais são os objetivos da empresa frente a alternativas logísticas disponíveis e levando-se em conta a análise realizada quanto à capacidade empresarial frente aos riscos e oportunidades do mercado?

9. Qual é o impacto da situação econômico-financeira da empresa em relação ao sistema de distribuição física de que dispõe?

10. Como a empresa estrutura a logística na organização para otimizar, com êxito, os seus objetivos, levando em conta a força de trabalho e os recursos disponíveis?

11. Considerando os objetivos, estrutura organizacional da empresa e a avaliação das potencialidades do mercado, como a empresa poderá desenvolver um plano logístico que efetivamente atenda aos requisitos exigidos pelo mercado?

12. Em relação à pergunta anterior, quais são as estratégias de transporte, posicionamento dos estoques, localização dos depósitos e centros de distribuição e serviço de atendimento ao cliente que a empresa dispõe para cada mercado-alvo?

13. Como a empresa mede e monitora o desempenho do plano?

14. Que etapas devem ser consideradas para que os resultados objetivos se aproximem dos resultados projetados?

Para efeito de melhor estudar as estratégias relacionadas ao planejamento logístico, deve-se examinar inicialmente a Figura 2.10.

O exame da figura permite visualizar alguns aspectos importantes que transitam ao longo de toda a estrutura logística destinada a fazer o produto final chegar até o cliente que o deseja.

Algumas questões estratégicas (Chiu, 2006) se impõem diante dessa análise preliminar da Figura 2.10:

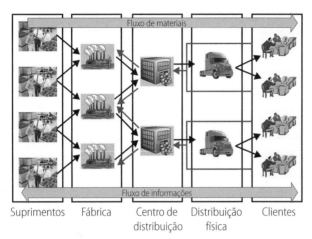

FIGURA 2.10   Logística e distribuição física.
Fonte: Harsh (2010).

1. Seleção do modal ou modais de transporte:

Essa é uma questão crucial para a otimização dos processos logísticos. Inicia-se com o estudo do leque de possibilidades quanto ao tipo de modal ou meio de transporte a ser utilizado. Em algumas situações, a utilização de modais combinados tanto tem por finalidade a redução dos custos logísticos do transporte como também se destina a aumentar a flexibilidade operacional da rede. Esse assunto será mais bem estudado no Capítulo 6 em que serão abordadas as questões relacionadas ao transporte.

2. Localização dos estoques e políticas de estoques:

As questões relacionadas à política de estoques e suas variantes têm por finalidade principal dar suporte à rede logística no que se refere à disponibilidade do produto para atender às necessidades dos clientes.

Se, por um lado, estudos permitirão verificar a necessidade da manutenção dos estoques em determinados pontos da rede e também dimensionar estoques estratégicos destinados a suprir a demanda quando esta sofrer oscilações acima dos níveis esperados e/ou ocorrerem alguns percalços no abastecimento, quer por motivos de atrasos nas entregas programadas, quer oriundos de problemas relacionados a questões de qualidade do produto, operação da manufatura, falta de matérias-primas etc.; de outro lado, há necessidade de se estudar também o posicionamento desse estoque ao longo da rede logística. Esse posicionamento será evidentemente estratégico, destina-se a manter o suprimento para abastecer a demanda, preferencialmente com os menores custos logísticos possíveis. Aqui, os estudos deverão encetar as questões relacionadas com a distribuição física

Logística e cadeia de suprimentos: o essencial

dos estoques. Em outras palavras, examinando o espaço geográfico e topológico da rede logística, a estratégia a ser trabalhada envolverá a escolha da localização ideal de depósitos e menos centros de distribuição para atender aos requisitos de demanda e dos clientes dispostos no espaço geográfico que a rede venha a cobrir.

3. Sistema de captura, transmissão e processamento de pedidos:

As questões que serão formuladas neste tópico estão diretamente relacionadas aos problemas estratégicos da tecnologia da informação aplicada à rede logística.

Como uso generalizado da internet, onde *sites* de diversas empresas disponibilizam a venda de produtos, a urgência no atendimento ao cliente se faz presente na medida em que esse cliente, espelhando-se na velocidade da internet, tem a sensação de que, de igual forma, a sua solicitação será atendida.

A estratégia desenvolvida nos sistemas de captura de pedidos, como pedidos feitos por telefone (televendas), fax e mesmo internet, precisa ser muito bem estruturada. Isso vale também quando se trata da transmissão dos pedidos, que requererá um cuidado especial para evitar erros de transcrição ou falhas que acarretem, por exemplo, a perda do conteúdo da informação transmitida, impossibilitando, dessa forma, atender ao pedido do cliente.

Da mesma forma, o processamento do pedido deverá ter suas estratégicas estruturadas dentro dos princípios básicos que norteiam um bom atendimento, de maneira a se evitar erros, demoras e desperdícios.

Este tópico será mais bem estudado no Capítulo 3 que discute o uso da tecnologia da informação como suporte aos sistemas logísticos.

4. Desenvolvimento de fornecedores e relacionamento entre fornecedores e empresa:

Esse é um tópico que demanda um estudo especial, visto que trata da prospecção do mercado fornecedor, seja por intermédio do desenvolvimento de novas fontes de suprimentos ou pela criação de uma delas. De um lado, a empresa poderá estar preocupada em manter o suprimento de matérias-primas, insumos e componentes de forma permanente e regular, e, de outro, para atender a esse objetivo, torna-se necessário manter o denominado "plano B", ou seja, a existência de alguma alternativa que permita atender às exigências da manufatura na hipótese de o fornecedor principal sofrer algum tipo de colapso no abastecimento de alguma matéria-prima, insumo ou componente.

Outro aspecto a ser analisado envolve o relacionamento entre as partes: fornecedores e empresa. É importante que o relacionamento entre fornecedores e compradores da empresa seja realizado dentro de uma estratégia ética e de permanente troca de informações, objetivando garantir a regularidade do suprimento dos bens destinados à produção.

CAPÍTULO 2 Logística e estratégia

5. Equipamento de manuseio e projeto dos arranjos físicos dos espaços de armazenagem de produtos:

Os arranjos físicos destinados a disponibilizar espaço e corredores de trânsito para a movimentação dos materiais é um estudo que requer uma dedicação especial para permitir um rápido fluxo dos produtos desde o seu recebimento até a expedição para o cliente final. A relação entre o arranjo físico e os equipamentos de movimentação dos produtos é total. A determinação do arranjo físico vai depender do tipo de equipamento a ser utilizado na movimentação dos materiais, visto que as dimensões destes equipamentos são essenciais para o traçado do arranjo físico. Da mesma forma, em função do tipo de produto a ser armazenado, teremos de estudar os tipos de equipamentos destinados à sua guarda: estantes, estruturas porta-paletes, mezaninos etc.

Um estudo mais detalhado deste tópico será abordado no Capítulo 7, que trata da armazenagem e do manuseio dos materiais.

6. Número, dimensões e locais de armazenagem:

Essa questão está intimamente relacionada com o tópico 2, que trata da disponibilidade dos estoques. A localização de um depósito ou de um centro de distribuição vai depender essencialmente da estratégia de manutenção dos estoques dos produtos. A decisão de centralizar ou descentralizar os estoques terá reflexo imediato na localização geográfica dos locais de armazenagem.

Do mesmo modo, as dimensões desses locais de armazenagem serão definidas pelas respectivas políticas de estoques, ou seja, quanto efetivamente a empresa pretende disponibilizar dos seus estoques nas diversas unidades regionais (armazéns ou centros de distribuição). Essa decisão acaba refletindo também no tópico 5, uma vez que a definição dos equipamentos de manuseio e armazenamento dos produtos também dependerá dos níveis de estoque que serão mantidos em cada unidade de armazenagem, bem como da política de atendimento aos pedidos dos clientes. A agilização no atendimento é fator importante na composição dos equipamentos que estarão disponíveis nos diversos locais de armazenagem.

EXERCÍCIOS

Questões

1. Qual é a importância do planejamento logístico?
2. Cite duas estratégias básicas para um bom planejamento logístico.
3. Liste e comente os principais fatores de sucesso de um planejamento logístico.
4. Em que consiste a estratégia de adiamento de forma? Dê exemplos.
5. Quais os objetivos das estratégias de centralização e/ou descentralização dos estoques?

Logística e cadeia de suprimentos: o essencial

Exercícios quantitativos

1. A Delphoshydro é um fabricante de válvulas hidráulicas. Essas válvulas pesam, em média, 120 kg e são acondicionadas em paletes que contêm 10 unidades. O peso do palete é desprezível.

   Atualmente, ela vem despachando suas válvulas por meio de embarques de 10 paletes por despacho a um custo de R$ 0,05 por kg transportado.

   Segundo as estimativas do setor de vendas, a Delphoshydro tem uma demanda de 12 mil válvulas por ano. Cada válvula sai da linha de produção por R$ 480,00. As válvulas prontas são então transferidas para a área de expedição a um custo de R$ 2,00 por válvula movimentada.

   O custo de processamento de um pedido está estimado em R$ 360,00 por pedido.

   Recentemente, a Delphoshydro recebeu uma proposta de uma transportadora para redução das tarifas de transporte. A proposta envolve a contratação de um serviço de transporte que oferece um preço de R$ 0,04 por kg transportado, desde que o fabricante faça embarques de 15 unidades por viagem.

   O gerente do centro de distribuição solicitou uma análise quanto à viabilidade de aceitar a proposta da transportadora e você foi encarregado de apresentar as suas recomendações.

   O setor financeiro informou que o custo de armazenagem de uma válvula é de R$ 4,00 por válvula/ano e o custo de capital que a Delphoshydro opera é de 20% ao ano. Você recomendaria a contratação do novo serviço de transporte? Justifique matematicamente a sua resposta.

2. A Netuno Ltda. é um fabricante de válvulas hidráulicas. Essas válvulas pesam, em média, 100 kg, são acondicionadas em paletes que contêm 10 unidades. O peso do palete é desprezível.

   Atualmente, ela vem despachando suas válvulas por intermédio de embarques de 10 paletes por despacho a um custo de R$ 0,06 por kg transportado.

   Segundo as estimativas do setor de vendas, a Netuno tem uma demanda de 2.400 válvulas por ano. Cada válvula sai da linha de produção por R$ 400,00 e é acondicionada em um palete, onde permanece até a sua retirada para embarque.

   O custo de processamento de um pedido está estimado em R$ 300,00, e o custo de movimentação no centro de distribuição (retirada de um palete da área de estocagem e sua colocação no cento de despacho) está estimado em R$ 12,00 por palete.

   Recentemente, a Netuno recebeu a proposta de uma transportadora para redução das tarifas de transporte. A proposta envolve a contratação de um serviço de transporte que oferece um preço de R$ 0,05 por kg transportado, desde que o fabricante faça o transporte com 20 paletes por embarque.

CAPÍTULO 2 **Logística e estratégia**

O gerente do centro de distribuição solicitou uma análise quanto à viabilidade de aceitar a proposta da transportadora e você foi encarregado de apresentar as suas recomendações.

Se o setor financeiro informou que o custo de armazenagem de uma válvula é de R$ 6,00 por unidade/ano e que a empresa vem operando com um custo de capital de 18% ao ano, você recomendaria a contratação do novo serviço de transporte? Justifique matematicamente e comente sua resposta.

Estudo de caso — Bombas Atlas[5]

A empresa Bombas Atlas fabrica bombas de recalque e opera distribuindo seu produto por meio de seus centros de distribuição. Para uma determinada região, a empresa vem utilizando o serviço de uma transportadora para transportar as bombas desde a fábrica até o centro de distribuição. A transportadora exige um embarque mínimo de 10.000 kg e que os demais embarques sejam múltiplos de 10.000 kg.

Atualmente, vem cobrando uma taxa de R$ 30,00 para cada 100 kg transportados para lotes de embarque de 100 bombas (20.000 kg).

Recentemente, o gerente de logística da empresa recebeu uma proposta de outra transportadora para realizar o mesmo serviço que, em princípio, provoca a redução das tarifas de transporte. A proposta dessa transportadora apresenta uma taxa de R$ 20,00 para cada 100 kg transportados desde que cada lote de embarque tenha, no mínimo, 40.000 kg. A mesma exigência quanto a embarques múltiplos de 10.000 kg também é exigida por essa nova transportadora.

O gerente de logística da empresa obteve alguns dados adicionais para fazer uma análise da nova proposta, que estão dispostos no Quadro 1.

QUADRO 1 Dados complementares — demanda e custos

Demanda anual no centro de distribuição	5.000 bombas
Peso de cada bomba	195 kg
Peso da embalagem – palete contentor por bomba	5 kg
Custo-padrão da bomba no centro de distribuição	R$ 1.680,00
Custo de processamento de um pedido	R$ 150,00
Custo de movimentação no centro de distribuição	R$ 5,00 por 100 kg

A empresa opera com um mix de capital de giro conforme dispõe a Tabela 1.

---

[5] Adaptado de Gonçalves (2010a).

Logística e cadeia de suprimentos: o essencial

TABELA 1 Mix de formação do capital

Discriminação	Percentual	Taxa de juros
Crédito de fornecedores	60%	15%
Empréstimos bancários	30%	18%
Outros créditos	10%	12%

O centro de armazenamento de materiais (centro de distribuição) apresentou um custo operacional distribuído segundo a Tabela 2.2 e operou, no ano passado, com um estoque médio de R$ 1.500.000,00:

TABELA 2 Discriminação das despesas operacionais

Rubrica – almoxarifados	
Discriminação	Valor R$ 1,00
Seguro dos materiais	3,8%*
Pessoal de almoxarifado	R$ 45.000,00
Administração do almoxarifado	R$ 16.200,00
Transporte e movimentação de materiais	R$ 12.800,00
Despesas diversas	R$ 10.000,00

* O prêmio do seguro incide sobre o valor do estoque médio.

Pergunta

Qual é a quantidade de bomba que deverá ser transportada por embarque de forma a minimizar os custos totais da operação?

CAPÍTULO 3

Logística e tecnologia da informação

INTRODUÇÃO

Em um mercado turbulento, a agilidade organizacional, que pode ser definida como a capacidade de identificar captura de oportunidades de negócios mais rapidamente do que os seus concorrentes, é indispensável.

De acordo com uma pesquisa realizada pela McKinsey (Sull, 2009), nove em cada dez executivos consultados em grandes organizações colocam a agilidade como fator crítico para o sucesso da organização, assim como indispensável para a empresa crescer em grau de importância.

Uma capacidade organizacional para explorar, respectivamente, melhorias nas receitas e oportunidades de redução de custos como vantagem competitiva intrínseca, com maior rapidez, efetividade e consistência em condições melhores do que o seu concorrente, acaba por transformar essa capacidade em uma força operacional de agilidade.

Uma demonstração cabal dessa força operacional de agilidade pode ser vista no exemplo da Zara, uma empresa varejista espanhola que transformou a sua cadeia de suprimentos em uma busca da excelência em face da sua habilidade de expedir novos itens para as lojas de forma bastante rápida.

O mais impressionante da cadeia de suprimentos da Zara é a habilidade de o varejista detectar tendências assim como verificar o serviço de atendimento ao cliente.

A Zara tem uma consistência operacional dessa oportunidade porque construiu um sistema de coleta de informações em tempo real a partir de dados fornecidos pelos clientes. Essas informações são então processadas em forma de relatórios de apoio, contendo estatísticas importantes para as decisões da empresa.

55

O conjunto de tecnologias resultantes da utilização integrada e simultânea da informática e da telecomunicação acabou por emergir de forma agregada, fundindo-se na denominada tecnologia da informação.

Ela permite a coleta, o tratamento, a interpretação e a distribuição de informações em tempo real, destinados a atender aos usuários de acordo com as suas necessidades.

Nesse sentido, a utilização de banco de dados relacionais (*data warehouse*) transformou a tecnologia da informação em uma poderosa aliada da logística. A utilização dessa tecnologia permitiu a manipulação de informações de forma ágil e objetiva com a finalidade de reduzir custos e melhorar a produtividade, a eficácia e a competitividade entre as organizações.

No contexto da logística, a tecnologia da informação participa para colocar à disposição das empresas informações mais confiáveis sobre a localização e o *status* de qualquer material ou produto. Do mesmo modo, permite obter sofisticados modelos para estudos, em tempo real, dos hábitos e comportamentos de clientes e consumidores.

Sem dúvida, a tecnologia da informação, por ser capaz de agilizar os processos logísticos dentro de vetores básicos, quais sejam velocidade e precisão da informação, torna-se uma aliada importantíssima na competitividade empresarial.

Alguns exemplos típicos mostram como a tecnologia da informação possibilitou a execução de operações em um ambiente extremamente complexo (Bigaton e Escrivão Filho, 2004):

- ECR (resposta eficiente ao cliente) e TED (troca eletrônica de dados) – por intermédio da utilização de padrões de dados comuns que são trocados entre os parceiros de negócios, proporcionando vantagens de se conhecer, em tempo real, as quantidades de produtos vendidos e em que momento essas vendas ocorreram. Os resultados dessa aplicação são uma melhora significativa com redução dos *lead times*, otimização das programações de entregas de produtos dos clientes e eliminação da transcrição de dados que normalmente geram erros.
- *Data warehouse* – tem por finalidade armazenar em um único banco de dados os dados históricos e atuais, permitindo, assim, a elaboração de relatórios diversos que subsidiam as decisões dos executivos das empresas.
- Redes de conhecimento – uso da tecnologia da informação para compartilhar conhecimento e outras técnicas que facilitam as atividades de fazer os pedidos, programar as entregas, movimentar os produtos, estocá-los e acompanhar os eventos relacionados.
- Sistema de posicionamento e comunicação – mediante a utilização de receptores de GPS (*global positioning system*) ou de radiofrequência (RF) com antenas próprias e/ou mediante a utilização de um *network* posicional com

CAPÍTULO 3 Logística e tecnologia da informação

o apoio das operadoras de celulares, é possível ter conhecimento da posição geográfica do veículo de transporte, facilitando, assim, o seu rastreamento, como também permitindo que o cliente tenha conhecimento do andamento do seu pedido em tempo real.

- Pedido perfeito – um *software* desenvolvido em parceria entre a Interchange, a Xplan Tecnologia e a Zanthus que, a partir da análise das vendas, recomenda a quantidade de produtos que deverá ser pedida, além de melhorar a produtividade dos empregados por melhor utilização da sua disponibilidade de tempo.
- Sistema de entrega administrada Rhodia (EAR) – permite monitorar, controlar e fazer a reposição automática de fenol nos clientes da empresa, de forma totalmente informatizada, via internet, e de forma ininterrupta graças à utilização de sensores que são instalados nos tanques de produtos que se encontram nos clientes da empresa.

A tecnologia da informação propiciou um aumento significativo na velocidade e na precisão das informações logísticas, elevando, assim, a eficiência operacional das empresas.

Na velocidade com que as transações acontecem hoje – US$ 1 bilhão por segundo, de acordo com relatório – a Oracle (2008) obrigou, de forma compulsória, que as empresas tenham uma boa estratégia fundamentada na tecnologia da informação.

Por operar com uma diversidade geográfica, quer seja em âmbito doméstico, quer seja global, as corporações têm uma tendência a criar verdadeiras ilhas de tecnologia. Esse fenômeno é mais bem visualizado quando um alto grau de crescimento é obtido por meio da aquisição de novas empresas, ocasionando uma necessidade imperiosa para que o fluxo de informações que ocorre em dois sistemas diferentes, por exemplo, permita traduzir-se em uma interface organizacional de curto prazo, de forma que haja possibilidade de que os sistemas tenham uma plataforma factível de transferência de informações entre si. Em muitas situações como a descrita, a interligação ou o uso de um sistema único se arrasta por muitos anos, causando enormes prejuízos para a organização e, eventualmente, a perda de clientes importantes.

Essas ilhas de tecnologia também podem acabar por criar verdadeiros silos informacionais, cujo resultado é um verdadeiro antagonismo no trato informacional das informações com grandes reflexos na cadeia de suprimentos.

É muito comum, em grandes organizações, um verdadeiro contraste tecnológico quando o uso de informações contidas em um sistema precisa ser novamente imputado em outro sistema, porque não existe uma interface suficientemente poderosa que permita a interligação direta entre eles. O resultado é

FIGURA 3.1 Estratégia e tecnologia da informação na logística.
Fonte: adaptada de Schanki (2005).

uma perda da eficiência operacional e a grande probabilidade de erros na transcrição dos dados.

A utilização da tecnologia da informação permite melhorar, de forma bastante significativa, as estratégias dos negócios da empresa em todas as suas vertentes, reduzindo os custos das transações e melhorando a qualidade dos serviços.

Um exemplo típico é a utilização da internet para a venda de produtos de bens duráveis, como é o caso das lojas de varejos como Ponto Frio, Casas Bahia, Lojas Americanas, entre outras.

Além disso, a tecnologia da informação permite que sejam criados focos específicos de negócios na atuação da empresa no fornecimento de bens e serviços em nichos específicos de mercado. Ela permite a aplicação de vários "filtros" por intermédio de algoritmos especiais que subsidiam as decisões dos executivos quanto à alocação de produtos em depósitos, perfil do consumidor etc.

Além de promover uma mudança radical nos processos de negócios, melhorando a qualidade dos serviços e reduzindo o tempo de atendimento, o uso da tecnologia da informação eleva a possibilidade de formação de alianças estratégicas entre fornecedores, subfornecedores, operadores logísticos etc.

Assim, um processo de negócio que utiliza um sistema de suporte com o uso da internet aumenta a comunicação e a colaboração necessária entre as partes envolvidas, elevando de forma dramática a coordenação administrativa e os sistemas de gestão. São exemplos:

- Utilização no desenvolvimento e no treinamento dos empregados.
- Uso em parceria com fornecedores no desenvolvimento de novos produtos e processos.
- Uso da extranet para melhorias de processos com novos fornecedores com a utilização do *e-commerce*.
- Utilização como suporte nos planos de marketing e venda de produtos pela internet.
- Integração dos sistemas de apoio aos clientes.
- Melhorias na gestão da qualidade.
- Agilidade, flexibilidade e redução de tempo no desenvolvimento, na fabricação e na expedição de produtos com significativa redução do tempo de ciclo.

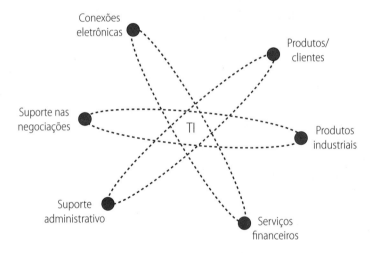

FIGURA 3.2   Tecnologia da informação e suas aplicações nas empresas.

CÓDIGO DE BARRAS E ETIQUETAS ELETRÔNICAS

O código de barras foi desenvolvido com a finalidade de evitar a transcrição de dados por meio da digitação, o que acabava por provocar um grande volume de erros e, consequentemente, exigia um retrabalho.

Ele é uma forma de representar o número de identificação do produto, o que viabiliza a captura automática dos dados dos produtos, por meio de um leitor óptico.

A identificação do produto pode ser representada por símbolos em que a codificação numérica do produto obedece a um conjunto de normas preestabelecidas. O Brasil adotou, por força de decreto governamental, o sistema EAN (*Eu-*

ropean article number), que pode ser aplicado pelas empresas na solução dos mais variados tipos de situação que englobam a automação dos negócios, a identificação de produtos, a rastreabilidade, a automação comercial, o comércio eletrônico etc.

As informações apresentadas no código de barras obedecem a um padrão estrutural e envolvem fabricantes, atacadistas, varejistas, exportadores, importadores etc. que podem usar o sistema para comunicar informações relativas a mercadorias e aos serviços que comercializam.

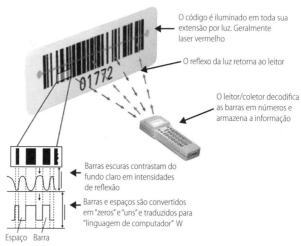

FIGURA 3.3 Tecnologia do código de barras.
Fonte: EAN Brasil (2001).

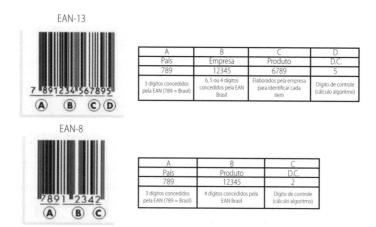

FIGURA 3.4 Exemplo de estrutura do código de barras EAN.
Fonte: EAN Brasil (2001).

CAPÍTULO 3 Logística e tecnologia da informação

O sistema de codificação EAN Brasil também possibilita incluir no respectivo código informações adicionais como data de validade do produto, número do lote de fabricação e/ou expedição etc.

Esse código de identificação com todas as características do produto também é utilizado em mensagem de troca eletrônica de dados (EDI – *electronic data interchange*), o que aumenta significativamente a velocidade e a precisão das comunicações.

A utilização do código de barras é tão ampla que permite, ainda, o seu uso em cupons, recibos de reembolso de despesas, boletos de cobrança, entre outros, e também possibilita identificar a localização dos itens nas diversas unidades logísticas de armazenagem.

Há uma enorme variedade de códigos de barras, normalmente focados em determinada aplicação. Assim, pode-se usar códigos de barras tanto para pequenas embalagens como também para identificar o conteúdo de um palete.

Uma aplicação conhecida é a rastreabilidade da correspondência feita pelo usuário dos Correios por intermédio de um código de identificação da correspondência ou Sedex. Entrando no site dos Correios (www.correios.com.br), o usuário poderá acompanhar o andamento do processo de expedição e envio da correspondência que postou nos Correios, desde a sua entrega na agência até o seu recebimento pelo destinatário. Esse sistema, bem mais simples que o das etiquetas eletrônicas, utiliza um processo de rastreamento baseado em código de barras. Em cada etapa crítica do processo esse código é lido por um equipamento que registra a sua movimentação e mantém a sua rastreabilidade.

Com o avanço da tecnologia e em virtude de algumas limitações no uso do código de barras, as empresas passaram a utilizar a identificação por radiofrequência. Esse sistema, mais conhecido pela sigla RFID (*radio frequency identification*) já vinha sendo utilizado em aplicações militares desde a Segunda Guerra Mundial.

A tecnologia de captura de dados via radiofrequência utiliza o espectro eletromagnético para transmitir as informações sem que haja a necessidade do contato físico entre o dispositivo onde se encontra as informações e o dispositivo que captura essas informações.

No caso de etiquetas com código de barras, há necessidade de que o leitor do código, conhecido como *scanner*, faça a leitura por meio de um sensor infravermelho que, então, por intermédio de uma tecnologia própria, captura os dígitos dispostos na etiqueta.

O uso de RFID permite que o intercâmbio de dados seja realizado remotamente; para tanto, é necessária a existência de uma etiqueta especial denominada etiqueta eletrônica, etiqueta de radiofrequência ou, ainda, *e-tag*. Na literatura, várias são as denominações desse dispositivo: *e-tag*, *RFID tag*, *transponder*, etiquetas inteligentes, etiquetas eletrônicas, ou mesmo *e-tag*.

O sistema de RFID consiste em um conjunto de componentes que envolve antena, ou uma pequena bobina no caso de baixa frequência; *transceiver* com decodificador; e *transponder*, que é composto de antena ou bobina, transmissor, capacitor, diodo e *microchip*; como mostrado na Figura 3.5.

É importante destacar que as etiquetas que trabalham em baixa frequência, também conhecidas como etiquetas passivas, só permitem a transmissão de dados a pequenas distâncias, ao passo que nas etiquetas que trabalham em alta frequência, também denominadas etiquetas ativas, o alcance da transmissão é bastante elevado e, em muitos casos, sujeito à legislação governamental específica. Esse aspecto deve ser observado ao se decidir pela aplicação da tecnologia.

As vantagens da utilização da etiqueta eletrônica são enormes, entre elas citam-se:

- Rapidez, precisão e confiança na transmissão das informações.
- Elevado grau de controle, evitando-se furtos e aumentando a segurança.
- Captação das ondas de radiofrequência a distância.
- Leitura simultânea de várias etiquetas.
- Identificação independentemente de contato ou visão do produto, possibilitando, assim, sua identificação em ambientes hostis.
- Simplificação dos processos de negócios.
- Rastreabilidade do produto.
- Informações precisas que permitem gerenciar os produtos *on-line* e *real time*.
- Melhora considerável nas operações de gerenciamento e de controle.

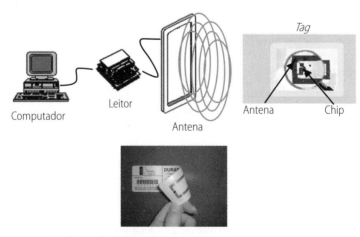

FIGURA 3.5 Tecnologia de RFID.
Fonte: adaptada de Bronzato (2006).

CAPÍTULO 3   Logística e tecnologia da informação

As etiquetas eletrônicas podem ser fabricadas em diversos tamanhos e formatos e em uma espessura tão fina que permita sua aplicação em superfícies de produtos.

Elas são classificadas como ativas ou passivas: as etiquetas ativas são aquelas que são alimentadas por uma bateria interna, permitindo, por consequência, leitura e gravação de informações; enquanto as etiquetas passivas não possuem baterias e não permitem alterações do código inserido em sua memória.

Um estudo comparativo entre os principais aspectos que diferenciam a utilização do código de barras e de uma etiqueta inteligente (Scavarda et al., 2005) é apresentado no Quadro 3.1.

QUADRO 3.1   Comparação entre código de barras e identificação por radiofrequência

Código de barras	Identificação por radiofrequência
Uso de luz ótica para leitura	Uso de um sistema de radiofrequência
Necessita de campo visual para leitura	Não necessita de campo visual ou contato físico para leitura
Código de barras não é eficiente em ambientes hostis e insalubres	Pode ser utilizado nesses ambientes
Não permite a inserção de novos dados	Em alguns modelos, é possível a inserção de novos dados
Maior tempo de resposta	Menor tempo de resposta
Leitura individual, código a código	Leitura coletiva de várias etiquetas
Barato e de uso bastante versátil	Tecnologia mais cara
Maior risco de erros na leitura do código	Menor risco de erros na leitura

Várias são as características das etiquetas eletrônicas e suas aplicações. Dentre elas, pode-se citar:

- *Read only (somente leitura)* – os dados são gravados na etiqueta uma única vez, na hora da produção. A memória existente no chip não permite novas gravações.
- *Write-once-read-only (worm)* – etiqueta que inicialmente não possui dados em sua memória. O usuário pode escrever os dados apenas uma vez. Para isso, ele necessita de um equipamento especial para realizar a gravação dos dados na etiqueta.
- *Read-write* – é um tipo de etiqueta mais flexível em termos de possibilidade de gravação e captura de dados. Nesse modelo, a memória "espaçosa" permite inserir novas informações ao longo do processo, por exemplo, um determinado produto pode conter diversas informações, como fabricante, atacadista

63

e distribuidor, loja de varejo etc. Um exemplo de sua aplicação típica foi a utilização na pecuária brasileira para a identificação de dados do rebanho bovino em plena época da crise chamada "doença da vaca louca"[1]. Essa etiqueta era colocada na orelha do animal e nela eram então gravados dados relativos à origem do animal, vacinas utilizadas e outras informações importantes.

- **Read-write on board sensors** – etiquetas que contêm sensores especiais que permitem gravar dados como temperatura e pressão a que o produto foi submetido etc. Esses dados são capturados e gravados na memória da etiqueta por meio dos sensores que ela possui.
- **Read-write with integrated transmitters** – modelo que opera como miniatura de dispositivo de rádio. Pode se comunicar com outra etiqueta e funciona se existir um equipamento de leitura. As aplicações dessas etiquetas são amplas e variadas.

QUADRO 3.2   RFID – banda de frequência e alcance

Banda de frequência	Descrição	Alcance
125-134 KHz	Baixa frequência	Até 3 m
13.553-13.567 MHz	Alta frequência	De 1 a 3 m
400-1.000 MHz	Ultra-alta	De 3 a 9 m
2,45 GHz	Micro-ondas	> 3 m

Fonte: Scavarda et al. (2005).

O RFID é mais comum no mercado varejista. Ele promove benefícios para os varejistas e seus fornecedores por permitir o rastreamento do produto desde o estágio da produção até o ponto de venda.

Utilizando-se a tecnologia do RFID, é possível trabalhar monitorando a posição dos estoques e o reabastecimento dos produtos, que passam a ser repostos de forma automática em muitos casos.

No comércio varejista, por exemplo, essas etiquetas permitem aumentar a eficiência da estocagem de produtos e o reabastecimento dos itens de estoque, levando-se em conta as vendas realizadas e o uso da transferência eletrônica de dados.

---

[1] A rastreabilidade da carne bovina, ou seja, a correta identificação de todos os bovinos para saber-se a origem e todos os passos dessa carne até chegar às gôndolas do varejo permite ao empresário brasileiro estar apto a participar do mercado externo, com a vantagem de produzir com custos menores que seus concorrentes. O conceito técnico da identificação eletrônica dos animais, assim como a estrutura de código utilizada, foram normatizados pelas normas internacionais ISO 11.784 e ISO 11.785.

CAPÍTULO 3 Logística e tecnologia da informação

Essa aplicação é amplamente utilizada nos supermercados que controlam os níveis de estoques e o consumo dos itens a partir da sua venda (*checkout*)[2].

Outra aplicação também bastante utilizada é o chamado VMI[3] (*vendor managed inventory*). Esse sistema é acoplado ao TED e transfere para o fornecedor do produto a responsabilidade pelo gerenciamento do estoque e o reabastecimento do produto junto ao varejista.

Outra aplicação com grande repercussão na logística é o uso de etiquetas para o rastreamento e o acompanhamento dos pedidos – como é o caso do Submarino, da Federal Express, entre outras empresas. Com esse sistema, o cliente pode pessoalmente acompanhar o andamento do seu pedido pela internet, rastreando cada fase do processo.

Uma experiência bastante interessante foi implementada pelo Metro Future Store, supermercado do grupo alemão Metro, em que a tecnologia de RFID está sendo testada em condições reais. O RFID foi inicialmente utilizado no gerenciamento da cadeia de suprimentos. Caixas e paletes etiquetados são lidos nas entradas e saídas do centro de distribuição e no armazém. O filme do YouTube *future supermarketing* permitirá visualizar de forma mais completa esse contexto (www.youtube.com).

Em 2004, o supermercado iniciou experimentalmente esse processo, etiquetando individualmente as mercadorias. Leitores de RFID incorporados às prateleiras e conectados à central do sistema interligado da cadeia de suprimentos puderam, então, "ler" a etiqueta individual de cada produto.

Para o pessoal de operação do supermercado, as principais funções da etiqueta fixada no produto são o controle de estoque, a checagem para a reposição e o controle de qualidade.

Para prevenir a possibilidade de essas etiquetas serem lidas por qualquer pessoa, ao deixar o supermercado elas são desativadas por sensores especiais localizados na saída da loja.

Para o cliente, a chamada "prateleira inteligente" também oferece informações complementares sobre os produtos. Os clientes podem se deslocar a qualquer

---

[2] A saída das mercadorias é registrada por *scanners*. PDVs (pontos de venda) processam as informações, que depois poderão ser lidas no próprio *checkout* em forma de relatórios ou enviadas para a administração. Eles também são capazes de realizar transferência eletrônica de fundos e consultas a serviço de proteção ao crédito. Balanças eletrônicas e impressoras de cheques agilizam o atendimento.

[3] *Vendor managed inventory* (VMI), em português, significa estoque gerenciado pelo fornecedor, um sistema em que o fornecedor se responsabiliza pela gestão dos níveis de estoques dos clientes.

terminal existente no supermercado para obter mais informações por intermédio da leitura do *chip* RFID existente na etiqueta afixada ao produto.

Um sistema dentro da loja permite fazer o rastreamento das etiquetas utilizando um sistema de áudio e vídeo. O rastreamento só pode ser ativado com a etiqueta RFID existente no cartão de fidelidade do cliente.

Na primavera de 2006, a rede Marks&Spencer implementou o uso do RFID para manter o rastreamento do nível de estoque e assegurar que os tamanhos de quaisquer produtos oferecidos estivessem disponíveis nas lojas da empresa.

A Figura 3.6 apresenta uma gama de aplicações do sistema RFID no que se refere ao controle dos materiais, envolvendo desde a recepção das mercadorias até a sua expedição.

O problema do uso das etiquetas eletrônicas RFID ultrapassa os limites de controle interno, visto que, de certa forma, permite invadir a privacidade dos clientes. Essa possibilidade tem sido alvo de grandes preocupações dos usuários dos produtos e das empresas que utilizam etiquetas, em face das implicações legais. A cadeia de lojas Benetton recebeu um grande volume de reclamações dos usuários de seus produtos quando estes se deram conta de que poderiam ser rastreados.

Nas últimas décadas, a indústria e o comércio vêm sendo influenciados pela tecnologia da informação, de tal modo que ela revolucionou a gestão da cadeia de suprimentos por permitir maior agilidade nos processos de negócios e facilitar o intercâmbio de informações entre as partes envolvidas (Stoa, 2006).

FIGURA 3.6 Identificação por radiofrequência — aplicações na logística.
Fonte: Gonçalves (2009).

SISTEMAS COLABORATIVOS E COMÉRCIO ELETRÔNICO

O comércio colaborativo tem por objetivo principal a troca de experiências, compartilhando informações e colaboração entre parceiros de negócios. Os tipos mais comuns envolvem:

- **Projeto de produto** – todos os envolvidos no projeto de um determinado produto estão interligados por meio de uma plataforma de tecnologia da informação, mediante o uso de softwares especiais que permitem compartilhar dados do projeto, ao mesmo tempo em que os usuários do sistema passam a ter atuação direta no desenvolvimento deste. Esse processo se desenvolve de tal forma que os demais parceiros compartilham *on-line* o projeto, interagindo entre si, por meio de sofisticados suportes tecnológicos de software e hardware.
- **VMI** – no controle dos estoques de lojas, como Walmart e Pão de Açuçar, entre outros, o fornecedor se responsabiliza pela gestão dos níveis de estoques. Nesse sistema, o fornecedor tem acesso aos dados relativos ao estoque e às vendas do cliente e, com base nessas informações, assume as decisões sobre os reabastecimentos. O VMI integra-se à cadeia de suprimentos permitindo uma colaboração estreita entre os atores da cadeia e uma intensa partilha de informação entre os parceiros de negócios, proporcionando, dessa forma, uma considerável redução dos custos e dos níveis de estoques disponibilizados em toda a cadeia.
- **Varejista-fornecedor** – varejistas e fornecedores participam de forma colaborativa no planejamento de estoque e da produção, especialmente para evitar o denominado "efeito chicote"[4] na cadeia de suprimentos. Essa maior integração entre os parceiros de negócios facilita consideravelmente as estimativas de demanda, a gestão dos estoques e o planejamento da produção.

---

[4] O efeito chicote, também conhecido como *bullwhip effect*, acontece quando a cadeia de suprimentos não é integrada. Esse efeito resulta na acumulação de estoques em todos os elos da cadeia de suprimentos como consequência da oscilação momentânea da demanda do cliente final.

> Um exemplo bastante interessante é o processo colaborativo entre a Procter & Gamble (P&G) e a rede Walmart.
> A P&G tem acesso às informações dos produtos de sua fabricação dispostos na rede de lojas do supermercado Walmart. As informações são coletadas eletronicamente, possibilitando monitorar o nível de estoque de cada item em cada loja.
> Com esse processo, a P&G planeja melhor a sua produção, melhora consideravelmente seu sistema de previsão de demanda e reduz o danoso "efeito chicote".
> O sistema implantado pela P&G via *web* permite acabar com 4.000 *links* diferentes de EDI existentes entre fornecedores e varejistas com ganhos na relação entre custos e benefícios.
> Fonte: Turban et al. (2003).

O uso da tecnologia da informação na cadeia de suprimentos passou a ser crucial, pois ela torna capaz uma reconfiguração dinâmica das estruturas da organização, além de adicionar maior flexibilidade aos processos de negócios relacionados à cadeia de suprimentos.

Na verdade, o uso dos negócios eletrônicos com a internet levou a uma grande e radical transformação na cadeia de suprimentos a partir do momento em que novas tecnologias de redes foram incorporadas ao sistema de suprimentos e aos processos de negócios, por intermédio das práticas de *e-procurement, e-Logistics*, CPFR (*collaborative planning, forecasting and replenishment,* em português, previsão, reabastecimento e planejamento colaborativo), WMS (*warehouse management system*, em português, sistema de gerenciamento de armazéns), produção *just in time,* até sofisticados sistemas que permitem o rastreamento da encomenda pelo próprio cliente por meio da utilização de códigos de barras, etiquetas eletrônicas e GPS (*global positioning system*).

O Quadro 3.3 apresenta uma comparação (Antonette et al., 2002) entre o modelo tradicional de negócios e o novo modelo de negócio com o uso da tecnologia da informação.

QUADRO 3.3 Comparativo entre o modelo tradicional e o eletrônico

Modelo tradicional	Modelo eletrônico
Baseado no contato pessoal	Altamente dependente da tecnologia da informação, baseado na comunicação e no relacionamento
Altos investimentos em ativos	Baixos investimentos em ativos
Produtos padronizados e em alto volume de produção	Produção sob encomenda, baseada na demanda de mercado
Altos custos das transações	Baixos custos das transações

(continua)

CAPÍTULO 3 Logística e tecnologia da informação

QUADRO 3.3 Comparativo entre o modelo tradicional e o eletrônico (*continuação*)

Modelo tradicional	Modelo eletrônico
Altos estoques	Rápido fluxo de informações para reposição de estoques no momento da sua necessidade
Fluxo de informações restrito	Fluxo de informação interorganizacional livre
Foco no lucro	Foco na cadeia de suprimentos e crescimento dos lucros

A transformação da cadeia de suprimentos em operações *on-line* levou as empresas a um considerável aumento no volume de receitas. Para que isso tenha sucesso, é indispensável que toda a cadeia seja mantida pelos recursos da tecnologia da informação.

Além disso, esse processo permite uma maior visibilidade da cadeia de suprimentos com constantes trocas de informações entre os parceiros envolvidos e acaba por reduzir expressivamente o denominado "efeito chicote" como consequência da interligação *on-line* e *real time* da cadeia de suprimentos. Nesse processo, todos os parceiros ajustam as suas necessidades de acordo com as exigências de seus clientes.

Essa conectividade da cadeia com o uso da TI (tecnologia da informação) revolucionou consideravelmente os processos de negócios de maneira nunca antes vista. Atualmente, muitas empresas fazem negócios com vendedores em diversos pontos do mundo, conhecendo de cada parceria as suas disponibilidades de materiais e usuários desses materiais, situação que, em décadas anteriores, era impossível de se realizar. Um caso exemplar é a Li & Fung (Figura 3.7).

Atualmente, três grandes categorias de transações são realizadas com o uso intensivo da TI:

- *E-commerce.*
- *E-colaboration.*
- *E-procurement.*

O *e-commerce* abrange compra, venda e troca de produtos e serviços por intermédio de redes de computadores, especialmente a internet.

Há uma grande variedade desse tipo de comércio. No Quadro 3.4, são apresentados alguns desses tipos e suas configurações básicas.

QUADRO 3.4 Tipo de *e-commerce*

Tipo	Descrição
C-commerce	Comércio colaborativo em que os parceiros de negócios colaboram utilizando-se redes de computadores
Business to consumers (B2C)	Mais comum no mercado via internet, no qual organizações oferecem produtos e serviços para pessoas físicas que os adquirem de acordo com suas necessidades. São exemplos: Lojas Americanas, Ponto Frio, Casas Bahia, Livraria Saraiva e inúmeras outras
Consumer to consumer (C2C)	Comércio entre pessoas físicas, realizado normalmente pela internet; em sua maioria mediante a intermediação de um portal, como o Mercado Livre

O *e-commerce*[5] permite que os parceiros da cadeia de suprimentos identifiquem *on-line* e *real time* as mutações e variações da demanda de seus clientes com o uso da internet. A utilização do *e-commerce* acaba por produzir melhoras na eficiência da organização nas áreas relacionadas à cadeia de suprimentos, como processamento de pedidos, estruturas de custeio, contribuição para o lucro, requisitos logísticos, qualidade dos serviços, segmentação dos mercados, acesso a informações sobre disponibilidade e demanda de produtos etc.

No caso do *e-procurement*, a organização passa a utilizar a internet para a procura direta ou indireta de materiais, assim como valor adicionado, como serviços de transporte, armazenagem etc. O aspecto-chave do *e-procurement* é a inclusão do usuário final do processo de procura por meio do uso intensivo da internet, permitindo que sejam consultados catálogos de inúmeros vendedores.

Com o desenvolvimento de novas tecnologias, em particular a tecnologia da informação e das comunicações, várias empresas têm se envolvido em novas formas de interação e colaboração. Essa relação entre empresas mediante a utilização de alta tecnologia e comunicações em dimensões globais passou a ser denominada *e-collaboration*. Essa colaboração entre empresas pode envolver o uso de videoconferência, e-mail e seções de chats, com a finalidade de criar um canal de relacionamento e reduzir os eventuais *gaps* organizacionais e pessoais. O objetivo primordial desse processo é aumentar os ganhos por intermédio da coparticipa-

---

[5] *E-commerce*, comércio eletrônico ou, ainda, comércio virtual é um tipo de transação comercial feita especialmente por meio de um equipamento eletrônico, como um computador. Conceitua-se como o uso da comunicação eletrônica e digital aplicada aos negócios, criando, alterando ou redefinindo valores entre organizações (B2B), entre organizações e indivíduos (B2C), ou entre indivíduos (C2C), permeando a aquisição de bens, produtos ou serviços e terminando com a liquidação financeira por intermédio de meios de pagamento eletrônicos.

ção, com a finalidade de prevenir conflitos e também solucionar pendências entre as empresas envolvidas no processo de forma ágil e eficiente.

O processo de *e-procurement*[6] também pode ser terceirizado, assim, empresas especializadas passam a realizar as cotações *on-line*, reunindo necessidades de um mesmo produto para várias empresas interessadas. Há ganhos consideráveis nesse processo. Normalmente, essa terceirização acontece para as empresas de pequeno e médio portes, permitindo que a aglutinação de pedidos de um mesmo produto produza ganhos de escala nas compras junto aos fornecedores.

A Figura 3.7 apresenta uma poderosa plataforma de TI utilizada pela empresa Li & Fung no controle de suas operações logísticas em âmbito mundial. É importante observar que o uso dessa plataforma permite que a empresa, avaliando os custos logísticos para o fornecimento de matérias-primas nos mais diversos países fornecedores possa modificar a seu critério as fontes de fornecimento, entre outros leques de alternativas possíveis.

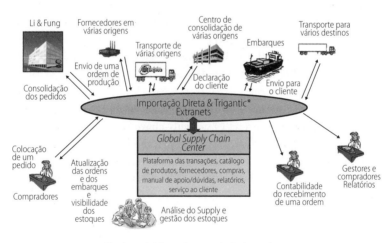

Plataforma de informações para soluções integradas

FIGURA 3.7 Plataforma de TI da Li&Fung.
* Trigantic é um portal de informações.
Fonte: adaptada de Cinthal (2009).

---

[6] *E-procurement* é uma plataforma de negócios *on-line* que trabalha com o seguinte conceito: a origem da necessidade de compra pode (e deve) partir do consumidor, que tem em seu poder a tomada de decisão quanto à aquisição de um determinado produto ou serviço. O consumidor é beneficiado, pois pode contar com um leque de preços, vantagens e condições que mais se adequem à sua necessidade. E o fornecedor também, uma vez que tem contato direto com o público-alvo, pode medir o aquecimento do mercado por meio dos lances dados pela concorrência e ainda melhorar propostas e ofertas para que o seu negócio se sobressaia perante os demais.

Há mais de duas décadas a TED vem sendo utilizada. Em um primeiro momento, acelerou os processos das transações bancárias como um imperativo em face da inflação galopante que assolava o país. Para evitar a perda rápida do poder de compra do dinheiro, era necessário que as transações bancárias fluíssem rapidamente. Assim, a implementação do TED no setor bancário brasileiro permitiu superar obstáculos e fazer as transferências de fundos e movimentação bancárias, em geral de forma bastante eficaz. O TED acabou por praticamente extinguir o uso de documentos em papel, substituindo-o por meios eletrônicos. A união da informática com o poder das telecomunicações permitiu esse acelerado avanço tecnológico.

Sem examinar tecnicamente o processo em si, o TED é um processo técnico e organizacional que transforma dados estruturados mediante meios eletrônicos e protocolos normatizados que permitem a comunicação entre parceiros de negócios.

Nesse contexto, transações frequentemente enviadas por TED envolvem compras, transporte, solicitação de pedidos, posição de estoque de um determinado item, expedição de materiais etc.

Os benefícios do TED podem ser sintetizados nos trabalhos realizados por meio da EAN Brasil. A proposta apresentada pela Associação Brasileira de Automação Comercial (Abac) foi transformada em lei (Decreto n. 90.595, de 29/11/84) e, em 12 de dezembro de 1984, era publicada a Portaria n. 143 do Ministério da Indústria e Comércio, conferindo à Abac a responsabilidade de orientar e administrar a implantação do Código Nacional de Produtos no país.

Para viabilizar esse projeto, havia a necessidade de se adotar um padrão internacional. Dessa forma, optou-se pelo padrão EAN International. Na condição de 26º país filiado, o Brasil recebeu seu código: 789. Assim, a identificação dos produtos de origem do Brasil fica caracterizada pela presença dos números 789 no código de barras de todos os produtos nacionais.

Entre os benefícios elencados pela utilização do TED, podemos citar:

- Agrega valor ao negócio por permitir um vasto acesso aos mais variados mercados, tanto de compradores como de fornecedores, e facilita as negociações, que se tornam ágeis e eficientes.
- Reduz o tempo das transações e o nível de erro na transmissão de dados em face do uso de protocolo padronizado na troca de informações, que passam a ser mais ágeis e sem a necessidade da transcrição dos dados, o que poderia provocar erros e até atraso no processo como consequência da necessidade de efetuar correções, além de dar maior confiabilidade aos processos.

CAPÍTULO 3 Logística e tecnologia da informação

- Melhora a eficiência operacional por propiciar uma sincronia nos processos de negócios e integra o sistema de manufatura à cadeia de suprimentos, permitindo, assim, melhorias significativas em produtividade e redução de custos.
- Otimiza o fluxo de informação por eliminar a troca física de documentos, já que as transações passam a acontecer em tempo real, o que ocasiona consideráveis melhorias no planejamento por reduzir as incertezas e aumenta a qualidade.
- Agiliza o processo de tomada de decisão, uma vez que o fluxo de informações em tempo real abre a possibilidade de os executivos das empresas analisarem com maior riqueza de detalhes as situações de mercado e a posição dos negócios, facilitando, assim, uma tomada de decisão mais rápida.
- Torna a empresa mais ágil em face das decisões que passam a ser tomadas com maior velocidade e sob a óptica de um contexto de maior inteireza.
- TED é mais segura do que o uso de cheques, além de eliminar custos e reduzir o tempo das transações.
- Elimina as perdas de receita em caso de processamento de cheques sem fundo.
- Torna os pagamentos mais fáceis, mais convenientes e com grande rapidez, bem diferente do uso de cheques, além de os fundos serem disponibilizados no mesmo dia da transação.

Um exemplo bastante interessante é o caso do supermercado Walmart, que, trabalhando com um sistema apoiado integralmente na TI, tem algumas característica importantes:

- Uso de *scanner* eletrônico no código de produtos para produção e operação.
- Assegura, de forma ágil e confiável, a precificação dos itens dispostos nas lojas.
- Aumenta a eficiência operacional e reduz as perdas.
- Processo de comunicação ágil e eficiente.

O Walmart foi fundado em 1962 por Sam Walton e em 1972 teve suas ações incluídas na bolsa de *Wall Street*. É a maior rede de varejo dos Estados Unidos, operando também no México, Reino Unido, Japão, Índia, Argentina, Brasil, Canadá e Porto Rico. Sua sede está localizada em Bentonville, Arkansas, onde possui um centro de distribuição de 110.000 m². No centro de distribuição, um grande número de caminhões do Walmart descarrega caixas de mercadorias de milhares de fornecedores diferentes. Estas caixas, de diversos tamanhos, são depositadas em esteiras rolantes, nas baias de carregamento e, destas esteiras chegam a uma esteira maior. Esse sistema funciona 24 horas por dia, 7 dias por semana. Os caminhões dos fornecedores abastecem os 20 Km de esteiras de transporte, que por sua vez alimentam a torrente de produtos encaixotados. O fluxo de caixas se desloca e uma célula fotoelétrica lê os códigos de barra de todas elas. Ao chegar ao outro lado do prédio, o fluxo volta a dividir-se em uma centena de derivações, nos quais braços elétricos separam as caixas conforme a loja de destino e as colocam cada qual em sua respectiva esteira rolante. Por sua vez, a esteira rolante transporta os produtos assim separados até o caminhão cujo destino é levar os produtos para as prateleiras de um Walmart em algum ponto dos Estados Unidos.

Nas lojas da cadeia, os clientes vão pegar esses produtos e levá-los para o caixa, onde seus códigos de barras passam por leitoras ópticas que geram a saída de estoque de cada produto. Nesse momento, é gerado um sinal que vai atravessar toda a rede do Walmart e chegará ao fornecedor daquele artigo – quer ele se localize no litoral do Maine ou no litoral da China. O sinal vai piscar na tela do computador do fornecedor, fazendo com que fabrique outro item daqueles e o envie pela cadeia de fornecimento, reiniciando todo o processo.

Assim, basta o cliente tirar o produto da prateleira de uma loja do Walmart e passá-lo pelo caixa para outro braço mecânico começar a fabricar seu substituto em algum lugar do mundo. Esse é o sincronismo produzido pela cadeia Walmart, que se repete 24 horas por dia, 7 dias por semana, 365 dias por ano. O sistema tem capacidade de operar em escala global transportando todos os anos 2,3 bilhões de caixas (com as mais variadas mercadorias) pela sua cadeia de fornecimento até as suas lojas e é capaz de relizar as atividade de entrega, seleção, embalagem, distribuição, compra, fabricação e processamento de novo pedido.

Ao investir pesadamente na tecnologia de ponta capaz de identificar e rastrear as vendas de cada item individual, o Walmart transformou sua infraestrutura de TI em uma vantagem competitiva fundamental, que vem sendo estudada e copiada por empresas do mundo inteiro.

Fonte: Freidman (2007)

A chave para a definição de valor é a troca que gera valor entre empresas (B2B[7]), que envolve portais de negócios, ou entre empresas e seus clientes (B2C[8]), que envolve o uso da internet.

Ramsay (2005) destaca a existência de três formas de o valor ocorrer em uma transação comercial do tipo B2B:

- Tecnicamente (valor do recurso).
- Organizacionalmente (contexto do negócio).

CAPÍTULO 3 Logística e tecnologia da informação

- Pessoalmente (carreira e idiossincrasias).

O valor técnico está diretamente relacionado ao recurso provido e acontece normalmente em todas as trocas efetuadas.

INTEGRAÇÃO DA TECNOLOGIA DA INFORMAÇÃO À LOGÍSTICA

Na primeira década dos anos 2000, os investimentos em TI nas empresas eram voltados para a implementação das estruturas de custos e reengenharias de processos, especialmente no que se refere à área financeira.

No contexto atual, a ferrenha competição global, a introdução de novos produtos de curto ciclo de vida, a elevada expectativa dos clientes em termos de eficiência operacional e as exigências de alta qualidade dos serviços de atendimento obrigaram as empresas a reavaliarem o foco de seus negócios. O resultado dessa análise não foi outro: o foco total no cliente e, por consequência, na cadeia de suprimentos. Afinal, a satisfação do cliente está em receber o produto adquirido no menor espaço de tempo possível e com alta *performance* em serviços.

Essa avalanche produziu grandes mutações no mercado de TI, com a proliferação de softwares com as mais diversas finalidades. O uso de softwares especializados para o gerenciamento da cadeia de suprimentos aportados pela TI no mercado empresarial permitiu que as empresas fossem hábeis para planejar e suprir materiais e serviços de acordo com a demanda e as exigências de seus clientes. Isso permitiu que os diversos parceiros da cadeia de suprimentos, em especial a manufatura de um lado e o varejista de outro, estivessem interligados por uma complexa rede de informações com troca de dados em tempo real.

Esse processo permitiu aos varejistas o acesso a um elenco de vetores para a tomada de decisão, entre eles disponibilidade de produtos na manufatura, preços de ofertas, distribuidores e fornecedores de determinadas regiões, do mesmo modo que qualquer parceiro ao longo da cadeia de montante para jusante, e vice-versa.

INTEGRAÇÃO DA CADEIA DE SUPRIMENTOS
VIA TECNOLOGIA DA INFORMAÇÃO

Se o sistema não for interligado entre os diversos parceiros (varejistas, atacadistas, distribuidores, manufatura, fornecedores etc.), ou seja, se a cadeia de suprimentos não for interligada, não haverá possibilidades de melhorias operacionais estendidas a todos os parceiros. Quando a cadeia de suprimentos não é integrada, as melhorias são pontuais e não estendidas à cadeia como um todo.

A otimização do sistema em escala global, isto é, envolvendo todos os entes da cadeia de suprimentos, somente será atingida mediante a proposta de se ter visibilidade da cadeia de suprimentos por intermédio da utilização de sistemas de informação interligados e de um perfeito sincronismo entre todos os entes conectados à cadeia.

Para que uma cadeia de suprimentos seja proativa, adaptativa e responda rapidamente às exigências dos mercados, o seu projeto tem de ser suportado por uma plataforma de TI e pelo uso de sistemas de inteligência adaptativa. Assim, ela poderá atender e responder às mutações dos mercados rapidamente e de forma proativa, em especial nos mercados cujos produtos têm um ciclo de vida muito curto, como os de alta tecnologia e de moda que rapidamente ficam obsoletos.

Nesse contexto, todos os entes da cadeia de suprimentos partilham os mesmos objetivos, como mostra a Figura 3.8.

Por volta da década de 1980, o fluxo de informações entre as empresas era todo baseado em documentação impressa. Esse fato produzia muita lentidão nas transações, que ficavam sujeitas a muitos erros, principalmente de transcrição, visto que os dados eram transcritos manualmente de um documento para outro.

O uso disseminado da TI permitiu criar competitividade nos negócios frente aos novos e complexos desafios que se apresentaram para as empresas.

Três fatores sofreram um grande impacto com o uso da TI nos negócios em geral e nos negócios logísticos:

- A satisfação dos clientes passou a ser uma obsessão para as empresas.
- Ficou patente que um serviço mais eficiente ao cliente é fator fundamental para o sucesso nos negócios.
- As informações que fluem nos processos são de capital importância para o gerenciamento dos materiais e da cadeia de suprimentos. Essas informações

FIGURA 3.8 Objetivos da cadeia de suprimentos com o uso da tecnologia da informação.
Fonte: Carvalho e Encantado (2006).

CAPÍTULO 3   Logística e tecnologia da informação

permitem redução dos estoques disponíveis nos diversos pontos de armazenagem e flexibilidade na disponibilidade dos materiais e, por consequência, aumento do nível de competência empresarial. Isso ocorre pois a maior parte das tarefas passou a ser executada por meio de softwares, que permitiram elevados ganhos em termos de velocidade, acurácia e acesso às informações.

A partir de 1990, começou o desenvolvimento do denominado APS (*advanced planning and scheduling*), mais conhecido como planejamento e programação avançada. Esse sistema tem por base a possibilidade de integração dos parceiros de negócios da cadeia de suprimentos em uma plataforma suportada pela TI.

O APS consiste em um sistema equipado de hardwares (equipamentos) e softwares (programas para computadores) que objetiva controlar os processos de negócios e permite o uso de ferramentas para mensurar o desempenho do sistema.

Esse sistema tanto pode ser utilizado em uma aplicação de um determinado parceiro de negócios, como também pode trabalhar em uma solução integrada com um sistema empresarial, incluindo um vasto leque de softwares sofisticados para auxiliar na gestão e na solução dos mais variados tipos de problemas.

A aplicação da TI nos negócios logísticos é bastante vasta. Com ela, é possível integrar várias atividades por intermédio do denominado *e-fulfilment,* que pode ser definido como a parte do *e-commerce* que engloba da forma mais eficiente e eficaz possível os processos-chave da empresa, que envolvem desde a captura de um pedido até a sua entrega no local indicado pelo cliente.

No processo de *e-fulfilment,* todos os serviços logísticos, como gestão dos pedidos, gestão dos estoques, gestão da armazenagem, expedição dos produtos, processo de faturamento e serviço ao cliente, são integrados dentro de uma mesma plataforma. Por conta disso, a plataforma do *e-fulfilment* passa a ser a base de sustentação do sucesso ou do fracasso dos negócios.

Um caso bastante interessante dessa integração pode ser visualizado na rede da ACME Trading (Carvalho e Encantado, 2006), que trabalhava arduamente para entregar as encomendas dentro dos prazos exigidos pelos clientes.

> Apesar de trabalharem mais horas do que as previstas, os veículos das entregas seguiam sempre atrasados. O aumento das encomendas e, consequentemente, das entregas, juntou às tarefas dos colaboradores a necessidade de fazer seguir o processo manualmente. Os documentos tangíveis (*paperwork*) acumulavam-se no final de cada deslocamento. (Carvalho e Encantado, 2006, p. 50)

As encomendas perdidas e incompletas causavam muitos atrasos no carregamento e na partida dos veículos. Diante desse quadro, o gestor do armazém acabou assumindo grande parte do seu tempo para tratar desses assuntos. Essa distorção gerencial levou à percepção de que o sistema era caótico e falível e com enorme número de devoluções por parte do cliente.

Para completar o quadro, a ACME deparava-se, concomitantemente, com um problema grave de gestão de seus estoques e de processamento de encomendas. O clima de trabalho estava degradado e a pressão, intensa. Como consequência, os custos operacionais cresciam cada vez mais; e o mesmo acontecia com as reclamações dos clientes, que se avolumavam.

Diante do quadro apresentado, a ACME partiu para a adoção de soluções de *e-fulfilment*, de modo a controlar todo o processo de encomenda. A aplicação de um *handheld computer* – pequeno aparelho portátil – permitiu rastrear e controlar cada etapa do processo de encomenda por meio do *e-fulfilment,* com grandes benefícios para a empresa. Com esse sistema, foi possível classificar as encomendas dos clientes, fixando o tempo e o local de entrega. O erro humano foi minimizado e a produtividade, aumentada.

Os pedidos passaram a ser validados antes e durante o carregamento dos veículos, assegurando que a encomenda era despachada exatamente de acordo com o solicitado. O sucesso do *picking*[7] e do *packing*[8] passou a ser monitorado por meio de relatórios. Com a visualização *end-to-end* no *handheld computer,* foi possível conhecer todas as fases do processo da encomenda por meio do *e-fulfilment e* o estado dos processos de expedição e entrega.

Os relatórios passaram a fornecer a informação detalhada do padrão do cliente, possibilitando visualizar e controlar todo o processo de encomenda via *e--fulfilment*. Esses mesmos relatórios permitiram diagnosticar e auxiliar a busca das causas das rejeições de um artigo ou encomenda.

O *e-fulfilment* permitiu, finalmente, a captura de forma rápida e com acurácia das encomendas, reduzindo assim, de forma significativa, os custos adicionais associados ao reprocessamento do pedido, diminuindo o retrabalho e melhorando a entrega.

SOFTWARES DE GESTÃO DA CADEIA DE SUPRIMENTOS

O sistema de gestão empresarial normalmente conhecido pela sigla ERP (*enterprise resource planning*) possui diversos módulos, entre eles alguns focados na gestão da cadeia de suprimentos.

---

[7] *Picking* é a atividade de separação e preparação de pedidos.
[8] *Packing* é a atividade de acondicionamento.

Na Figura 3.9, é apresentado, de forma simplificada, um elenco de aplicações do sistemas de gestão empresarial (ERP) com foco na logística e na cadeia de suprimentos.

No conceito da manufatura e de operações, esses módulos envolvem:

- MRP – *material requirement planning* (em português, planejamento das necessidades de materiais).
- MPS – *master production scheduling* (em português, plano mestre de produção).
- CRP – *capacity resource planning* (em português, planejamento das capacidades de recursos).
- DRP – *distribution resource planning* (em português, planejamento dos recursos de distribuição).

O sistema MRP tem por finalidade garantir a disponibilidade dos materiais necessários para atender aos pedidos em carteira e a previsão de vendas. Os pedidos em carteira, como o próprio nome os identifica, são aqueles já firmados com os clientes (vendas realizadas e firmes) e a previsão de vendas é uma variável que define as expectativas de vendas adicionais além desses pedidos.

Já o sistema CRP tem por finalidade verificar se as instalações existentes, em termos de máquinas, equipamentos e recursos humanos, são suficientes para atender aos requisitos exigidos para a produção dos bens de acordo com os pedidos em carteira e as previsões de vendas, como detalha a Figura 3.10.

Por sua vez, o MPS tem por finalidade calcular os prazos de produção de acordo com as exigências dos clientes fixadas nos pedidos em carteira e as estimativas de consumo baseadas nas previsões de vendas.

O sistema seguinte envolve o DRP, que ao elaborar um plano de distribuição dos produtos, retrata-o indicando qual produto e em que quantidade deverá estar disponível no cliente em determinado prazo fixado e na localidade indicada pelo cliente.

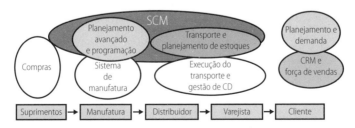

FIGURA 3.9 Mapa das aplicações dos sistemas ERP.
Fonte: Gonçalves (2010a).

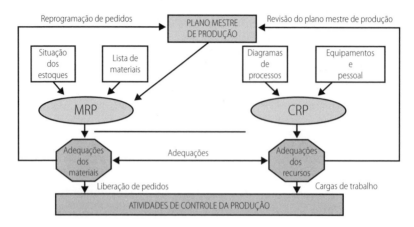

FIGURA 3.10 Sistemas MRP e CRP interligados.
Fonte: Gonçalves (2010a).

O APS é um *software* bastante utilizado para, com base em modelos matemáticos, aperfeiçoar as operações na manufatura e na própria estrutura da cadeia de suprimentos, entre elas planejamento e programação da produção, métodos de previsão de demanda, planejamento da distribuição etc.

Se, de um lado, os sistemas de gestão empresarial (ERP) – diagrama mostrado na Figura 3.11 – podem atuar em praticamente todos os níveis; de outro, os sistemas APS têm foco no projeto e no planejamento dos produtos, e, por não

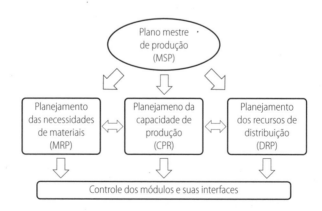

FIGURA 3.11 Módulos do sistema ERP aplicados a manufatura e operações.
Fonte: Taylor (2005).

possuírem módulos operacionais, são normalmente vinculados aos sistemas de gestão empresarial.

Assim, os sistemas APS podem interligar-se a múltiplos sistemas de gestão empresarial. A Figura 3.12 mostra um exemplo de como essa interface pode ser.

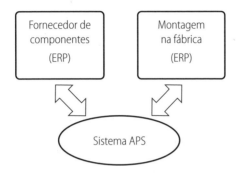

FIGURA 3.12 Sistemas ERP e interligação com sistema APS.
Fonte: Taylor (2005).

SISTEMAS DE INFORMAÇÕES LOGÍSTICAS
(LIS – *LOGISTICS INFORMATION SYSTEM*)

Um sistema de informações logísticas (LIS, em inglês) não é nada mais do que um sistema apropriado para gestão, controle e medidas de desempenho das atividades logísticas. Ele é extremamente importante para a eficiência e a eficácia das operações logísticas.

O projeto de um LIS deverá ter como foco atender a objetivos como:

- Assegurar que as funções operacionais da logística estão sendo desenvolvidas com o objetivo de atender aos requisitos dos clientes e com os menores custos possíveis.
- Auxiliar no planejamento e no controle das atividades logísticas relativas ao acompanhamento das metas fixadas.
- Promover o aumento da capacidade de a empresa melhorar os seus planos táticos e estratégicos, beneficiando, com isso, os clientes e tornando a empresa mais competitiva.

- Prover os clientes de informações a respeito de produtos e serviços disponíveis, situação das encomendas e programação da expedição dos produtos encomendados.
- Melhorar o planejamento dos recursos, reduzindo, por consequência, os níveis de estoques e a necessidade de recursos humanos.
- Fazer uma interface entre marketing, finanças e o sistema de informações da fábrica, assim como suprir a alta gerência de informações que auxiliem na formulação das estratégias da empresa.
- Ter uma plataforma de TI que seja capaz de responder de forma rápida e eficiente à demanda por produtos e serviços, implementando, assim, um sistema de operação puxado[9].

O LIS trabalha em uma estrutura modular e ainda utiliza uma variedade de técnicas que permitem fazer o sistema evoluir. Ele pode ter uma configuração como a descrita a seguir:

- Sistema de informações de vendas.
- Sistema de informações de compras.
- Sistema de informações de "chão de fábrica".
- Sistema de manutenção da fábrica.
- Sistema de gestão da qualidade.
- Sistema de informações do varejo.
- Sistema de informações de transporte.

Esse sistema não só permite evoluir em função do crescimento e da operação da empresa, como também facilita o planejamento por intermédio do uso de um sistema de previsões de demanda. Em muitos casos, o LIS opera utilizando um banco de dados (LDW – *logistics data warehouse*) que pode ser definido como um banco de dados de informações logísticas.

O LIS é incorporado aos sistemas de gestão empresarial (ERP), que possui uma série de módulos operacionais, como os indicados anteriormente.

Um modelo de sistema ERP bastante conhecido é o SAP/R3® e ele apresenta a configuração para o sistema LIS, mostrada na Figura 3.13.

---

[9] Um sistema de operação puxado (*pull*) é aquele em que a produção funciona de acordo com as exigências da demanda na ponta de consumo; ao contrário de um sistema de operação empurrado (*push*), em que a operação produz para estoques para depois atender à demanda. Esse segundo sistema acaba por produzir grandes estoques, especialmente quando ocorre o denominado "efeito chicote".

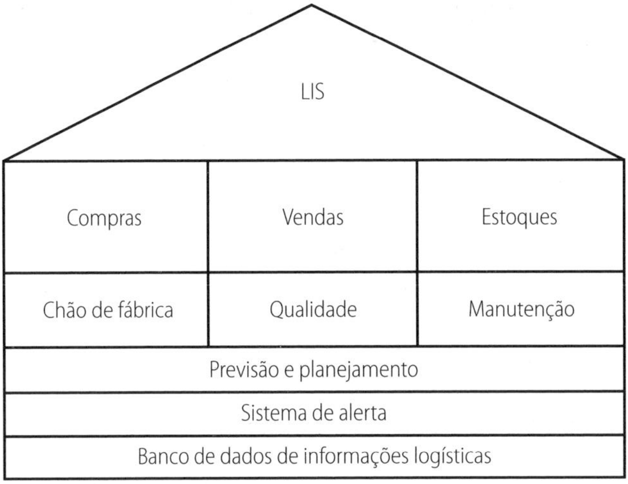

CAPÍTULO 3 Logística e tecnologia da informação

```
                        LIS

   Compras       Vendas        Estoques

   Chão de fábrica  Qualidade   Manutenção

          Previsão e planejamento

              Sistema de alerta

      Banco de dados de informações logísticas
```

FIGURA 3.13 Sistema de informações logísticas (LIS).
Fonte: SAP AG (2001).

O ambiente empresarial de hoje é bem diferente daquele vivido em décadas anteriores pois, atualmente, a globalização dos mercados, no mais amplo sentido, está presente em todas as atividades. Basta observar, por exemplo, a criação de um novo produto, que, por conta da diversidade global, acaba sendo projetado em um país, manufaturado em outro e montado em outro.

Nos negócios globais de hoje, nos quais a logística se firma em caráter espacial com sua diversidade operacional, a utilização de um LIS é motivada por um variado leque de objetivos, neles incluídas a otimização dos serviços logísticos, as reduções de custos e as informações integradas voltadas para atender às exigências dos clientes tendo como meta a competitividade.

Assim, ser competitivo implica ter habilidades para otimizar os custos logísticos e produzir melhorias consideráveis nos níveis de serviço ao cliente. Para que isso ocorra, um LIS é essencial, dada a necessidade de as empresas terem seus executivos conectados em uma dimensão temporal e espacial para atender aos requisitos de matérias-primas e produtos acabados.

Essa conectividade que se estende no espaço global permitirá a obtenção de informações que sejam capazes de promover consideráveis reduções de custos na movimentação e na estocagem de produtos ao longo do tempo e que se traduz na satisfação da demanda dos clientes.

A implantação de um LIS permite uma ação proativa na gestão dos níveis de serviços logísticos, satisfazendo os clientes por meio do monitoramento de cada serviço especificado dentro dos níveis desejados.

Por outro lado, uma efetiva otimização de custos para um determinado nível de serviço logístico vai necessitar de informações que sejam capazes de fornecer dados de custos da *performance* existente, de tal forma que permita fazer estudos comparativos entre alternativas dentro de um espectro de variáveis, como fluxo de produtos, redução de custos e níveis de serviços.

Portanto a utilização de um LIS permite que os executivos de uma empresa examinem a operação da organização de forma global e não de uma forma fragmentada de uma área específica e, dessa forma, produzam uma otimização global em vez de melhorias localizadas.

Por um lado, um LIS deverá atender aos requisitos de informações destinadas à operação e à média gerência de uma empresa. Assim, informações destinadas a determinação dos níveis de estoques, colocação de pedidos, situação dos pedidos, pedidos processados, roteirização dos despachos e posição dos embarques devem estar disponíveis para os operadores e gerentes de médio porte.

Por outro lado, a alta gerência de uma empresa necessita examinar os custos e benefícios de um LIS.

Por conta disso, várias questões precisam ser formuladas para o estudo do desenvolvimento e a implementação de um LIS, entre elas:

1. A empresa possui um sistema *just in time* na relação entre distribuidor, manufatura e fornecedor?

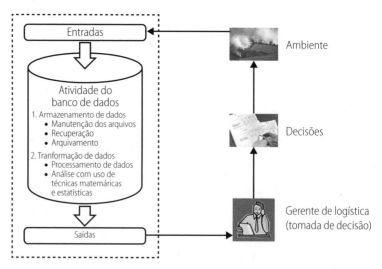

FIGURA 3.14 Visão geral de um sistema de informações logísticas.
Fonte: adaptada de Chase et al. (2004).

CAPÍTULO 3 Logística e tecnologia da informação

2. O sistema de informações tem capacidade de rastrear as programações da manufatura e a aplicação dos recursos?
3. A empresa possui um algoritmo capaz de selecionar os pontos de distribuição de produtos que resultem em menores custos totais?
4. A empresa possui um sistema que avalia a localização dos armazéns e dos centros de distribuição?
5. A empresa possui um sistema de otimização de custos?
6. O sistema de roteirização dos veículos está operando sob a ótica da minimização dos custos de transporte?
7. O sistema de gerenciamento de transporte permite selecionar o melhor modal a ser utilizado no transporte dos produtos?
8. Existe um sistema centralizado para o controle e a redução dos níveis de estoques?
9. A empresa é capaz de fornecer informações significativas para os clientes durante o processamento, a preparação e a expedição de pedidos?

A integração das informações oriundas de várias fontes permitirá gerenciar as operações de uma forma globalizada, além de permitir a geração de relatórios para análise e suporte para a corporação no que se refere às metas em um ambiente altamente competitivo.

Essa integração facilitará ainda a elaboração de planos estratégicos e operacionais, avaliando cada contexto nos mais diversos ambientes da organização, ou seja, permitirá o comprometimento de todos na perseguição das metas fixadas no plano estratégico e ainda um considerável ganho em termos de vantagem competitiva.

EXERCÍCIOS

Questões

1. Qual a importância da utilização da tecnologia da informação (TI) como apoiadora das atividades logísticas?
2. O que consiste na integração da cadeia de suprimentos por intermédio do uso intensivo da TI?
3. Quais os benefícios da utilização da etiqueta eletrônica (e-tag) na logística comparativamente ao uso do código de barras?

Logística e cadeia de suprimentos: o essencial

4. Qual a importância de um sistema de informações logísticas (LIS)? Cite quatro objetivos importantes de um LIS.
5. Qual a finalidade da utilização dos denominados APS na logística?

Exercícios quantitativos[10]

Uso da TED no processamento de pedidos

1. Carlos Eduardo, gerente de logística da Distribuidora Carioca, decidiu substituir o sistema manual de gerenciamento de pedidos de clientes por um sistema eletrônico que utiliza uma tecnologia chamada TED (troca eletrônica de dados). Ele calcula que o custo do sistema existente, incluindo mão de obra, é de R$ 2,50 por pedido processado. Se a quantidade de pedidos fosse igual ou superior a 25 mil, ele teria de contratar um funcionário adicional para ajudar no trabalho de processamento de pedidos, visto que o processo é manual. Isso aumentaria o custo variável para R$ 3,00 por pedido. Carlos Eduardo estima também que, acima de 25 mil pedidos anuais, a ocorrência de erros na colocação e na transferência de pedidos atingiria a taxa de 12 por mil pedidos. O sistema TED a ser implantado tem custo variável de R$ 0,50 por pedido processado, independentemente da quantidade. O novo sistema processaria os pedidos com uma incidência de erros de 3 por mil pedidos. Para operacionalizar esse sistema, também seria necessária a contratação de um analista de sistema para manutenção permanente do sistema. Seu salário seria de R$ 36.000,00 no primeiro ano. Estima-se que, anualmente, esse analista receberá aumentos de 3% a cada ano subsequente.
Os erros de processamento dos pedidos têm um custo unitário médio de R$ 5,00 para serem corrigidos, no sistema manual, ao passo que a correção de cada erro no sistema TED tem um custo médio de R$ 8,00, pois o analista sempre inspeciona o sistema para investigação de erros, a cada ocorrência de problemas.

   a. Se a empresa espera que as quantidades anuais de pedidos, nos próximos 5 anos, sejam de 20, 25, 30, 35 e 40 mil, qual o custo máximo que a empresa poderia pelo TED?
   b. Que outros pormenores, além dos custos, Carlos Eduardo deve considerar para implementar o sistema TED?
   c. A Brasil Tecnologia Avançada contratou você como vendedor. Pediu que você visitasse a Gente, uma pequena cadeia de lojas. Que vantagens dos sistemas EAN e de código de barras você apresentaria para encorajar a Gente a utilizá-lo para rastrear vendas em suas lojas?

---

[10] Adaptados de Ballou (2006).

CAPÍTULO 3 Logística e tecnologia da informação

2. Uma empresa utiliza um sistema manual para processar os pedidos de seus clientes. O custo de processamento manual de um pedido é de R$ 3,50. A empresa processa os pedidos reunindo-os em lotes (denominados de maço) de cem pedidos. Cada lote de cem pedidos recebe uma "capa de maço" que permite verificar a consistência dos dados processados. O custo de preparo de cada maço é de R$ 3,00 por maço processado. Eventualmente, ocorrem erros no processamento dos pedidos, resultando na rejeição do processamento do maço que deverá ser corrigido. Com base nas estatísticas da empresa, verificou-se que a taxa de erros é de 12 erros para cada mil pedidos processados. A correção do maço requer análise de cada pedido e o custo da correção do erro foi estimado em R$ 3,00 por pedido corrigido. A empresa estuda a utilização de um novo sistema que processará os pedidos *on-line* e permitirá agilizar o atendimento dos clientes. Nesse novo sistema, o custo de processamento de pedido é de R$ 2,20 por pedido processado. A ocorrência de erros no processamento de pedidos foi estimada em 3 erros por mil pedidos processados e o custo da correção do erro está estimado em R$ 6,80 por pedido corrigido. Para a implantação do novo sistema, será necessária a assessoria de um analista de sistema que recebe, anualmente, o equivalente a R$ 0,50 por pedido processado no ano.

Para os próximos 3 anos, a empresa estima que o número de pedidos processados será respectivamente de 30, 35 e 40 mil pedidos.

Qual o custo máximo de implantação do novo sistema que justifica sua utilização dentro do período considerado?

Estudo de caso — Poseidon Confecções Ltda.

A Poseidon Confecções vende camisas masculinas utilizando-se da globalização e do fluxo logístico de bens e serviços entre países. Na Figura 1, é apresentado um diagrama simplificado do processo que envolve fornecedores e o mercado para o qual a empresa vem direcionando sua produção.

Munida por um arsenal em TI, a empresa produtora de camisas masculinas não existe no conceito tradicional de manufatura. Esse sistema permite que a empresa tenha flexibilidade para redirecionar sua produção e a busca de matérias-primas em outros mercados, o que lhe credita um alto índice de flexibilidade operacional.

Basicamente, ela se utiliza da globalização dos mercados e da sua excelente estrutura em TI para gerenciar seus processos, desde a aquisição das matérias-primas e insumos até a entrega do produto acabado no mercado cliente.

O processo de produção propriamente dito tem início por meio da compra do *design* das camisas, que acontece na Itália, a partir do qual é especificado todo o detalhamento necessário para a confecção do produto. O tecido dessas camisas é adquirido de um grande fabricante no Brasil e os botões e linhas, comprados no mercado da China, onde as camisas são fabricadas mediante contrato entre a Poseidon Confecções e uma

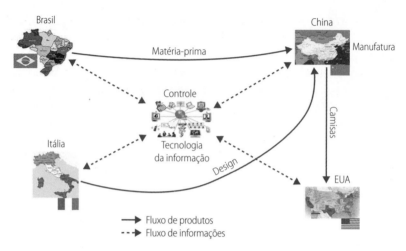

FIGURA 1   Diagrama simplificado do sistema.

confecção chinesa. Toda a matéria-prima e os insumos são enviados pelos respectivos fornecedores diretamente para a fábrica chinesa.

O envio do projeto das camisas e o detalhamento da sua operação de manufatura são realizados por intermédio de um protocolo eletrônico TED/EDFAX. O projetista italiano envia o material por via eletrônica para a central de controle da Poseidon Confecções e, após as verificações de rotina, o remete para a fábrica chinesa.

Toda a produção de camisas era direcionada ao mercado americano (3,8 milhões de unidades).

Considerando a atual crise que se desenrola, tendo como epicentro o mercado americano, o CEO da Poseidon Confecções pretende direcionar 35% da produção de camisas para o mercado comum europeu.

Perguntas

a. Comente sobre a necessidade da integração de sistemas e processos operacionais com o objetivo de tornar a Poseidon Confecções mais ágil e competitiva.
b. Aponte os pontos fortes e fracos, sob o aspecto das estratégias logísticas, a que a Poseidon Confecções está submetida no que se refere à utilização da TI e de LIS.

CAPÍTULO 4

Logística e serviço ao cliente

INTRODUÇÃO

O serviço ao cliente é um aspecto essencial para qualquer empresa. Ele é o grande responsável pelo sucesso ou fracasso de um empreendimento.

Se, por um lado, o serviço ao cliente é um dos aspectos mais importantes dos negócios; por outro, há muita dificuldade em descrevê-lo.

No contexto da logística, o serviço ao cliente está diretamente relacionado com a captura dos pedidos e a distribuição física. Ele representa cerca de 20% dos custos totais, porém tem um impacto de 80% nos negócios das empresas (Rushton et al., 2006). Assim, rapidez no processamento do pedido, transporte especial, disponibilidade de estoque, ausência de danos ao produto, eficiência no atendimento e acurácia no pedido são fundamentais.

Há várias definições para o serviço ao cliente, mas em sua maioria, os autores preferem definir o que é nível de serviço prestado ao cliente.

Nesse contexto, Ballou (2006) o define como "a qualidade com que o fluxo de bens e serviços é gerado"; Bowersox e Closs (1996), por sua vez, consideram que a competição logística deve ser tratada como um recurso estratégico para o planejamento da prestação do serviço ao cliente; enquanto Lalonde e Zinszer (1976, p.139) afirmam que "o serviço ao cliente é um processo cujo objetivo é fornecer benefícios significativos de valor agregado à cadeia de suprimentos de maneira eficiente em termos de custo".

Fica clara, então, a diferenciação entre o que seja serviço ao cliente e nível de serviço: de um lado, pode-se considerar serviço ao cliente a contrapartida oferecida por uma empresa para atender ao desejo e à necessidade de um cliente ou satisfazer a percepção do seu desejo retratada na pretensão de um cliente em adquirir um produto dessa empresa; de outro, o nível de serviço é medido como o nível de atenção que a empresa dá ao seu cliente e refere-se mais especificamente à cadeia de eventos destinada a atender às vendas, que é acionada a partir da recepção do pedido e finalizada com a entrega do produto ao cliente. Em muitos casos, a extensão do serviço vai mais longe, por envolver também os serviços de pós-venda, que serão manutenção e assistência técnica.

As exigências dos clientes em termos de serviço podem ser retratadas por meio de pesquisas realizadas por empresas especializadas. O resultado da manifestação dos clientes permitirá a elaboração de um plano tático e operacional que visa ajustar os processos atuais em conformidade com as expectativas dos clientes manifestadas por intermédio da pesquisa realizada.

Um estudo realizado nos Estados Unidos pelo National Economic Development Center permitiu levantar e identificar as necessidades de serviços aos clientes, que estão retratadas no gráfico da Figura 4.1.

Dentro dessa ótica de análise, não deverão ser esquecidos sete elementos importantes que permitem classificar um serviço como de alta *performance*. São eles:

- Produto.
- Custo.
- Quantidade.
- Cliente.
- Tempo.
- Lugar.
- Condições.

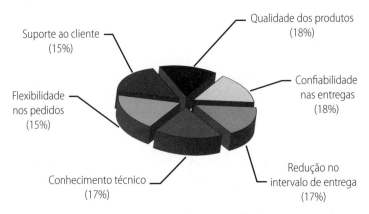

FIGURA 4.1 Desejo do cliente em termos de serviços logísticos.
Fonte: adaptada de National Economic Development (2005).

CAPÍTULO 4 **Logística e serviço ao cliente**

A solicitação de um produto implica uma transação que se realiza no ambiente empresa-cliente. Trata-se de uma operação que reflete, de certa forma, a natureza e a oportunidade de atender à demanda de um *mix* de serviço/produto em particular.

Nesse contexto, pode-se dividir um processo transacional de demanda de um produto em três módulos distintos que, na escala temporal, representam as fases do antes da liberação, durante a liberação e após a liberação do pedido. Assim, para fins didáticos, considere-se essas três fases (Bowersox, 1996; Ballou, 2006) como:

* Elementos de pré-transação.
* Elementos de transação.
* Elementos de pós-transação.

Os elementos de pré-transação são aqueles direcionados às atividades relacionadas com a criação de um ambiente propício para que um bom serviço esteja presente. Esses elementos envolvem:

* Definição da política de prestação de serviços.
* Definição de uma política de esclarecimento ao cliente.
* Estrutura organizacional voltada para o serviço ao cliente.
* Processo de encomenda do cliente.
* Restrições quanto ao tamanho dos pedidos.
* Flexibilidade operacional.

Entre os elementos de transação, estão aqueles mais relacionados às atividades físicas e que normalmente envolvem a distribuição e o transporte:

* Determinação das políticas de estoques.
* Gerenciamento dos pedidos em atraso.
* Gestão do tempo de atendimento do ciclo do pedido.
* Gerenciamento para o pedido perfeito (acurácia do pedido).
* *Status* do pedido.

Os elementos de pós-transação envolvem as atividades que normalmente acontecem após a liberação do pedido:

* Rastreamento do pedido.
* Processamento das reclamações dos clientes.
* Substituição de produtos.

- Definição da embalagem.
- Processamento do faturamento.

É importante levar em conta que o serviço ao cliente é complexo e está profundamente interligado à logística de distribuição física utilizada pela empresa.

Considerando as três fases de um pedido, como anteriormente classificadas, o serviço ao cliente é influenciado por inúmeros fatores, como amplo leque de alternativas para os clientes realizarem suas encomendas (lojas, postos de vendas, porta a porta, internet, televendas etc.), disponibilidade de estoque do produto e confiabilidade na entrega (fator primordial para garantir a fidelização e a boa imagem da empresa). Da mesma forma, não se pode descuidar do sistema de distribuição física que é essencial para uma alta *performance* no atendimento às solicitações dos clientes.

Muitas empresas descobriram o sistema de distribuição física como fonte para a obtenção de vantagens competitivas e, dessa forma, conseguem oferecer um pacote de serviços mais personalizado com o objetivo de atender aos requisitos e às necessidades específicas de cada grupo de clientes.

ESTRATÉGIA DE SERVIÇO AO CLIENTE

Ao examinar as etapas constitutivas da execução do ciclo de pedido, deve-se considerar:

- **Tempo** – normalmente considerado como o ciclo do pedido (tempo total do pedido: período de tempo desde a manifestação de demanda do cliente até o recebimento do produto no local indicado).
- **Confiança** – traduz-se pelo cumprimento dos prazos fixados e informados ao cliente para a entrega do produto em perfeito estado, sem qualquer dano físico ou aparente e com total acurácia.
- **Comunicação** – determinada pela facilidade com que os pedidos são realizados pelos clientes e aceitos pelas empresas.
- **Flexibilidade** – traduz-se pela facilidade com que as alterações solicitadas pelos clientes são aceitas e processadas.

Nesse enfoque dos princípios direcionadores de serviço ao cliente, o uso da internet pelas empresas ".com" tem mostrado duas vertentes: de um lado, sites extremamente complexos de serem "navegados", o que leva a maioria dos usuários ao abandono do processo de compra – o mesmo efeito é observado em sites "pesados", como tratado na gíria dos internautas, ou seja, páginas da web que custam para serem "baixadas" nas telas dos usuários –; de outro lado, sites com nível de interatividade que permita, de forma inteligente e flexível, uma navegação simples, direta e eficaz.

A Figura 4.2 apresenta um modelo simplificado do ciclo de um pedido e seus desdobramentos:

- Na fase do recebimento e da transmissão do pedido, é importante observar as questões relacionadas à consolidação do pedido e à sua transmissão para o depósito que será encarregado de providenciar a sua montagem etc.
- Na fase de processamento e montagem do pedido, há questões relacionadas a montagem do pedido do cliente, liberação do crédito e preparação do manifesto de carga para que seja então providenciado o seu transporte. É importante observar que nessa fase poderá acontecer o dispêndio de um tempo extra oriundo do fato de que haverá necessidade de se obter junto à fábrica ou ao fornecedor os eventuais itens que se encontram em falta no depósito.
- Na fase final, que é a operação de entrega do produto ao cliente, deve-se considerar algumas variações, como entrega diretamente a partir do depósito, entrega direto da fábrica ou entrega na recepção do posto de venda etc.

Assim, sob o escopo da estratégia de serviço ao cliente, deverão ser observadas as seguintes etapas críticas:

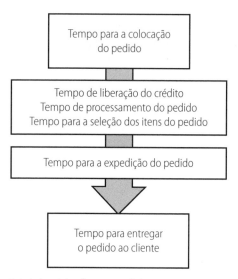

FIGURA 4.2 Tempo total do ciclo de um pedido.

- **Identificar os componentes importantes do serviço sob a ótica do cliente.**

  Nessa etapa, a empresa deverá desenvolver uma estratégia paralela para a prospecção do mercado com o objetivo de identificar, dentro do leque de opções de atributos de um serviço, quais são aqueles identificados pelos clientes como os mais importantes. Nesse contexto, vale registrar que uma pesquisa poderá ser segmentada de acordo com os nichos de mercado que a empresa pretende atender. Por exemplo, um cliente apreciador e degustador de cafés especiais terá um tipo de serviço de atendimento bem mais sofisticado e direcionado a este tipo de público do que um simples cliente que vai até um supermercado adquirir um pacote de café.

- **Identificar a importância relativa de cada atributo do serviço ao cliente.**

  Essa etapa pode ser realizada aproveitando a mesma pesquisa de mercado realizada para identificação dos principais atributos do serviço sob a ótica do cliente. Para tanto, deverá ser criada uma escala de pontuação para que o próprio cliente atribua uma nota a cada atributo elencado no serviço ao cliente.

  Outra forma de ser realizada a identificação e a determinação da escala de importância dos atributos do serviço ao cliente é mediante a utilização de softwares especiais e a elaboração de questionários específicos, trabalhando-se no sistema de método de hierarquia das decisões.

- **Identificar a posição da empresa no mercado frente aos seus concorrentes, em termos de serviço prestado aos clientes.**

  Aqui vale lembrar das técnicas de *benchmarking*[1] e estudos paralelos quanto ao mercado e os tipos de clientes que o compõem.

  Dentro dessa metodologia, deverá ser feito um estudo comparativo para identificar quais atributos representam vantagem competitiva para a empresa e quais atributos são comparáveis aos oferecidos por seus concorrentes, assim como aqueles que precisam ser efetivamente melhorados ou ter como parâmetro-espelho o atributo oferecido pelo concorrente.

---

[1] *Benchmarking* é a busca das melhores práticas na indústria que conduzem ao desempenho superior. É visto como um processo positivo e proativo por meio do qual uma empresa examina como outra realiza uma função específica, a fim de melhorar a sua forma de realização ou uma função semelhante.

- **Segmentar o mercado.**

    Essa estratégia está diretamente relacionada ao foco no cliente de forma situacional, ou seja, dependendo do tipo de cliente a ser considerado, a estratégia deverá ser dirigida ao público-alvo a ser atingido. Clientes exigentes e sofisticados precisam de ambientes que correspondam às suas expectativas, em contraste com clientes que estão mais preocupados com o binômio preço *versus performance* do produto dentro da sua perspectiva de utilização.

- **Definir o pacote de serviços.**

    Essa definição será resultante das análises realizadas quando da elaboração da estratégia de serviço que a empresa pretende implementar. Essa estratégia envolve aspectos importantes da interação entre o cliente, a empresa, os processos e os demais clientes.

    A Figura 4.3 apresenta uma configuração básica para essa análise.

- **Estabelecer um programa de serviços aos clientes e criar um sistema de controle dos serviços prestados.**

    Após os estudos preliminares e as análises que estarão presentes para a elaboração do programa de serviço ao cliente, este deverá ser então perfeitamente definido e levado ao conhecimento de todos os funcionários da empresa, especialmente aqueles envolvidos em atividades que direta ou indiretamente tenham relação com os clientes.

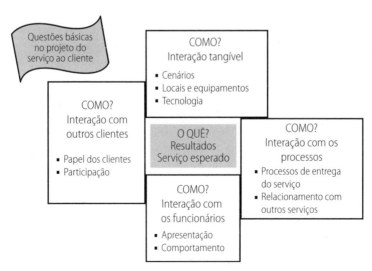

FIGURA 4.3 Interações entre diversos setores na elaboração do pacote de serviço ao cliente.
Fonte: adaptada de Téboul (1999).

LOGÍSTICA E SERVIÇO AO CLIENTE

Na Dell Computadores, a abordagem de serviços centrada no cliente incorpora três elementos estratégicos essenciais:

- O primeiro deles é a concentração de suas atividades nos clientes tecnicamente mais sofisticados, pois a Dell reconhece que estes clientes são menos exigentes em termos de informações e assistência técnica e compram produtos de maior valor.
- O segundo elemento-chave é o projeto da cadeia de suprimentos totalmente concebida para atender às exigências dos clientes. A Figura 4.4 apresenta o modelo utilizado pela Dell comparativamente ao modelo tradicional de cadeia de suprimentos. Esse modelo de cadeia de suprimentos é também conhecido como modelo *on demand* (de acordo com as exigências dos clientes). A Dell funciona em um sistema de vendas e entregas que, em sua concepção e operação, não utiliza uma rede de varejistas existente no mercado. Atualmente, esse modelo está aberto via internet, em que o cliente, acessando o site da empresa, faz o seu pedido especificando as características do produto ou, se assim o desejar, faz sua encomenda utilizando um sistema de serviços de televendas tipo 0800–xxxxxx.
- Para manter um adequado serviço ao cliente, é indispensável que a empresa também estabeleça um plano de contingência – terceiro elemento-chave. O

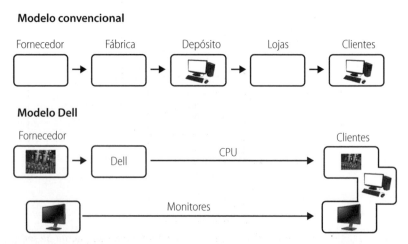

FIGURA 4.4 Comparação entre o modelo convencional e o modelo utilizado pela Dell para a cadeia de suprimentos.

CAPÍTULO 4 Logística e serviço ao cliente

objetivo desse plano é estar preparado para enfrentar circunstâncias extraordinárias e adversas que possam alterar drasticamente a operação do sistema, tanto na área da manufatura quanto na distribuição e no atendimento aos clientes. Esse plano deverá ter suficiente robustez para, mesmo em situações adversas, conseguir manter um nível mínimo de serviço que atenda adequadamente ao cliente ou esteja dentro de padrões adequados.

Assim, o plano de contingência deverá estar preparado para:

— Defrontar eventuais paradas do sistema (manufatura e/ou distribuição).

Para tanto, a contingência deverá contar com equipes de emergência, ter estoques estratégicos economicamente bem dimensionados e, se necessário, ter autonomia funcional para mobilizar recursos especiais.

— Realizar o recolhimento do produto.

Deve criar uma equipe especial para a realização desse tipo de atendimento, tanto no que se refere ao primeiro contato com a empresa por parte do cliente (por exemplo, utilizando-se um canal de atendimento via centrais 0800 –xxxxx), como em um canal logístico de retorno adequadamente planejado para a retirada, o recebimento e/ou a troca do produto defeituoso.

— Rastrear o produto.

Esse é um elemento importantíssimo. Um eventual problema que possa acontecer com um produto já distribuído na rede de varejo e mesmo a diversos clientes precisa ser imediatamente rastreado para que providências sejam tomadas para o reparo de eventuais falhas, especialmente nos casos em que essas falhas possam causar danos aos clientes.

Um exemplo típico é o caso da Matel e dos vários casos de *recall* ocorridos no Brasil e no mundo relacionados à indústria automobilística. Nesse último caso, o uso da TI é um componente importante. No Brasil, por exemplo, ao ser emitida a nota fiscal de venda do veículo, esta contém dados dos clientes e dados do veículo como o Código de Identificação do Contribuinte do Ministério da Fazenda (antigo CPF) e o número do chassis do veículo, o que permite criar mecanismos paralelos, além da divulgação de chamadas de *recall* pela mídia, como o encaminhamento de uma correspondência dirigida ao cliente comprador do veículo para que este recorra à rede de serviços autorizados para o reparo do defeito.

MEDIDA DE DESEMPENHO DO SERVIÇO AO CLIENTE

Existem alguns enfoques circunstanciais que, tratando de medir eventos intangíveis, apresentam sugestões pouco animadoras. Nesse aspecto, mensurar itens intangíveis é como fazer uma pergunta semelhante a "qual o comprimento de um pedaço de barbante?". Uma pessoa não poderá definir o tamanho, pois um pedaço de barbante pode ter várias medidas. De maneira análoga, medir a qualidade de um serviço não é uma tarefa muito simples.

Com o fácil acesso às informações, tanto por intermédio da mídia escrita e televisionada, como via internet e utilizando-se sites de comunidades especiais (usuários de determinados produtos, defesa do consumidor etc.), ocorreu um elevado aumento das expectativas dos clientes em torno da prestação dos serviços. Isso ocasionou uma compressão da janela de tempo destinada à realização do serviço sob a ótica do cliente.

Na década de 1970, o tempo de ciclo de um pedido oscilava entre 7 e 10 dias com um nível de disponibilidade de estoque de cerca de 90% dos pedidos. Por volta da década de 1980, essa janela de tempo ficou menor, entre 5 e 7 dias, e a necessidade de melhora no nível de disponibilidade de estoque passou para 95%.

Atualmente, para uma empresa permanecer no mercado, o tempo de ciclo do pedido exigido pelos clientes oscila entre 3 e 5 dias, ao mesmo tempo em que o nível de disponibilidade de estoque atinge 98%.

A Figura 4.5 apresenta a dinâmica de compressão da janela de tempo do ciclo do pedido, que ocorre simultâneamente à exigência de um aumento no nível de disponibilidade de estoque do produto.

Assim, além de ter de reduzir consideravelmente o tempo de ciclo do pedido, a empresa terá de aumentar a sua disponibilidade de estoque dos produtos, objetivando um aumento no nível de atendimento e, consequentemente, evitando uma eventual falta do produto, o que poderá acarretar perda de vendas ou mesmo a perda do cliente.

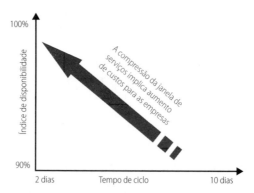

FIGURA 4.5 Compressão da janela de tempo do ciclo de pedido e níveis de disponibilidade de estoques.
Fonte: adaptada de Ballou (2006).

CAPÍTULO 4   Logística e serviço ao cliente

Uma empresa que atua no mercado de produto de varejo de alto consumo utiliza um serviço de atendimento emergencial aos varejistas por meio de um sistema de chamada gratuita (0800–xxxxxx) para garantir a disponibilidade do produto em qualquer situação, nos diversos pontos de venda. Isso é necessário pois o produto tem como característica ser sensível ao "gosto do cliente". Uma eventual falta desse produto em algum ponto de venda poderá levar o cliente a optar por outra marca e, após essa experiência sensorial, passar a utilizar a nova marca como hábito de consumo, o que teria como consequência a perda do cliente.

Para evitar esse tipo de possibilidade, o ponto de venda, ao verificar que o estoque do produto está muito baixo, poderá fazer uma encomenda especial utilizando o sistema de chamada gratuita. Após receber a comunicação do varejista, imediatamente a empresa desloca um veículo, normalmente uma motocicleta, com o objetivo de suprir a necessidade do varejista e evitar possíveis perdas de vendas e clientes.

Após a implementação da estratégia de serviço ao cliente, será necessário criar mecanismos de controle e avaliação de desempenho para a plataforma de serviço projetada pela empresa.

Nesse contexto, existem na literatura especializada vários indicadores para esse fim, entre eles:

- **Índice de entrega** – mensurado em função do número total de entregas destacadas para os clientes e aquelas efetivamente realizadas dentro do tempo previsto.
- **Tempo médio de pendência de um pedido** – mensurado em função dos pedidos que eventualmente ficam pendentes e do tempo para solução da pendência (por exemplo, pedidos de mais de um produto em que um dos produtos se encontra em falta).
- **Índice de atraso nas entregas** – mensurado em função do número total de entregas realizadas e do volume de entregas realizadas fora do prazo fixado ou comunicado ao cliente.
- **Atraso médio** – tempo médio ocorrido para as entregas que foram efetuadas fora do prazo indicado ao cliente.
- **Tempo médio de ciclo** – calculado com base na estatística de pedidos atendidos, levando-se em conta o tempo total decorrido entre a solicitação do cliente e o efetivo recebimento da encomenda no local indicado pelo cliente.

Esses indicadores não só servirão para rastrear o desempenho do sistema, como também para permitir a melhoria de cada um deles em função das expectativas dos clientes ou mesmo da posição dos concorrentes em relação a esse indicador.

Além disso, também é indispensável realizar um *benchmarking* para avaliar os níveis de serviços e seus indicadores comparativamente aos de outras empresas concorrentes, como mostra a análise gráfica apresentada na Figura 4.6.

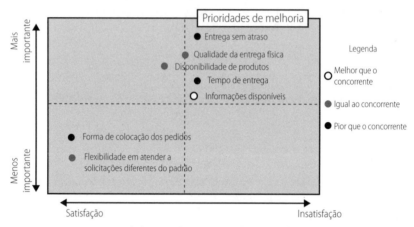

FIGURA 4.6 Matriz para definição das prioridades na melhoria dos serviços prestados aos clientes.
Fonte: adaptada de Hijjar (2003).

Examinando-se a situação dos indicadores atuais, será então possível elaborar um programa de metas mais arrojadas de melhoria de processos para atingir uma sensível melhora nos indicadores de desempenho.

O princípio geral de que pode-se refletir esses indicadores como uma taxa percentual, como mostrado na Fórmula 4.1, permitirá elaborar uma série de indicadores para fins de análise que retratem uma média percentual.

$$\text{Indicador X} = \frac{\text{Número de eventos perfeitos de X}}{\text{Número total de eventos de X}} \times 100\%$$

Fórmula 4.1

Com base na Fórmula 4.1, será então possível elaborar um gráfico atual do desempenho de cada indicador e das metas futuras. Rushton et al. (2006) sugerem o uso de um gráfico tipo "radar", como mostrado na Figura 4.7.

De outra forma, também é possível elaborar um quadro mostrando a situação atual e as metas futuras para cada um dos indicadores de serviço ao cliente (Quadro 4.1).

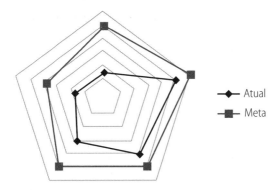

FIGURA 4.7 Gráfico de acompanhamento de indicadores.
Fonte: adaptada de Rushton et al. (2006).

QUADRO 4.1 Indicadores de desempenho de serviço: posição atual e meta proposta

Indicador	Situação atual	Meta proposta
Recebimento na data agendada	90%	98%
Recebimento do pedido completo	95%	99%
Recebimento de pedidos com defeitos	95%	98%
Acurácia dos pedidos	92%	98%
Acurácia das faturas	93%	99%

O desempenho de cada indicador é medido de acordo com a Fórmula 4.1.

Assim, o índice de pedidos recebidos na data prometida ao cliente será mensurado utilizando-se a seguinte expressão:

$$\text{Indicador de pedidos na data} = \frac{\text{Número de pedidos entregues na data prometida}}{\text{Número total de pedidos entregues}} \times 100\%$$

O mesmo acontece para:

$$\text{Indicador de pedidos completos} = \frac{\text{Número de pedidos completos}}{\text{Número total de pedidos}} \times 100\%$$

Assim, cada um dos índices utilizados pela empresa deverá ser calculado a partir da Fórmula 4.1.

Com base no conjunto de indicadores será possível, então, calcular um índice geral que, em tese, mensurará o nível de serviço prestado ao cliente. Esse índice geral será calculado pelo produto de todos os indicadores envolvidos na mensuração do serviço ao cliente.

Assim, ao calcular, a título de exemplo, o índice geral do nível de serviço para os indicadores apresentados no Quadro 4.1, tem-se:

$$\text{Índice geral do nível de serviço}_{(Atual)} = (0,90 \times 0,95 \times 0,95 \times 0,92 \times 0,93)$$
$$\text{Índice geral do nível de serviço}_{(Atual)} = 0,695 \text{ ou seja } 69,50\%$$

Ao serem fixadas as metas para cada indicador, será também possível examinar qual o novo patamar de nível de serviço pretendido e seus reflexos em termos de atendimento ao cliente e ganhos em vantagem competitiva.

Para a meta traçada, utilizando-se da mesma metodologia de cálculo, encontra-se:

$$\text{Índice geral do nível de serviço}_{(Meta)} = 0,9225 \text{ ou seja } 92,25\%.$$

É importante ressaltar que o aumento da meta em aproximadamente 10% poderá ensejar um grande esforço para seu alcance. Nesse caso, análises adicionais deverão ser realizadas com o objetivo de verificar se, na relação de custos/benefícios e de agregação de valor para o cliente, esse incremento efetivamente vai ocasionar melhorias com ganhos em vantagem competitiva para a empresa.

O importante nesse aspecto é ter em mente que o principal objetivo é dar ao cliente o que ele quer, na exata medida de suas expectativas, como mostrado na Figura 4.8.

Elevar o nível de serviço ao cliente, em muitos casos, além de não acarretar ganhos efetivos para a empresa, poderá provocar um desnecessário aumento de custos.

O valor de um serviço sob a ótica do cliente tem vários atributos que estão mostrados na Figura 4.9, cujo gráfico foi elaborado conforme Haksever (2000, p. 89). Essa análise de valor leva em conta o valor monetário do serviço, o ambiente no qual o serviço está sendo prestado, a qualidade percebida, o tempo, os atributos intrínsecos e os atributos extrínsecos.

O valor não monetário de um serviço pode ser percebido quando o cliente tem preferência em ser atendido em determinado local em detrimento de outros. Por exemplo, para obter um bom produto comestível, muitos clientes preferem se deslocar um pouco mais para adquiri-los, pois sabem que esse "sacrifício" vai ocasionar ganhos na qualidade que desejam.

FIGURA 4.8 Logística e percepção das expectativas pelo cliente.
Fonte: adaptada de Téboul (1999).

FIGURA 4.9 Valor de um serviço sob a ótica do cliente.
Fonte: adaptada de Haksever et al. (2000, p. 89).

EXERCÍCIOS

Questões

1. Explique as três fases envolvidas nos serviços prestados ao cliente.
2. Em que consiste o ciclo de pedido ao cliente? Explique as diversas etapas envolvidas no processo.
3. Discuta o fluxo de serviços utilizados pela Dell Computadores (Figura 4.4) e apresente as vantagens competitivas obtidas pela Dell com esse modelo de atendimento aos clientes.

Logística e cadeia de suprimentos: o essencial

4. Indique três índices de desempenho das atividades relacionadas aos serviços logísticos prestados aos clientes.
5. Explique o valor de um serviço sob a óptica do cliente.

Exercícios quantitativos

1. A Tech-Micro, representante e distribuidora de *notebooks*, vem enfrentando perdas motivadas pela devolução de equipamentos que apresentam defeitos provocados pela qualidade da embalagem que os envolve. Os *notebooks* devolvidos são encaminhados à oficina técnica para reparo e depois são devolvidos aos clientes que os adquiriram. Em face desse procedimento, os clientes recebem juntamente com o *notebook* reparado um *pen drive* de 4 GB como bônus. O custo do *pen drive* está estimado em R$ 120,00 para a Tech-Micro.

   Os reparos são classificados em dois tipos: grande monta (GM) e pequena monta (PM), de acordo com a gravidade do defeito apresentado. O reparo de grande monta tem um custo médio estimado em 20% do custo do equipamento e o reparo de pequena monta, em 5% desse valor.

   Cada *notebook* tem um custo para a distribuidora de R$ 3.200,00. Esse equipamento é vendido ao mercado com lucro de R$ 960,00, já descontadas as despesas de distribuição, propaganda etc.

   Para a embalagem dos equipamentos, a empresa vem utilizando uma caixa de papelão corrugado na qual é inserido o *notebook* envolto em um tipo de plástico especial (plástico com bolhas). O acondicionamento do *notebook* na caixa de papelão é feito utilizando-se suportes laterais de isopor. Com esse tipo de embalagem, a Tech-Micro vem apresentando um índice de devoluções de 1,5% sobre as vendas. Uma estatística de devolução classificada por tipo de reparo está indicada na Tabela 1.

TABELA 1 Estatística de devoluções: embalagem atual

Tipo de reparo	% de ocorrência	Custo médio unitário do reparo
Grande monta (GM)	30%	20% do custo do *notebook*
Pequena monta (PM)	70%	5% do custo do *notebook*

A engenharia da empresa estudou a introdução de uma nova embalagem para reduzir o índice de devolução de equipamentos, o que resultou em incluir também o uso de bolinhas de isopor para preencher totalmente os espaços vazios entre a caixa de papelão e o envoltório do equipamento.

Essa nova embalagem tem um custo adicional e, segundo estudos e simulações realizados pela engenharia, o índice de devolução foi estimado em 0,75% e os reparos são estimados segundo a estatística indicada na Tabela 2.

CAPÍTULO 4 Logística e serviço ao cliente

TABELA 2 Simulação da estatística de devoluções: nova embalagem

Tipo de reparo	% de ocorrência	Custo médio unitário do reparo
Grande monta (GM)	10%	20% do custo do *notebook*
Pequena monta (PM)	90%	5% do custo do *notebook*

Segundo as estimativas de vendas, a Tech-Micro espera colocar no mercado 18 mil *notebooks* nos próximos meses.

Com essas informações, determine qual o custo adicional da nova embalagem que a empresa vai utilizar que justifique a sua utilização.

Que outros fatores você deveria levar em conta na análise da questão?

2. A Caltech produz calculadoras. As calculadoras são envoltas em isopor e embaladas em caixas de papelão. Por meio de cuidadosas observações, a empresa verificou que 1% do modelo Calc-100 era danificado entre a operação de embalagem e entrega aos clientes. Em função desse problema, a empresa estuda a utilização de uma nova embalagem de parede dupla e uso de flocos de isopor, reduzindo as avarias do produto a 0,015%. A embalagem atual custa R$ 5,40 por unidade. A embalagem de parede dupla é 25% mais cara. O preço de mercado dos modelos Calc-100 é de R$ 240,00, incluindo neste preço a margem de 20% de lucro. As unidades danificadas são consideradas como perda total.

A empresa espera vender 30 mil unidades do modelo Cal-100 no próximo ano.

A Caltech deverá adotar o novo modelo de embalagem para a calculadora Cal-100? Justifique matematicamente a sua resposta.

3. A Calculadoras Brasil Ltda. produz calculadoras. As calculadoras são envoltas em isopor e embaladas em caixas de papelão. Por meio de cuidadosas observações, a empresa verificou que 1% do modelo ENG-35 era danificado entre a operação de embalagem e entrega aos clientes. Em virtude desse problema, a empresa estuda a utilização de uma nova embalagem de parede dupla e uso de flocos de isopor, reduzindo as avarias do produto a 0,01%. A embalagem atual custa R$ 5,40 por unidade. A embalagem de parede dupla é 20% mais cara. O preço de mercado dos modelos ENG-35 é de R$ 180,00, incluindo nesse preço a margem de 20% de lucro. As unidades danificadas são consideradas como perda total.

A Calculadoras Brasil Ltda. espera vender 28 mil unidades do modelo ENG-35 no próximo ano.

A empresa deverá adotar o novo modelo de embalagem da calculadora ENG-35? Justifique matematicamente a sua resposta.

105

CAPÍTULO 5

Custos logísticos

INTRODUÇÃO

Na atualidade, a logística caracteriza-se por complexas operações, especialmente em face da globalização dos mercados, que visam fluir, de forma eficiente e eficaz, bens e serviços ao longo da cadeia[1] de suprimentos e de distribuição.

A variedade de produtos e serviços e o grande espectro de consumidores espalhados por todo o planeta acabam por aumentar significativamente a necessidade de um controle rígido das operações globais, visando assegurar o suprimento de produtos e serviços de forma ágil e eficiente e atendendo, por consequência, as expectativas dos clientes e consumidores.

Por um lado, a globalização intensificou o fluxo internacional de bens e aumentou o espectro de decisões, tanto no âmbito das operações quanto no do direcionamento das estratégias destinadas a aumentar a presença das empresas nos mercados globais de forma competitiva.

De outro lado, para que essa presença nos mercados se torne permanente, é necessário que as empresas apresentem eficiência nos custos logísticos em todos os seus desdobramentos.

---

[1] Pode-se considerar que a logística envolve operações de suprimentos quando trata do abastecimento a unidades produtoras de bens e serviços, denominada de logística de suprimentos; e quando é destinada a atender ao cliente na ponta de consumo (varejistas etc.), é denominada logística de distribuição física.

Assim, conhecer os custos das operações e gerenciá-los adequadamente é meta primordial para melhorar a competitividade, além de manter a permanência no mercado em que atua e a presença agressiva em novos mercados.

CONCEITO DE CUSTOS LOGÍSTICOS

Os custos logísticos são um fator que afeta a competitividade tanto das empresas quanto das nações. Um exemplo típico é a verdadeira invasão asiática nos mercados, que com custos reduzidos de produção e operações logísticas globais está incomodando nações e empresários em todo o mundo. Esse fenômeno faz todos se questionarem por que produzir no próprio país se é possível importar o produto a um preço mais competitivo. O resultado disso é a transformação do processo em um gerenciamento da aquisição de produtos importados no sistema O&M[2] com desmanche do parque tecnológico dos países importadores. Casos como esse são comuns no Brasil, que gradativamente vem perdendo a capacidade de seu parque tecnológico e de mão de obra especializada.

As empresas podem se tornar mais competitivas e ganhar novos mercados por meio da redução dos custos logísticos nas operações de fluxo de bens e serviços. Para isso, deverão estabelecer como meta prioritária a redução dos custos logísticos totais.

Essa meta de redução ultrapassa a mera tentativa de reduzir individualmente cada custo. Isso ocorre pois, em geral, existirá uma equação de compromisso que envolve as denominadas trocas compensatórias de custos, ou, no jargão conhecido internacionalmente, os denominados *trade-off*. Um exemplo que permite elucidar esse conceito é o fato de que o aumento do nível de estoque em um centro de distribuição pode ser substituído por um transporte mais frequente entre a fábrica e o centro de distribuição. Assim, troca-se um aumento do volume de produto estocado pelo aumento do volume de transporte. Operações *just in time* também têm esse objetivo.

Diante do problema relacionado às trocas compensatórias (*trade-off*), os custos logísticos, embora sejam examinados de forma individual, deverão ser minimizados em termos dos custos logísticos totais. No nível empresarial, as empresas deverão projetar seus sistemas logísticos de forma integrada, visando à redução dos custos logísticos totais.

---

[2] O&M (*order to manufacturing*): trata-se do processo em que o produto tem o projeto cedido a um fabricante que o produz com autorização expressa do detentor do projeto. Um exemplo típico acontece com alguns fornecedores de equipamentos eletrônicos que contratam empresas asiáticas para produzi-los com a própria marca.

Para estudar mais detalhadamente os custos das operações logísticas, deve-se examinar a Figura 5.1. Esta apresenta o fluxo logístico desde o suprimento de matérias-primas e componentes para a fabricação de um determinado produto (logística de suprimentos) até a distribuição dos produtos acabados por intermédio de varejistas e clientes (logística de distribuição), passando pela denominada logística interna (normalmente conhecida como gestão dos materiais). Nesse fluxo, há uma série de vetores de custos logísticos que podem ser facilmente identificados:

- Transporte.
- Armazenagem.
- Movimentação.
- Estoques.
- Compras.
- Processamento de pedidos.
- Serviços ao cliente.

Como explicado anteriormente, de nada adianta reduzir os custos de um desses vetores se ele vai impactar o custo de outro vetor, ou seja, é necessário trabalhar na análise dos custos logísticos totais e suas relações de trocas compensatórias.

Vamos iniciar nossa análise examinando cada um dos custos relacionados e, então, estudar os respectivos impactos em termos dos custos logísticos globais, pois o resultado final minimizará esses custos.

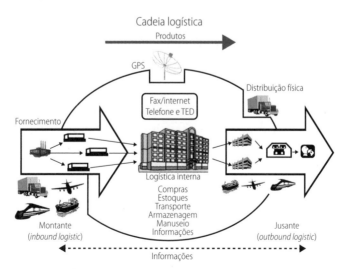

FIGURA 5.1 Cadeia logística.
Fonte: adaptada de Barbosa e Arbache (2005).

Custo de transporte

O custo de transporte é, sem dúvida, um dos custos logísticos mais elevados, especialmente no Brasil, em face de o modal mais utilizado ser o rodoviário.

A ineficiência do setor rodoviário e seu alto custo operacional são consequência, principalmente, dos baixos investimentos que o governo federal tem realizado na infraestrutura. As estradas brasileiras encontram-se em péssimo estado de conservação, o que acaba por aumentar ainda mais os gastos com combustível, pneus e manutenção dos veículos e, consequentemente, esses gastos acabam refletindo nos fretes cobrados pelas transportadoras ou mesmo no aumento do custo na utilização de transporte próprio.

Na análise desse custo, algumas questões impõem a presença de estratégias que acarretem sua redução. Estudos referentes a utilização da frota, existência de cargas de retorno, necessidade de operar na logística reversa, melhora da janela de tempo entre o carregamento e o descarregamento de uma encomenda e existência de sazonalidade quanto à demanda por transporte permitirão melhorar a *performance* dos custos e aumentar a produtividade.

A decisão sobre utilizar frota própria ou terceirizada é a primeira questão que deverá ser analisada. É importante registrar que a existência de frota própria, por alguma razão estratégica ou operacional, vai implicar manutenção de um verdadeiro departamento de transporte para gerenciar as atividades relacionadas com a movimentação dos veículos de carga da empresa. Na hipótese da escolha de frota terceirizada, há um leque razoável de fornecedores de serviços de transporte, normalmente conhecidos como operadores logísticos, que disponibilizam serviços que vão desde o transporte propriamente dito até sofisticados serviços como: gerenciamento dos depósitos e/ou centros de distribuição ou mesmo a própria gestão de estoque dos produtos que lhes foram encaminhados. A procura de um operador logístico poderá ser realizada consultando-se o site: http://www.canaldotransporte.com.br/operadores.asp.

A seguir são listados alguns aspectos que devem ser considerados na análise dos custos de transporte:

- Grau de utilização da frota – esse fator poderá estar relacionado a problemas internos da empresa, como questões relacionadas à programação do transporte e mesmo à especificação do modelo de veículo a ser utilizado. No que se refere às razões externas, pode-se citar como exemplo as recentes proibições de tráfego de veículos em função do número da placa, como ocorre em São Paulo: placas com final 1 e 2 não trafegam na segunda-feira; com final 3 e 4, na terça-feira, com final 5 e 6, na quarta-feira; com final 7 e 8, na quinta-feira; com final 9 e 0, na sexta-feira. Isso evidentemente implicará um considerável aumento no custo do transporte por causa da ociosidade compulsória da frota de veículos.

- Distâncias percorridas – a distância percorrida tem relação direta com o custo de transporte, uma vez que o custo fixo passa a ser mais diluído por quilômetro rodado. A Figura 5.2 apresenta um exemplo típico.
- Logística reversa – a logística reversa existe quando a empresa tem de transportar produtos ou mesmo descartar produtos para a origem por razões ambientais. O mesmo acontece quando há a necessidade de reparação do produto que apresentou defeito no ponto de destino. Um exemplo que pode ser citado é de uma empresa de São Paulo que transporte um produto com destino ao Rio de Janeiro, mas certa quantidade precise retornar para reparo ou seja necessário fazer o descarte de determinadas unidades que necessariamente deveriam retornar para a fábrica.
- Janela de tempo de carga e descarga – refere-se ao tempo gasto entre o carregamento do produto no veículo e a sua retirada no local de destino. É fácil perceber que, quanto menor for esse período de tempo, mais rapidamente o veículo se torna disponível para a realização de um novo transporte.
- Consolidação de cargas – também pode reduzir os custos de transporte. Parte do princípio de que a reunião de várias cargas para aproveitar o mesmo veículo de transporte permitiria, de um lado, maximizar a utilização da capacidade útil do veículo e do seu espaço cúbico e, de outro, com foco nos custos, obter-se uma redução no custo de transporte. Um exemplo que permite elucidar melhor essa estratégia: uma empresa com uma carga para transportar de São Paulo para o Rio de Janeiro pode contratar um transporte específico para levar essa carga ao destino ou entregar essa carga sob a responsabilidade de uma transportadora que se comprometa a entregá-la no destino nos próximos dias. Aqui, a estratégia de adiamento de entrega destina-se a minimizar

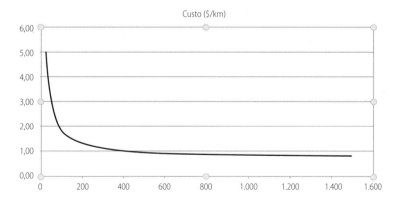

FIGURA 5.2 Exemplo de custo médio do transporte de acordo com a relação distância *versus* custo médio do quilômetro percorrido.
Fonte: adaptada de Figueiredo et al. (2003).

o custo de transporte por agregar um maior volume a ser transportado em detrimento do tempo de entrega, que será mais dilatado do que um transporte exclusivo que seguramente teria um custo muito maior.

- Existência de cargas de retorno – a carga de retorno é um elemento importante na redução dos custos de transporte. Ocorre quando, no retorno do destino, o veículo é carregado com uma carga para a origem. Aproveitando o exemplo anterior, seria o caso em que, ao chegar ao Rio de Janeiro, o veículo de transporte fosse carregado com destino a São Paulo (sua origem). Assim, a existência de um contrato de transporte de retorno reduziria os custos de transporte, visto que o caminhão não retornaria para São Paulo "batendo lata"[3], o que significa que o caminhão retornaria vazio e o custo do transporte, imputado à viagem inicial de São Paulo para o Rio de Janeiro.

- Existência de sazonalidade no transporte de cargas – é um fator que poderá onerar consideravelmente os custos de transporte. A sazonalidade aqui está relacionada a situações em que as cargas têm uma demanda muito mais acentuada em determinados períodos do ano; por exemplo, nos períodos de safra de certos produtos, quando as solicitações de serviços de transporte, quer sejam próprios ou terceirizados, tornam-se muito mais significativas e, por consequência, acabam por onerar os custos de transporte dos produtos. No dia a dia, é fácil se deparar com esse fato: basta procurar um serviço de táxi em dias de chuva, que torna-se uma verdadeira maratona. Na logística do transporte de carga, acontece algo semelhante, e em épocas de safra de determinados produtos, por exemplo, há escassez de veículos para o transporte, o que acaba por promover um aumento dos custos de transporte.

Custo de manutenção dos estoques

Manter estoques implica um custo relacionado, em primeiro plano, ao investimento que se dispõe a realizar nesse estoque que, consequentemente, envolve o custo do capital investido – também conhecido como custo de oportunidade –; o custo do risco relacionado a perda, extravio, obsolescência, furto, roubo etc.; e também o custo do seguro.

Ainda dentro do escopo do custo dos estoques, pode-se considerar o custo da armazenagem do produto, que também envolve o custo de movimentação do produto na sua recepção para o armazenamento e do armazenamento para a expedição quando do seu fornecimento, o custo da embalagem, o custo da

---

[3] "Bater lata" é uma gíria utilizada pelos caminhoneiros quando o retorno do caminhão à origem é realizado sem qualquer carga, ou seja, sem o denominado frete de retorno.

tecnologia utilizada no processo de armazenagem e recuperação do produto, o custo do espaço ocupado e os custos administrativos na gestão do armazém ou do centro de distribuição.

Na questão da armazenagem deverão ser estudadas as hipóteses que envolvem armazéns próprios, armazéns de terceiros e armazéns de operadores logísticos.

Custo de processamento de pedidos

O custo de processamento do pedido envolve o processo de captura do pedido, transmissão do pedido, aprovação do crédito e o custo da separação do pedido.

O processamento do pedido, como estudado no tópico relacionado à tecnologia da informação e à logística, é um aspecto importante do serviço ao cliente e poderá ser significativamente reduzido com ajuda da tecnologia da informação e ainda com o uso de automação industrial, muito especialmente no que se refere à separação dos pedidos.

Custo de serviço ao cliente

O custo de serviço ao cliente é de difícil mensuração, uma vez que há muita dificuldade na sua contabilização. Em razão disso, o procedimento normalmente adotado envolve fixar certos índices de desempenho, como volume de produto demandado e volume de produtos atendidos, ou número de reclamações de atrasos e número de reclamações de atrasos atendidas em "x" dias. A regra do serviço ao cliente é básica: oferecer ao cliente o que ele deseja receber.

Custo de administração da distribuição

O custo de administração da distribuição inclui o custo do pessoal da área gerencial e o pessoal do *staff* de apoio e do setor de transporte (tráfego). De acordo com a publicação *Transportation in America*, os custos logísticos de administração representam aproximadamente 4% do custo de movimentação e transporte. Infelizmente, no Brasil, não há estatísticas confiáveis que permitam apurar esses custos.

Equação genérica dos custos logísticos

Examinando-se os custos logísticos envolvidos nas diversas operações que são realizadas ao longo de uma cadeia de suprimentos, é possível elaborar uma equação genérica e simplificada que engloba a maior parcela dos custos logísticos envolvidos nas operações.

Assim, de forma simplificada, porém generalizada, pode-se então escrever:

Logística e cadeia de suprimentos: o essencial

Custos logísticos totais (CLT) = custo de transporte + custos de movimentação da carga (na expedição e no recebimento) + custo dos estoques em trânsito + custo do estoque médio + custo de processamento de pedidos + custo do serviço ao cliente + custos de administração + outros custos

Vale uma menção especial para o custo do estoque em trânsito, que envolve o custo do estoque que encontra-se em movimento durante o período de transporte e, consequentemente, não se encontra disponível para uso, porém gera custo de posse [capital (custo de oportunidade) e armazenagem] (visto que o próprio veículo de transporte o armazena)].

ANÁLISE DA DINÂMICA DA LOGÍSTICA E SEUS CUSTOS

Para fazer uma análise mais dinâmica dos processos logísticos e seus custos, no Quadro 5.1 é apresentado o conceito de custo total de uma cadeia logística.

QUADRO 5.1 Processos logísticos para análise dos custos

Gestão dos pedidos
Novos produtos
Processamento da ordem
Entrada do pedido e manutenção
Distribuição
Transporte, fretes, taxas e impostos
Instalação
Fatura e contabilização
Aquisição de materiais
Planejamento e gestão dos materiais
Gestão da qualidade
Frete, taxas e impostos
Recebimento e estocagem
Inspeção de recebimento
Material em processo e componente
Ferramentas
Estoques
Custo de oportunidade
Seguros e taxas

(continua)

CAPÍTULO 5 Custos logísticos

QUADRO 5.1 Processos logísticos para análise dos custos (*continuação*)

Obsolescência
Perdas e extravios
Serviços de descarte da obsolescência
Finanças e planejamento
Custos financeiros da cadeia de suprimentos
Custo de planejamento da demanda/suprimento
Sistema de informação
Gerenciamento de produto
Planejamento do suprimento/demanda de produtos acabados
Licitações e aquisição dos materiais
Planejamento da produção e acompanhamento
Gerenciamento dos pedidos
Logística e distribuição
Gerenciamento dos canais
Serviços de suporte e assistência técnica.

Fonte: Cohen e Roussel (2005).

Os custos logísticos devem ser equilibrados em função das denominadas trocas compensatórias, que estão presentes em todas as equações que envolvem o denominado custo logístico total. Assim, na minimização dos custos logísticos totais, deve-se levar em conta essas trocas, como no caso de um aumento do nível de estoque em um armazém regional destinado a distribuição de produtos que vai compensar o elevado custo de transporte frequente deste mesmo produto para atender a demanda de produto para a mesma região.

A seguir, será apresentado um exemplo com as questões relacionadas às trocas compensatórias e o conceito de custo logístico total.

Uma empresa fabricante de válvulas hidráulicas que pesam, em média, 200 kg e são acondicionadas em paletes que contêm uma unidade. O peso do palete é desprezível. Atualmente, ela vem despachando suas válvulas por intermédio de embarques de dez paletes por despacho a um custo de R$ 0,06/kg transportado.

Segundo as estimativas do setor de vendas, a empresa tem uma demanda de 2.400 válvulas/ano. Cada válvula sai da linha de produção por R$ 400,00 e é acondicionada em um palete, onde permanece até a sua retirada para embarque.

O custo de processamento de um pedido está estimado em R$ 300,00, e o custo de movimentação no centro de distribuição – retirada de um palete da área

115

de estocagem e sua colocação no cento de despacho (doca) – está estimado em R$ 12,00 por palete.

Recentemente, a empresa recebeu uma proposta de uma transportadora para redução das tarifas de transporte. A proposta envolve a contratação de um serviço de transporte que oferece um preço de R$ 0,05/kg transportado, desde que o fabricante faça o transporte com vinte paletes por embarque.

O gerente do centro de distribuição solicitou uma análise quanto à viabilidade de aceitar a proposta da transportadora e você foi encarregado de apresentar as suas recomendações.

O setor financeiro informou que o custo de armazenagem de uma válvula é de R$ 6,00/unidade/ano e que a empresa vem operando com um custo de capital de 18% ao ano.

A pergunta que surge aqui é: a contratação do novo serviço de transporte é mais vantajosa?

Primeiramente, as informações capturadas do texto do exemplo podem ser resumidas a seguir:

TABELA 5.1 Dados de demanda e custos

Discriminação	Quantidade	Unidade	Notação
Demanda anual do centro de distribuição	2.400	Bomba	D
Peso de cada bomba incluindo embalagem	200,00	kg	P
Custo-padrão da bomba no centro de distribuição	1.680,00	R$ 1,00	C
Custo de processamento de um pedido	150,00	R$ 1,00	$C_{Proc.}$
Custo de capital	18%	Ao ano	$C_{P\%}$
Custo de armazenagem	8,00	Bomba/ano	C_{Ar}
Custo de movimentação de uma bomba no centro de distribuição	0,03	kg	$C_{Mov.}$

Atualmente, a empresa está transportando dez paletes por viagem, o que significa o transporte de $10 \times 10 = 100$ bombas por transporte realizado.

Examine-se, então, os custos logísticos que impactam essa operação.

Primeiramente, pode-se escrever a equação dos custos logísticos envolvidos na operação:

$$CLT_{Logístico\ total} = C_{Transporte} + C_{Movimentação} + C_{Processamento\ dos\ pedidos} + C_{Estoque\ médio}$$

Inicialmente, observa-se o custo da movimentação de um palete desde a área de estocagem até a área de embarque (doca). Essa movimentação é realizada por meio da utilização de paletes e tem um custo de R$ 12,00 por palete transportado.

Se a demanda (D) total de bombas é igual a 2.400 unidades, deve-se movimentar um total de:

$$\text{N}^{\circ} \text{ de paletes} = \frac{\text{demanda anual de bombas}}{\text{n}^{\circ} \text{ de bombas por palete}} = \frac{2.400}{1} = 2.400 \text{ paletes}$$

Logo, o custo total dessa movimentação será igual a:

$$CT_{\text{Movimentação}} = 2.400 \times 12,00 = 28.800,00$$

É importante observar que esse custo não vai influenciar a decisão de escolha da alternativa de transporte, visto que qualquer que seja a operação realizada, as bombas terão que ser movimentadas desde o chão da fábrica até a doca de expedição.

São examinados, em seguida, os custos de transporte.

Inicialmente, deve-se considerar que cada bomba pesa 200 kg e o transporte tem um custo de R$ 0,06/kg transportado para a situação atual e R$ 0,05/kg transportado para a situação proposta.

Assim, é possível encontrar o custo total de transporte para as duas modalidades oferecidas: a atual e a proposta.

$$CT_{\text{Transporte}} = \text{demanda anual de bombas} \times \text{peso unitário da bomba} \times \text{custo unitário de transporte}$$

Tem-se então:

$$CT_{\text{Transporte (atual)}} = 2.400 \times 200 \times 0,06 = 28.800,00$$
$$CT_{\text{Transporte (proposta)}} = 2.400 \times 200 \times 0,05 = 24.000,00$$

Deve-se, agora, calcular o custo de processamento dos pedidos e o custo do estoque médio.

Para tanto, é importante observar que na situação atual são transportadas dez bombas de cada vez, logo tem-se:

$$\text{N}^{\circ} \text{ de pedidos processados}_{\text{Atual}} = \frac{\text{demanda anual de bombas}}{\text{n}^{\circ} \text{ de bombas por pedido}} = \frac{2.400}{10} = 240 \text{ pedidos}$$

Logo, o custo dos pedidos será de:

$$C_{\text{Processamento (atual)}} = 240 \times 150,00 = 36.000,00$$

Para a proposta, tem-se:

$$\text{N}^{\underline{o}} \text{ de pedidos processados}_{\text{Atual}} = \frac{\text{demanda anual de bombas}}{\text{n}^{\underline{o}} \text{ de bombas por pedido}} = \frac{2.400}{20} = 120 \text{ pedidos}$$

Logo, o custo dos pedidos para a situação proposta será de:

$$\text{CT}_{\text{Processamento (proposta)}} = 120 \times 150,00 = 18.000,00$$

Se, por um lado, reduz-se o número de pedidos para 120 para atender a demanda anual, de outro lado, tem-se um estoque médio maior. Assim, analisando a situação atual e a proposta em termos do tamanho do estoque médio, chega-se aos seguintes resultados:

$$\text{Estoque médio (EM)} = \frac{\text{lote de estoque}}{2}$$

Assim, tem-se:

$$\text{EM}_{\text{Atual}} = \frac{10}{2} = 5 \text{ bombas}$$

$$\text{EM}_{\text{Proposta}} = \frac{20}{2} = 10 \text{ bombas}$$

Agora, deve-se então calcular o custo do estoque médio para as duas situações.

Para tanto, é necessário lembrar que o custo de posse (C_{Posse}) do estoque é formado pelo custo de capital (C_C) e pelo custo de armazenagem (C_{Ar}).

A partir do exposto, sabe-se que:

$$C_{\text{Ar}} = 8,00/\text{bomba}$$
$$C_C = 18\%/\text{ano. } \textbf{Logo: } C_C = 0,18 \times 400,00 \text{ (preço da bomba)} = 72,00/\text{bomba}$$

Em que:

$C_{\text{Posse}} = 80,00/\text{bomba/ano}$

Assim, é possível calcular, então, o custo do estoque médio em ambas as situações:

$$C_{\text{EM (atual)}} = 5 \times 80,00 = 400,00$$
$$C_{\text{EM (proposta)}} = 10 \times 80,00 = 800,00$$

Com todos os cálculos finalizados, aplica-se a equação do custo logístico total e os respectivos valores para a situação atual e a situação proposta, ou seja:

$$CLT_{Logístico\ total} = C_{Transporte} + C_{Movimentação} + C_{Processamento\ dos\ pedidos} + C_{Estoque\ médio}$$

Logo, tem-se:

$$CLT_{Logístico\ total\ (atual)} = 28.800,00 + 18.000,00 + 36.00,00 + 400,00 = 83.200,00$$
$$CLT_{Logístico\ total\ (proposta)} = 24.000,00 + 18.000,00 + 18.000,00 + 800,00 = 60.400,00$$

Logo, a proposta tem um custo menor.

É importante observar as trocas compensatórias nesse exemplo. Se, por um lado, aumenta o número de bombas embarcadas (de dez unidades para vinte unidades), o que acarreta diminuir o número de pedidos processados (de 240 pedidos para 120 pedidos), por outro aumenta-se o tamanho do estoque médio (de cinco bombas para dez bombas) com os consequentes reflexos nos custos de processamento de pedidos, que vão diminuir em contrapartida o custo de posse do estoque médio que vai aumentar.

Eis aqui a razão principal do estudo das trocas compensatórias ou decisões de *trade-off* nos processos logísticos.

ANÁLISE DOS FATORES RELACIONADOS AOS CUSTOS LOGÍSTICOS

Conforme discutido anteriormente, a qualidade dos dados disponíveis nos sistemas contábeis acaba por influenciar consideravelmente o contexto do processo de tomada de decisões logísticas. Está implícito que o arsenal de dados contábeis representa o conjunto de informações das quais é possível se valer para estabelecer as estratégias de atendimento, distribuição, manutenção de estoque etc., já que todas as decisões serão tomadas em função da análise dos custos nelas envolvidos.

Ao se examinar a logística como uma pirâmide funcional, conforme Lambert (1994), apresentada na Figura 5.3, é possível observar as atividades logísticas sendo desenvolvidas em diversos níveis hierárquicos em função do foco primordial, que é o serviço ao cliente.

Assim, examinando as categorias de atividades relacionadas na Figura 5.3, pode-se então verificar que uma série de questões relacionadas com as estratégias logísticas vai demandar a análise de dados contábeis para a tomada de decisões.

Entre elas, são citadas (Lambert, 1994):

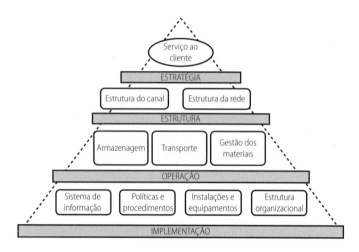

FIGURA 5.3 Pirâmide logística.
Fonte: adaptada de Lambert (1994).

- Serviço ao cliente: análise do custo de serviço ao cliente, bem como estudo do impacto nos custos no caso de uma eventual melhoria nos serviços prestados etc.
- Estrutura do canal e estratégia da rede: análise dos custos de distribuição, dos custos dos centros de distribuição ou depósitos, bem como do custo da contribuição de cada parceiro da rede logística etc.
- Armazenagem: análise dos custos dos espaços de armazenagem, análise dos custos da expansão de um depósito ou centro de distribuição, dos custos envolvidos na instalação de um novo centro de distribuição ou novo depósito etc.
- Transporte: análise dos custos de transporte, do custo de transporte de operadores logísticos, dos custos de transporte que envolvem a estratégia de padronização das embalagens e a estratégia de consolidação das cargas etc.
- Gestão dos materiais: custos dos estoques existentes nos diversos centros de distribuição ou depósitos, custos envolvidos na capilaridade dos estoques que poderão estar espalhados por diversos depósitos e/ou centros de distribuição estratégicos, custos envolvidos no incremento dos estoques de segurança e, por consequência, do nível de serviço oferecido etc.
- Sistema de informação: depuração dos custos de processamento de pedido, análise dos custos envolvidos na implementação de melhorias, tecnologia de informação apoiadora da logística etc.
- Políticas e procedimentos: análise dos custos relacionados à implantação de novas estratégias com o objetivo de ampliar os mercados, melhorias no fluxo

de informação e atividades que envolvem o relacionamento dos canais de distribuição etc.
- Instalações e equipamentos: análise dos custos para implantação de equipamentos de automação industrial objetivando melhorar o sistema de atendimento dos pedidos, bem como dos custos envolvidos nas melhorias no sistema de processamento das informações (hardware e software) etc.
- Estrutura organizacional: análise dos custos envolvidos nos atuais processos de negócios, avaliação do impacto nos custos de uma mudança de processos e introdução de novas tecnologias, análise dos processos que envolvem os parceiros dos negócios e entre as unidades da própria organização.

Em resumo, como dizia Lord Kelvin: "o conhecimento que não pode ser expresso na forma de números é de qualidade pobre e insatisfatória." De outra forma, não é possível a tomada de decisões se o impacto das medidas tomadas não puder ser devidamente quantificado. Seria um verdadeiro "voo sem instrumentos".

Quanto maior o nível de informação contábil de que a empresa dispuser, mais as análises dos processos de mudanças operacionais e estratégicas tornar-se-ão mensuráveis e permitirão subsidiar de forma adequada o processo de tomada de decisão. Para isso, é necessário montar uma estrutura de apropriação de custos adequada para fomentar análises e tomadas de decisões voltadas para a melhoria dos processos e níveis de serviços aos clientes.

Em termos gerais, o que se pretende é fazer uma análise detalhada da compensação de custos objetivando uma redução nos logísticos totais, por intermédio de uma nova configuração estratégica das operações logísticas, como mostra a Figura 5.4.

No exemplo da Figura 5.4, pode-se observar que as trocas compensatórias ocorreram com o aumento nos custos de expedição e de armazenagem, compensadas por reduções nos custos dos estoques e de transporte.

FIGURA 5.4 Análise de trocas compensatórias com redução de custos.

Logística e cadeia de suprimentos: o essencial

É importante lembrar que a redução dos custos por meio da análise de uma matriz de custos varia de empresa para empresa. Essa análise se realiza com o foco nos principais custos, entre eles: custos de produção, custos de embalagem, custos dos sistemas de informação, custo de perda de vendas, custo dos estoques, custos de transporte, custos de armazenagem etc.

CUSTOS BASEADOS NA ATIVIDADE

A metodologia do custo baseado na atividade foi desenvolvida no final da década de 1980 por Kaplan e Cooper na Harvard Business School. Essa metodologia tem recebido uma considerável atenção por parte dos gestores nas empresas.

Conhecida como ABC (*activity based costing*), essa metodologia tem por objetivo avaliar o custo e o desempenho de atividades, recursos e objetos de custo.

Para desenvolver o sistema de custos baseado nas atividades, é importante conhecer a relação existente entre recurso, atividade, produto e/ou serviço. Assim, como os recursos são atribuídos a atividades, estas são, então, atribuídas a objetos de custos.

Muitos recursos utilizados nas operações podem ser rastreados de forma individual para produtos e serviços, e identificados como relacionados a materiais diretos ou custos diretos relacionados à mão de obra.

Um bom sistema de custeio deverá identificar as atividades que consomem recursos (material, mão de obra, tecnologia etc.) e os recursos de serviços como direcionadores de custos de produtos e serviços.

Para melhor entender a metodologia do ABC, é necessário definir alguns termos importantes, que são: atividade, recurso, direcionadores de custo, recursos consumidos por direcionadores de custo e atividade de consumo dos direcionadores de custo:

- *Atividade* é uma tarefa específica ou uma ação de trabalho que é realizada. Uma atividade pode ser uma ação simples ou um agregado de várias ações, por exemplo, a movimentação de um produto do armazém até a doca de despacho de carga é uma atividade única que poderá ser realizada por um operador na sua forma manual ou com uso de equipamento. Dar partida a um processo de produção requer um conjunto de atividades e, nesse caso, diz-se que o consumo de recurso se desenvolve por intermédio da realização de um agregado de várias atividades direcionado para o mesmo objetivo, ou seja, dar partida no processo produtivo.
- *Recurso* é um elemento econômico necessário ou consumido para o desenvolvimento da atividade. Salários, suprimentos de materiais e componentes

são recursos utilizados no desenvolvimento das atividades na manufatura, nas operações logísticas etc.

- *Direcionador de custo* é um fator que causa ou está relacionado à mudança de custo em uma atividade. Assim, mensurar ou quantificar as variações nos direcionadores é uma excelente base para atribuir recursos de custos para as atividades ou para atribuir custos de atividades para objetivos de custo. Além disso, um direcionador de custo pode estar relacionado a direcionar custos para recurso de consumo ou direcionar consumo para as atividades de custo. Um direcionador de recurso de consumo, portanto, é uma medida do volume de recurso consumido por, ou relativo a, uma atividade como o número de itens em uma ordem de compra, horas de operação de um equipamento, mudanças no projeto de um produto etc.

Para melhor identificar a metodologia do sistema de apropriação de custos pelo ABC, deve-se observar a Figura 5.5.

Em sua essência, o que a metodologia de apropriação de custos pelo sistema ABC faz é mapear os processos da empresa, decompondo-os em atividades principais, determinando os direcionadores de custos e identificando, então, a relação de causa e efeito que vai existir entre cada atividade e os recursos consumidos na atividade considerada.

A base dessa metodologia está exatamente na identificação dos direcionadores de custos que permitem observar o recurso consumido e o tempo gasto nesse consumo.

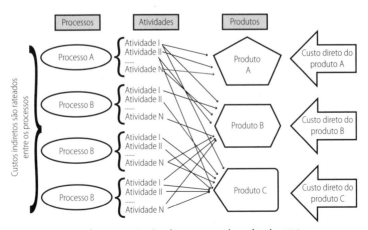

FIGURA 5.5 Esquema da apropriação de custos pelo método ABC.
Fonte: adaptada de Faria e Costa (2005).

De acordo com Faria e Costa (2005), ao comentar pesquisas realizadas por alguns autores, a implementação da metodologia ABC nas operações logísticas mostra bem o processo para custeio e permite mensurar o desempenho dos processos logísticos e suas interligações entre a rentabilidade da empresa e os custos logísticos associados.

Ao identificar os processos, o desempenho das operações logísticas e os custos envolvidos nas diversas atividades, o gerente de logística terá uma ferramenta essencial para reconhecer melhorias nos processos, reduzir custos e tomar decisões relacionadas às trocas compensatórias de custos, tornando-se, consequentemente, uma ferramenta bastante útil na gestão dos custos logísticos.

Entre as vantagens da utilização do método de custeio baseado nas atividades pode-se citar (Faria e Costa, 2005):

- Alocação mais criteriosa dos custos diretos e indiretos.
- Gerenciamento mais eficiente dos processos por meio do controle e do monitoramento das atividades logísticas.
- Maior flexibilidade para operação, permitindo identificar e mensurar os custos de produtos, custos de serviços, custos de distribuição etc.

A metodologia ABC também pode ser estendida ao *supply chain,* permitindo, assim, obter vantagens competitivas mediante a minimização do custo logístico total da cadeia como um todo e não por intermédio da análise fragmentada dos custos em cada um dos atores que dela participam. Nessa operação, tem-se um processo de "ganha-ganha" em que todos os atores dos processos acabam sendo beneficiados pela propagação dos ganhos logísticos em custos e produtividade.

VISIBILIDADE DOS CUSTOS LOGÍSTICOS

De um lado, a logística sofreu uma grande revolução na última década, especialmente em face de novas tecnologias que foram agregadas aos sistemas de suprimentos, manufatura e distribuição.

De outro, os sistemas contábeis pouco evoluíram para acompanhar a trajetória da logística e a necessidade imperiosa da apuração mais confiável para estudos dos custos logísticos em um ambiente de acirrada competição empresarial e de grandes incertezas que se tornaram mais presentes com a globalização e seus impactos.

Ter informações contábeis que permitam a apuração dos custos dos processos e das atividades é fator primordial para a tomada de decisões a respeito das atividades logísticas relevantes e para a elaboração de novas estratégias de negócios.

CAPÍTULO 5 Custos logísticos

Apesar de os sistemas de apropriação de custos virem sofrendo modificações com o objetivo de dar maiores subsídios às decisões gerenciais, isso ainda está ocorrendo de forma muito incipiente. Como citado em Faria e Costa (2005):

> A questão vivenciada, atualmente no Brasil, é que na contabilidade existem duas vertentes: a contabilidade financeira e a contabilidade gerencial. Nesse enfoque, a contabilidade financeira destina-se mais especificamente a atender às exigências da Lei das Sociedades Anônimas e da legislação fiscal, que é compulsória para as empresas brasileiras. Essa contabilidade acaba gerando "livros fiscais" e relatórios exigidos pelos órgãos governamentais.

De outro lado, a contabilidade gerencial, que não é obrigatória, permite identificar, mensurar, analisar e subsidiar os gestores com informações contábeis úteis para a tomada de decisões nas organizações, como bem identificam os autores citados:

> O dilema atual é que muitas empresas ainda não tomaram consciência de que, além de cumprir as exigências legais e elaborar relatórios contábeis que atendam às necessidades dos usuários externos (contabilidade financeira), devem "investir" em uma área de controladoria, de maneira que obtenham informações relevantes para seu processo de gestão (contabilidade gerencial). O custo das informações, em muitas empresas, é ínfimo, próximo ao seu benefício!

Em resumo, o que é necessário é criar mecanismos hábeis que permitam identificar, quantificar, analisar e interpretar as informações contábeis, percebendo que os eventos externos e o relacionamento entre empresas e seus clientes afetam consideravelmente os custos, a produtividade e o retorno dos ativos.

EXERCÍCIOS

Questões

1. Explique o conceito de custo logístico total.
2. Explique o conceito de custo de processamento do pedido.
3. Indique os fatores de custos envolvidos no custo de manutenção dos estoques.
4. Qual é a importância da elaboração da pirâmide de atividades logísticas apresentada na Figura 5.3 na análise dos custos logísticos?
5. Qual é o conceito de custo baseado na atividade (ABC)? O que são os vetores de custos no ABC?

Exercícios quantitativos

1. Considere o gráfico de fluxo logístico apresentado na Figura 1 abaixo:
   A Taurus Logística estuda duas alternativas para o transporte de uma carga de 540 T que se encontra no ponto B e deverá ser transportada até o ponto A. Os caminhões da Taurus saem do ponto C, que representa a origem do transporte.
   Em linhas gerais, um caminhão da empresa sairá da origem C, viajará vazio até o local do carregamento B e então transportará a carga para o seu destino A, retornando vazio até a origem, que é o ponto C.

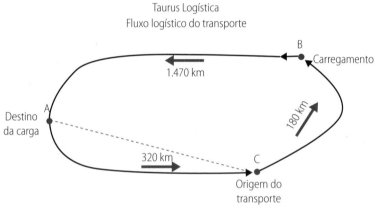

FIGURA 1   Esquema do fluxo de transporte.

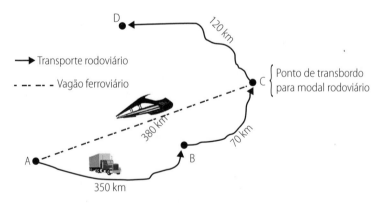

FIGURA 2   Alternativas para o transporte de carga.

CAPÍTULO 5 **Custos logísticos**

O gerente de logística da Taurus estuda a utilização de dois modelos de caminhões para o transporte da carga, um com capacidade de 12 T e outro com capacidade para 18 T. O custo por quilômetro rodado de um caminhão de 12 T é de R$ 3,50, ao passo que o custo por quilômetro rodado para um caminhão de 18 T é de R$ 4,20.

No ponto B, a Taurus paga a um operador de empilhadeira o valor de R$ 150,00 para o carregamento de um caminhão de 12 T e R$ 180,00 para o carregamento de um caminhão de 18 T. Na descarga, a transportadora não incorre nesse custo.

Qual é a alternativa que o gerente da Taurus deverá escolher? Justifique matematicamente a sua resposta.

2. Considere o gráfico de fluxo logístico apresentado na Figura 2.

Atualmente, uma empresa vem transportando sua carga anual de 360 T do ponto A (local de embarque) até o ponto D (destino), por meio do modal rodoviário, que apresenta as seguintes características:

- A carga é transportada em caminhões com capacidade de 12 T.
- O carregamento de cada caminhão no ponto de embarque é realizado por uma empresa terceirizada que cobra R$ 120,00 por embarque.
- O transporte da carga desde o ponto de embarque (A) até o seu destino (D) tem um custo de R$ 120,00/T transportada.

Com a construção de uma ferrovia entre os pontos A e C, a empresa estuda a utilização de uma alternativa de transporte intermodal. Assim, dentro dessa nova estratégia, a carga seria transportada por ferrovia do ponto A até o ponto C e deste até o destino por via rodoviária. Nessa nova estratégia, foram apuradas as seguintes informações:

- A carga será transportada com a utilização de vagões ferroviários com capacidade de transportar 120 T.
- O custo para carregar (embarque no ponto A) um vagão ferroviário de 120 T foi estimado em R$ 400,00/vagão pronto para embarque.
- O custo do transbordo da carga no ponto C (transferência da carga localizada no vagão ferroviário para os caminhões) foi estimado em R$ 3,50/T.

Para o percurso do ponto C até o destino da carga (D), os serviços serão realizados por caminhões com capacidade de 18 T e a um custo de R$ 600,00/caminhão.

Qual é o custo máximo por tonelada que a empresa poderá pagar à companhia ferroviária para o transporte da carga em vagões ferroviários do ponto A até o ponto C? Justifique.

CAPÍTULO 6

Transporte

INTRODUÇÃO

Imagine um mundo sem automóveis, trens, aviões e navios. No contexto atual, a sociedade não teria condições de sobreviver sem os serviços de transportes nas suas mais variadas modalidades.

O transporte é um dos vetores-chave para o desenvolvimento econômico de qualquer país. Em uma perspectiva de utilidade, pode-se classificar o transporte em duas modalidades:

- Transporte de passageiros.
- Transporte de carga.

O transporte pode ser definido como um método destinado a movimentar pessoas ou bens de um local para outro. Desenvolve-se dentro de duas utilidades básicas: a utilidade temporal, derivada do intervalo de tempo que o produto leva entre o momento do seu despacho até o seu recebimento no local de destino, enquanto a utilidade espacial está relacionada ao fluxo de grandes volumes ao menor custo possível.

Ao se examinar o transporte sob a ótica da logística, é possível defini-lo como "o gerenciamento de bens no estado dinâmico, em que a logística é a gestão científica nas suas condições estática e em movimento" (L100, 2006), o que leva a concluir que a sua gestão envolve a logística de suprimentos e a logística de distribuição física.

O transporte envolve diversos atores que se espalham no espaço geográfico da cadeia de suprimentos. Esses atores são:

- Fornecedores.
- Fabricantes.
- Transportadores.
- Distribuidores.
- Armazéns ou centros de distribuição.
- Varejistas.
- Clientes.

Cada um desses atores entra em cena desenvolvendo atividades que, direta ou indiretamente, requerem a presença do transporte, para levar uma matéria-prima do fornecedor até a fábrica, transportar um produto acabado da fábrica até um depósito, levar um produto acabado do depósito até o varejista que o solicitou, ou mesmo transportar o produto até a destinação indicada pelo cliente final.

Sob a ótica de um sistema logístico, o transporte pode ser considerado como um subsistema que interliga a logística e a cadeia de suprimentos, dado que a logística também é um subsistema da cadeia de suprimentos que, por sua vez, está relacionada à logística e ao transporte, como mostra a Figura 6.1.

A Figura 6.1 ilustra a interface entre os três elementos: transporte, logística e cadeia de suprimentos.

O transporte tem uma grande importância estratégica para a economia doméstica e internacional. Os efeitos da globalização e a expansão dos mercados mundiais, com a produção de bens e serviços em múltiplos países e a manufatura de produtos ditos mundiais (veículos, por exemplo, em que peças e componentes são originários de diversas localidades), só foi possível graças à eficiência introduzida pelos meios de transporte.

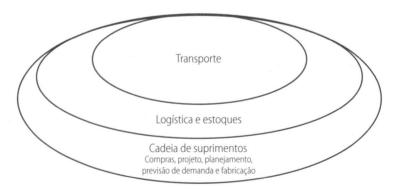

FIGURA 6.1 Subsistemas logísticos e interfaces.

CAPÍTULO 6 **Transporte**

A importância estratégica do transporte ocorre em duas vertentes:

- A primeira, denominada histórica, está relacionada à troca de mercadorias, à movimentação de pessoas e aos meios utilizados para a transferência de informações. O envio de correspondências entre diversas regiões era realizado, em grande parte, via transporte terrestre, com o uso de cavalos, como aconteceu com o lendário correio americano, e tem também, como exemplo, o correio-mor criado pelo rei de Portugal, D. Manuel I, em 6 de novembro de 1520 (Correios, 2012), que prestava o serviço por encomenda, porém não constituía uma atividade regular, em virtude principalmente da má conservação das estradas e das condições climáticas, uma vez que as cartas e as encomendas eram entregues a pé ou a cavalo.
- A segunda vertente está relacionada à função econômica. O transporte, além de permitir um aumento da competição doméstica e internacional, promoveu a economia de escala, especialmente em função de reduções de custos, o que promoveu maior oferta de transporte de baixo custo, e, portanto, produziu uma descentralização da produção e o fluxo de bens ao longo dos mais diversos mercados.

Como relata Dudley (1973, s/d), "a posição única que o transporte ocupa na atividade econômica advém da redução que fez das resistências de tempo e espaço para a produção de mercadorias e serviços mais econômicos".

No Brasil, o governo Vargas, em 1937, criou o Departamento Nacional de Estradas de Rodagem (DNER, hoje DNIT) com o objetivo de acelerar a ampliação da malha rodoviária brasileira.

O transporte no Brasil sofreu um grande impulso no governo de Juscelino Kubitscheck, quando o símbolo da modernidade e do avanço econômico e tecnológico era representado pelo automóvel. Nessa época, grandes montadoras se instalaram no Brasil. As empresas pioneiras foram: Volkswagen, Ford e General Motors.

A avalanche de obras realizadas pelo governo de Juscelino e os elevados empréstimos tomados para fazer face ao volume de obras em processo levou o país a um grau de endividamento externo elevadíssimo, que acabou por produzir uma inflação acelerada e um aumento do déficit público sem precedentes. O resultado dessa equação não resolvida levou o país a grandes dificuldades econômicas, cujos reflexos também foram sentidos na malha rodoviária brasileira, em especial em decorrência da inexistência de investimentos necessários para sua manutenção e expansão.

A crise no setor se alastrou a tal ponto que, em 1973, o Governo Federal lançou o denominado Plano Nacional de Viação (Lei n. 5.917, de 10/09/73), com o objetivo principal de conceber um sistema nacional de transportes unificado, visando:

Logística e cadeia de suprimentos: o essencial

- Coordenar racionalmente os sistemas federal, estaduais e municipais, bem como todas as modalidades de transporte, para estabelecer uma política tarifária orientada no sentido de que o preço de cada serviço de transporte reflita seu custo econômico em regime de eficiência.
- Assegurar aos usuários a liberdade de escolha da modalidade de transporte que mais adequadamente atenda às suas necessidades.
- Executar as obras referentes ao Sistema Nacional de Viação, especialmente as previstas no Plano Nacional de Viação, a serem realizadas em função da existência prévia de estudos econômicos, que se ajustem às peculiaridades locais que justifiquem sua prioridade e de projetos de engenharia final.
- Os sistemas metropolitanos e municipais dos transportes urbanos, organizados segundo planos diretores e projetos específicos, de forma a assegurar a coordenação entre seus componentes principais, a saber: o sistema viário, transportes públicos, portos e aeroportos, tráfego e elementos de conjugação visando à sua maior eficiência; assim como a compatibilização com os demais sistemas de viação e com os planos de desenvolvimento urbano, de forma a obter uma circulação eficiente de passageiros e cargas, garantindo aos transportes terrestre, marítimo e aéreo possibilidades de expansão, sem prejuízo da racionalidade na localização das atividades econômicas e das habitações.

Essa lei criou o Sistema Rodoviário Federal, assim como a Polícia Rodoviária Federal, com poderes para a fiscalização de todas as rodovias federais do país.

MODALIDADES DE TRANSPORTE

Estudos realizados por consultores especializados[1] dão conta de que o transporte é responsável por dois terços dos custos logísticos de uma cadeia de suprimentos. Tal impacto leva a uma reflexão no sentido de estudar métodos e processos que permitam aperfeiçoar o sistema e reduzir os custos dele decorrentes.

De forma mais generalista, os sistemas de transporte são compostos de um conjunto de atores que interagem dinamicamente na circulação de pessoas, bens e serviços. Esses atores são:

- Veículos nas suas mais diversas modalidades.
- Vias de acesso no contexto do espaço geográfico.

---

[1] Centros de Estudos Logísticos – Coordenação dos Programas de Pós-Graduação em Administração da UFRJ (CEL/Coppead).

CAPÍTULO 6 Transporte

- Terminais de carga e descarga.
- Controles destinados à gestão eficiente do transporte.

As diversas modalidades de transportes levam em conta algumas características essenciais que devem ser consideradas por ocasião da análise das alternativas de utilização de vias de transporte disponíveis:

- Disponibilidade do meio de transporte – traduzida pela capacidade que uma modalidade de transporte tem para operar em qualquer localidade na relação origem-destino.
- Velocidade – característica importante que define o tempo decorrido na movimentação do veículo no trajeto fixado ou na rota definida para ser operada.
- Confiabilidade – caracterizada pela consistência nas programações de entregas definidas ou divulgadas. Assim, quanto menor for a variação entre a data prometida e a data real de entrega (transporte entre o ponto de origem e o ponto de destino da carga), mais confiável é o transporte.
- Capacidade – relacionada à possibilidade de um modal de transporte ter flexibilidade suficiente para lidar com qualquer carga a ser transportada, levando em consideração alterações referentes a tamanho da carga, seu peso e tipo de carga a ser transportada (líquido, gases, granel etc.).

Entre as modalidades de transporte existentes, tem-se:

- Transporte rodoviário – normalmente realizado por caminhões e veículos assemelhados. É o mais comum de todos e o mais conhecido e utilizado, especialmente no Brasil.
- Transporte aquaviário – envolve a movimentação de cargas e pessoas em todos os meios aquáticos, como oceanos, rios, lagoas, lagos etc. Nessa classe, a de maior expressão é o transporte marítimo, que pode ser classificado em duas modalidades:
  - Transporte marítimo de cabotagem – realizado por intermédio da circulação das embarcações ao longo da região costeira.
  - Transporte marítimo de longo curso – envolve a circulação das embarcações entre longas distâncias, como o transporte de minério de ferro realizado pela Vale para o Japão ou a China.

Nesse modal, há também a classe de transporte denominada hidroviária, que tanto poderá ser fluvial – navegação por meio do curso dos rios, utilizando-se ou não de eclusas[2], quanto lacustre – realizado em grandes lagos ou lagoas.

- Transporte dutoviário - projetado para o transporte de cargas especiais, em particular o petróleo e seus derivados, como é o caso do sistema de oleodutos da Petrobras. Essa modalidade de transporte utiliza um sistema de dutos (tubos ou cilindros) projetados para esse fim, formando uma linha chamada de dutovia ou via composta por dutos, por onde os produtos são canalizados e movimentados de um ponto a outro.

Vale registrar que o transporte dutoviário surgiu entre os povos antigos, inicialmente para o suprimento do abastecimento de água, como os famosos aquedutos de Roma. Entretanto, com a descoberta do petróleo, esse modal passou a transportar esse produto, na forma bruta, entre os campos de extração e as estações processadoras e, em razão disso, passou a ser denominado oleoduto.

Há registro de que o primeiro oleoduto foi construído em 1865, ligando um campo de produção de óleo cru até a estação de carregamento, que era realizado por vagões. Este oleoduto tinha uma extensão de 8 km.

FIGURA 6.2   Oleodutos da Petrobras.
Fonte: Divulgação Transpetro.

---

[2] Eclusa: obra de engenharia com um sistema de comportas construída nos trechos dos rios em que há um desnível de água, permitindo a navegabilidade em todo o curso do rio.

CAPÍTULO 6 **Transporte**

Já em 1930, iniciou-se o transporte por oleodutos de produtos da Refinaria de Bayway, próximo a Nova York, até a cidade de Pittsburg, nos Estados Unidos; enquanto no Brasil o primeiro oleoduto foi construído em 1942 e era destinado ao transporte de refinados de petróleo desde a Refinaria de Aratu (Bahia) até o porto de Santa Luzia.

Os oleodutos de hoje transportam produtos como petróleo (óleo cru), óleo combustível, gasolina, diesel, álcool, GLP, querosene, nafta e outros. Por outro lado, há também os denominados gasodutos, cuja função é transportar em seu interior o gás natural. Como registro, vale lembrar o Gasoduto Brasil-Bolívia, com 3.150 km de extensão, que é um dos maiores do mundo.

A tecnologia de transporte dutoviário introduziu várias melhorias, o que permite hoje o transporte de vários produtos, como sal-gema, minério de ferro, concentrado fosfático e até vinhos e laranjas, denominados polidutos (Gasparini, 2006).

- Transporte ferroviário – utilizado em grande escala para o transporte entre grandes distâncias.
- Transporte aéreo – normalmente utilizado para o transporte de produto de alto valor agregado (por exemplo, produtos de alta tecnologia ou bioquímicos). É o modal que oferece a maior velocidade no transporte de cargas. Em contrapartida, seus custos são bem elevados.

Ao se comparar os diversos modais de transporte, levando-se em consideração as principais características, como velocidade, consistências, capacidade de movimentação, disponibilidade e frequências, é possível traçar um gráfico semelhante ao da Figura 6.3.

A Figura 6.4, por outro lado, mostra um estudo comparativo entre o modal rodoviário e o ferroviário em função das distâncias percorridas e cargas transportadas.

Infelizmente, como consequência da visão míope do governo federal em seu papel de provedor e mantenedor dos serviços de infraestrutura básica, houve um aumento dos custos logísticos de transporte no Brasil com a consequente perda de competitividade das grandes empresas.

A precariedade das estradas brasileiras é um fator impeditivo de melhorias em competitividade. Os dados são assustadores:

- 72 % das estradas brasileiras se encontram em situação ruim ou péssima.
- Apenas 12 % da malha viária brasileira é pavimentada.
- O Brasil gasta, em média, R$ 22 bilhões por ano com acidentes em suas rodovias.

Logística e cadeia de suprimentos: o essencial

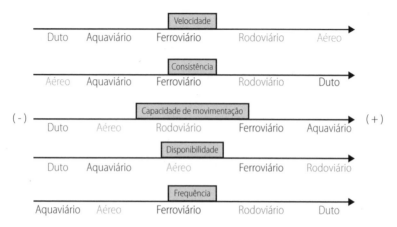

FIGURA 6.3 Comparação entre os diversos modais de transporte.
Fonte: Fleury et al. (2000).

	Abaixo de 0,5 T	0,5 a 4,5 T	4,5 a 13,5 T	13,5 a 27 T	27 a 40 T	Acima de 40 T
Abaixo de 180 km						
160-320 km						
320-480 km						
480-800 km						
800-1.600 km						
1.600-2.400 km						
Acima de 2.400 km						

Rodoviário   Competição   Ferroviário

FIGURA 6.4 Análise comparativa dos modais de transporte rodoviário e ferroviário.
Fonte: Fleury et al. (2000).

- Há grande incidência de roubos de cargas por total ineficiência das autoridades no controle e no rastreamento dos principais corredores de transporte do Brasil.
- Há elevada utilização do modal rodoviário, de maior custo, menos eficiente e de maior impacto ambiental, em detrimento do transporte ferroviário, de menor custo e mais adequado para longas distâncias.

Em face do caos que se instalou no setor de transportes no Brasil, a Confederação Nacional da Indústria (CNI) preparou um documento que recebeu o título de Reforma Institucional do Setor de Transportes. Mais do que em qualquer outro segmento da infraestrutura, que, não resta dúvida, é inadequada, ineficiente e acaba produzindo baixíssima competitividade dos nossos produtos no mercado internacional, existe uma nítida percepção de que o país enfrenta uma crise sem precedentes no setor federal de transporte. Além da elevada corrupção com obras superfaturadas e de baixa qualidade, os principais problemas identificados em 2006 foram:

- Elevada e crescente deterioração da rede viária terrestre.
- Dificuldades no acesso aos portos – tanto pela via terrestre, quanto pela marítima.
- Modelo de gestão do Estado ineficiente e não profissionalizado.
- Ausência de planejamento e de políticas de integração entre os modais.
- Marcos regulatórios defasados e inadequados à evolução recente do transporte mundial.

O lamentável de tudo isso é que em 2012 a situação ainda persiste, com o agravamento da crise no setor.

O resultado desse processo é a baixa eficiência dos serviços prestados pela malha de transporte brasileira. Os custos de transporte no país, em vários importantes trechos logísticos, são bastante superiores à média praticada no mercado mundial. Essa situação compromete o esforço de adequação do setor produtivo aos padrões de competição e qualidade internacionais.

Além da necessidade de um maior aporte de recursos para o setor, uma arquitetura institucional adequada e uma nova ordenação administrativa e regulatória são imprescindíveis para produzir melhoras significativas na eficiência da gestão pública.

Os desafios a serem superados dificilmente terão resposta dentro do modelo atual de intervenção do Estado. Não restam dúvidas de que o Estado se mostrou incapaz de gerir os negócios nessa área, que é crítica para o desenvolvimento do país.

TRANSPORTE FERROVIÁRIO

Em 1828, por intermédio da Carta de Lei, também conhecida como Lei José Clemente, Dom Pedro I, em seu governo imperial, autorizou a construção de estradas de rodagem e ferrovias no país. Isso ocorreu em especial porque o transporte terrestre era todo realizado em lombo de burros e também mediante a utilização de carroças puxadas por um par de burros.

As vantagens do transporte ferroviário são:

- Comporta e transporta grandes quantidades de carga.
- É econômico para grandes distâncias.
- Não há prejuízo no transporte em função das condições do tempo (com raras exceções), e não há problemas de congestionamento das vias etc.
- Há grande flexibilidade operacional por poder utilizar vagões ou contêineres para o transporte.

As ferrovias existentes no Brasil foram estatizadas a partir dos idos de 1950 em duas grandes operadoras: Fepasa e Rede Ferroviária Federal (RFFSA).

Em face das crises políticas e econômicas enfrentadas pelo país, as ferrovias brasileiras não tiveram a devida atenção. A escassez de investimentos provocou a deterioração dos serviços, baixa capacidade e confiabilidade no transporte de cargas e, por consequência, fizeram com que o transporte de carga tomasse outros rumos com a utilização de outros modais, mais especialmente o rodoviário.

A ineficiência da malha ferroviária no curso do período estatizante pode ser analisada, a partir de uma comparação com os padrões de outros países. Por exemplo, enquanto a produtividade da mão de obra nos Estados Unidos, medida em "toneladas quilômetro" (TKM) atingia a marca de 8 milhões por empregado, as ferrovias brasileiras apresentavam índices entre 0,5 milhão e 1 milhão de TKM.

A Figura 6.5 apresenta uma ferrovia no Mato Grosso do Sul (à direita) e o denominado vagão especial para transporte de contêineres desenvolvido pela AmstedMaxion (à esquerda).

Com a privatização ocorrida a partir de 1990, abriram-se novas oportunidades, visto que uma série de novos serviços passou a ser oferecida, em contrapartida à injeção de recursos destinada a melhorias das vias permanentes em termos de sua manutenção, sinalização e confiabilidade.

FIGURA 6.5 Transporte ferroviário.
Fontes: http://www.amsted-maxion.com.br/conteudo/noticias_empresa.php?id=143. Acesso em 13/08/2012; http://www.agrocim.com.br. Acesso em 13/08/2012.

CAPÍTULO 6 **Transporte**

Dentre o leque de serviços oferecidos, tem-se: transporte intermodal, trens expressos com hora certa de partida e calendário de frequência de partida. Além disso, a utilização potencializada, tanto do contêiner quanto dos *roadrails*, permitiu o oferecimento de serviços do tipo porta a porta.

A utilização do transporte ferroviário é caracterizada por sua especialização para longas distâncias, podendo transportar grandes quantidades de carga a uma velocidade constante com um bom desempenho. Esse transporte se torna bastante atrativo para o fluxo de cargas a granel, contêineres e mesmo cargas especializadas, como o transporte de veículos das montadoras para o mercado consumidor.

Na sua maioria, esse transporte está muito mais voltado para o transporte de grandes volumes e/ou peso, com baixo valor agregado: *commodities* e outros tipos de carga, como produtos químicos, papel, celulose etc.

Uma importante característica do modal ferroviário é a manutenção de suas linhas, que requer grandes volumes de recursos em trilhos, dormentes, estações e sistemas de sinalização.

Excetuando-se os casos nos quais existam tanto um ponto de carregamento (embarque) quanto no ponto de destino (desembarque), onde existir os chamados ramais ferroviários, há limitações no transporte ferroviário puro e, neste caso, haverá a necessidade de ser utilizado outro modal.

Como exemplo, uma carga é retirada de uma fábrica e, então, levada até a estação ferroviária. Após o seu transporte até a região de destino, essa carga é novamente despachada por meio do modal rodoviário até o seu destino final.

Esse procedimento é muito comum quando o transporte de produtos é feito em contêineres.

Embora o transporte ferroviário seja um dos modais de baixo custo de transporte, no Brasil, o verdadeiro abandono de uma política de implementação do transporte ferroviário levou à sua total deterioração, cujo resultado foi a concentração dos transportes na utilização da malha rodoviária.

Só recentemente, com o processo de desestatização, está sendo possível realizar melhorias e implementação de novos trechos ferroviários ao longo do país.

Há diversos tipos de vagão ferroviário:

- Vagão de carga fechada – vagão-padrão fechado com portas laterais corrediças para uso de cargas em geral.
- Vagão fechado equipado – vagão modificado para atender ao transporte de cargas específicas.
- Vagão graneleiro – vagão sem parte superior, com piso inclinado para uma de suas laterais, com porta articulada para o descarregamento. Existem modelos que permitem o uso de "vibrador de vagão" para o descarregamento.

- Vagão graneleiro coberto – com características semelhantes ao vagão graneleiro adicionado a uma cobertura especial para proteção de cargas contra intempéries (chuvas, sol etc).
- Vagão plataforma – vagões mais simples, sem teto e laterais, utilizados para transportar contêineres ou baús de caminhões.
- Vagão refrigerado – vagão fechado que possui um sistema de refrigeração para manter a temperatura dentro das recomendações exigidas para a carga a ser transportada.
- Vagão gôndola – vagão sem cobertura superior, com fundo liso e laterais fixas, destinado ao transporte de cargas pesadas a granel, como minério de ferro.
- Vagão tanque – vagão especialmente projetado para o transporte de líquidos ou gases.

A Figura 6.6 apresenta alguns modelos de vagões utilizados para o transporte de carga.

O transporte ferroviário não possui flexibilidade no trajeto, excetuando-se os casos em que existam ramais ferroviários disponíveis na origem e no destino das cargas. Esses ramais são conectados às ferroviárias e, por meio deles, é então possível realizar praticamente um sistema de entrega "porta a porta".

Além de ter como característica importante a sua grande capacidade de carga, como destaca o exemplo apresentado no *box* relativo à Estrada de Ferro Carajás, o modal ferroviario possui um baixo consumo energético por unidade transportada, menor custo de seguros e fretes, menor índice de roubos/furtos de cargas e de acidentes comparativamente ao modal rodoviário.

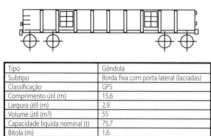

FIGURA 6.6 Modelos de vagões.
Fonte: MRS Logística S.A. (2012/2013).

CAPÍTULO 6 Transporte

> A Estrada de Ferro Carajás (EFC) começou a ser construída em 1982 com o objetivo de transportar ferro e manganês das minas de Carajás (Pará) até Ponta da Madeira, terminal portuário localizado em São Luiz, no Maranhão.
>
> Essa ferrovia começou a operar em 1985 transportando minério e a partir de 1986 também passou a transportar passageiros.
>
> Nessa ferrovia, trafega o maior trem do mundo, com 330 vagões, em uma extensão de 3,3 km. Para essa operação, até cinco locomotivas podem ser utilizadas. As locomotivas são distribuídas ao longo da composição de forma a otimizar o sistema, com redução no consumo de combustível e diminuição da distância de frenagem.
>
> Atualmente, a frota da EFC é composta de mais de 12 mil vagões de 200 locomotivas.
>
> Para o controle e a segurança das operações, a EFC é dotada de um Centro de Controle de Operações que tem por objetivo controlar a circulação dos trens e a eficiência do sistema de transporte.
>
> Fonte: Vale do Rio Doce (2009).

No Brasil, um ponto crítico desse modal está relacionado ao tamanho das bitolas utilizadas (distância interna entre os trilhos), sendo comum encontrar bitolas de 1,00 m e de 1,60 m.

De acordo com estudos realizados pela Coppead/UFRJ em colaboração com a Confederação Nacional do Transporte (CNT), os custos logísticos desse modal atingiram, em 2006, o montante de R$ 7,5 bilhões.

As estimativas para melhorias e novas implementações na área de infraestrutura brasileira atingem hoje cerca de R$ 530 bilhões, segundo estimativas recentes (Guedes, 2012).

> O ministro dos portos, Pedro Brito, defendeu hoje uma drástica redução dos custos com logística no país como forma de aumentar o volume de investimentos nesta área e incrementar as atividades portuárias brasileiras. Atualmente, segundo ele, o país perde em torno de 15 a 16% de seu PIB com custos logísticos. "Os Estados Unidos, que estão longe de ser um exemplo no setor de logística, como a Bélgica, Alemanha, ou mesmo os asiáticos, gastam em torno de 8%", comentou o ministro em palestra ao setor de navegação e portos na Associação Comercial do Rio de Janeiro.
>
> Fonte: O Estado de São Paulo (28/07/2010).

A malha ferroviária em operação no Brasil, de acordo com o relatório da CNT (2009), é de 29.596 km de extensão, dos quais aproximadamente 96% são operados por empresas privadas, por meio de doze concessões concedidas pela Agência Nacional de Transportes Ferroviarios (ANTF).

Além de ter como principal característica "interligar as áreas de produção agrícola e de exploração mineral do interior do país com os pontos de exportação de mercadorias (portos)" (CNT, 2009), por essas ferrovias foram movimentadas cargas no total de 431,8 bilhões de toneladas. Em termos de transporte de passageiros, foram transportados 1,63 milhão no percurso de longa distância e 144,3 milhões nas regiões metropolitanas.

De acordo com a ANTF, o material ferroviário é constituído de 90.119 vagões de carga e 2.497 locomotivas (dados de 2006).

Segundo a ANTF, os principais problemas da malha ferroviária estão relacionados a grande variação no tempo de viagem, baixa velocidade no trajeto – em especial na transposição das faixas metropolitanas –, principalmente em função do elevado número de passagens de nível e mesmo invasão da faixa de domínio da ferrovia.

Para a melhoria desse modal, a proposta elaborada pelo grupo de trabalho da CNT recomenda os seguintes pontos, em se tratando do transporte de carga (CNT, 2009):

- Eliminação de gargalos – diz respeito à solução de problemas de passagens de nível e remoção de invasões na faixa de domínio.
- Recuperação de ferrovias – abrange tanto a reativação de ramais inoperantes como a melhoria de trechos antigos. Contempla serviços de substituição de material da via permanente (lastros, dormentes e trilhos), recuperação de dispositivos de drenagem danificados, melhoria no traçado da geometria (pequenos trechos) e implantação de bitola mista.
- Duplicação de ferrovia – aumento de capacidade ou de separação de vias para tráfego de carga e de passageiros. Trata dos serviços de implantação de uma segunda via permanente, considerando terraplanagem, drenagem, lastros, dormentes, trilhos e obras de arte (pontes e viadutos).

MODAL HIDROVIÁRIO

O modal hidroviário tem a possibilidade de transportar grande quantidade de carga e percorrer longas distâncias, além de possuir uma grande flexibilidade em termos de tipo de carga a ser transportada. Além disso, esse modal pode transportar todo tipo de carga: granel, veículos, produtos perigosos e, especialmente, contêineres.

O tráfego e a navegação, especialmente no modal marítimo, passaram a utilizar um sistema avançado de navegação com o uso de GPS. Este sistema é, normalmente, oferecido pelo governo de cada país.

Os terminais de carga e descarga são dotados de equipamentos necessários para as operações portuárias. Em muitos portos, esse sistema é automatizado, em especial por causa da grande movimentação de cargas, como nos portos de Xangai, Hong Kong, Roterdã, Tubarão, Santos e Paranaguá.

Existem vários tipos de navios, especialmente para o transporte marítimo. Entre os diversos modelos, podem ser citados:

- Navios de carga geral – são os navios que fazem o transporte de uma grande variedade de cargas, como veículos, bobinas de papel, barras, sacarias etc. A carga é normalmente içada para bordo, ou vice-versa, com auxílio de guindastes ou dos denominados "paus de carga" do próprio navio. Em outros casos, esse içamento e descarregamento é realizado com a utilização dos equipamentos disponíveis no próprio porto.
- Navios porta-contêineres – são semelhantes aos navios de carga geral, com a diferença de possuírem, normalmente, um ou dois mastros. A área de carregamento abrange praticamente todo o convés. Essas áreas são providas de guias especiais para o encaixe dos contêineres no porão de carga. Alguns desses navios possuem guindastes especiais para o içamento dos contêineres, que são carregados e descarregados nos denominados portêineres. Na Figura 6.7, encontra-se um exemplo de navio especialmente projetado para o transporte de contêineres.

FIGURA 6.7   Transporte marítimo.

- Navios tanque – especialmente destinados ao transporte de óleo cru e seus derivados e produtos refinados. São os chamados superpetroleiros, com mais de 300 T.
- Navios *roll on - roll off* ou de operação por rolamento – são os navios que possuem uma rampa na parte ré, que permite o embarque e o desembarque das cargas sobre rodas: automóveis, caminhões, *trailer*, ônibus etc.
  Existem várias modalidades desse tipo de navio: porta-carros, porta-carretas e *multipurpose*.
- Navios graneleiros – são navios destinados ao transporte de carga a granel, como milho, trigo, soja, minério de ferro etc. Possuem um grande convés e são normalmente carregados diretamente em seus porões com o uso de equipamentos especiais, correias transportadoras etc.

Portos

A maioria dos portos brasileiros foi erigida em uma parceria público-privada mediante um regime de concessão por tempo determinado.

Com a globalização da economia e o acesso amplo aos mercados de todo o mundo, por volta de 1990 o Brasil abriu significativamente a sua presença no mercado internacional, acelerando o fluxo de mercadorias e modificando substancialmente várias práticas comerciais vigentes, além de intensificar o uso de contêineres para o transporte de carga em geral.

A flexibilização introduzida com o uso de contêineres promoveu uma brusca aceleração do mercado internacional pela espantosa quantidade de produtos que este veículo auxiliar unitizado de cargas proporcionou.

De fato, o contêiner revolucionou o transporte em todos os seus matizes, afinal, a flexibilidade proporcionada por ele permite que diversos tipos de carga (eletrônicos, produtos farmacêuticos, produtos comestíveis e tantos outros), transitem de maneira segura e ágil por todo o espaço dos mercados internacionais. Além do mais, ele também permite a utilização em diversos modais, saindo, por exemplo, de um navio, sendo transportado por uma carreta até uma estação ferroviária e, de lá, seguindo até o seu destino final, via modal ferroviário ou até a estação ferroviária mais próxima do destino, onde ele é transferido novamente para uma carreta que o levará até o seu destino final.

Essa elevada flexibilidade da utilização do contêiner habilitou-o a tornar-se o grande responsável pela evolução do comércio internacional e da permanente troca de mercadorias entre os mais diversos recantos do globo.

Se, de um lado, o contêiner revolucionou o comércio internacional, de outro, a infraestrutura portuária brasileira ficou praticamente relegada a um segundo plano, em termos de prioridade do governo federal.

CAPÍTULO 6   Transporte

O Brasil ficou praticamente estagnado no que se refere ao comércio internacional em termos de infraestrutura portuária e terminais de cargas, o que causou graves entraves nas exportações e importações, com significativos impactos na balança comercial brasileira.

Para se ter uma ideia, os contêineres são movimentados, em muitos casos, com equipamentos inadequados, o que coloca em risco as cargas e as pessoas responsáveis pelo seu manuseio, além de impactar os custos dos fretes internacionais e seguros.

No modal aquaviário, o transporte marítimo tem maior expressão. Pode ser de cabotagem, circundando a região costeira, ou de longo curso, como o transporte de minério de ferro do Brasil para Japão ou China.

Há, ainda, o transporte hidroviário, que tanto pode ser fluvial, que se refere à navegação no curso dos rios, utilizando-se ou não de eclusas; quanto lacustre, realizado em grandes lagos ou lagoas.

TRANSPORTE AÉREO

O transporte aéreo é destinado a mercadorias de alto valor agregado, como equipamentos de alta tecnologia, medicamentos etc.

O seu crescimento vem acelerando, atingindo uma taxa anual que oscila em 6 e 7%.

É um modal que oferece um serviço rápido e seguro, possuindo algumas restrições quanto ao tipo de produto a ser transportado, tanto no que diz respeito ao custo – o que de certa maneira inviabiliza o transporte de produtos de baixo valor agregado –, quanto no que concerne às características da carga, como explosivos e/ou produtos perigosos e a granel.

Normalmente, esse modal é utilizado para o transporte de produtos eletrônicos, roupas e produtos perecíveis, como flores. Todos eles têm alto valor agregado, o que justifica o seu transporte em um modal de alto custo.

De acordo com a International Air Transport Association (Iata), o custo do transporte aéreo é baseado no peso ou no volume da carga a ser transportada. Dentro desse princípio, utiliza a seguinte relação como base de cálculo do custo do transporte:

$$\text{Relação (peso/volume)} = 1 \text{ kg} = 6.000 \text{ cm}^3$$

Segundo esse critério de cálculo, o frete será cobrado em função do peso ou do volume da carga. Se, por exemplo, uma carga tem um peso de 1 kg, porém ocupa um volume superior a 6.000 cm^3, então o transporte aéreo desse produto será cobrado em função do volume.

FIGURA 6.8   Eclusa na Escócia.
Fonte: Foto de Dave Wilson Photography. Disponível em: http://www.eyeflare.com/article/falkirk-wheel-scotland/. Acesso em 14/08/2012.

As tarifas baseadas em rotas, tráfego etc. são fixadas pela Iata, que congrega grande número de transportadoras aéreas do mundo. Estas tarifas são classificadas de acordo com o seguinte critério:

- Tarifa geral de carga (*general cargo rates*) – aplicada de forma escalonada, de acordo com as faixas de peso: 45 a 100 kg; 100 a 300 kg; 300 a 500 kg e acima de 500 kg. É importante lembrar que no cálculo da tarifa deve-se observar a norma básica de peso *versus* volume (1kg = 6.000 cm^3).
- Tarifa mínima – destinada a pequenos volumes que não atingem o valor mínimo de frete, com base no cálculo da relação peso x volume. Essa tarifa é variável em função da região de destino.
- Tarifa normal – aplicada ao trânsito de até 45 kg.
- Tarifa de quantidade – para o caso de cargas superiores a 45 kg.
- Tarifas classificadas (*class rates*) – percentual adicionado ou deduzido da tarifa geral. São tarifas aplicadas a certos tipos de mercadorias em função da região de destino. Acarreta a aplicação de um percentual que aumenta ou diminui a tarifação da carga.
    – *Ad valorem* – no caso de cargas valiosas, animais vivos etc.
    – Redução – no caso de produtos culturais, material médico etc.

CAPÍTULO 6 **Transporte**

- Tarifas para expedição de unidade de carga – são tarifas aplicadas a cargas unitárias acondicionadas em ULD[3]. Além da questão relacionada com as tarifas, há as questões relacionadas com o pagamento dos fretes, de forma que os fretes poderão ser pagos no destino (frete a pagar/*freight collect*) ou na sua origem (frete pré-pago/*freight prepaid*).

Esse modal tem sido muito utilizado com a finalidade de atender ao transporte de encomendas de pequeno porte e de alto valor, bem como documentos que necessitam estar em seus destinos o mais rapidamente possível.

Estudos realizados pelo Instituto Brasileiro de Geografia e Estatística (IBGE) e pelo Instituto de Pesquisa Econômica Aplicada (Ipea) constataram que os custos fixos do modal aéreo podem atingir percentual de até 17% do faturamento.

Segundo o relatório da CNT, os custos logísticos desse modal representaram em 2006 um total de R\$ 2 bilhões.

Embora o modal aéreo seja imbatível em velocidade entre a origem e o destino da carga, é necessário também considerar, em uma análise complementar, o cômputo dos tempos nos processos logísticos terrestres, ou seja, os tempos destinados a coleta, manuseio e entrega do produto.

Embora a capacidade desse modal seja limitada em função do empuxo para decolagem das aeronaves, esse fator já não está se tornando restritivo, haja vista o projeto do A380 da Airbus no transporte de passageiros, que chega a ter uma envergadura de 79,80 m[4], altura de 24,08 m e peso máximo de decolagem de 560 T, podendo levar 555 a 845 passageiros com uma autonomia de voo de 14.800 km; e o seu mais próximo concorrente, que é o Boeing 787-8 Dreamliner[5], com envergadura máxima de 63 m, altura de 17 m e peso máximo na decolagem de 244,1 T com capacidade de 210 a 330 passageiros.

O avanço da tecnologia aeronáutica levou à construção de aviões com fuselagem larga, que permitiram agilizar o percurso de carga e descarga, aumentando o volume interno, reduzindo o tempo de paradas para manutenção e flexibilizando a mudança de configuração, transformando um avião ora para o transporte de passageiros, ora para o transporte de carga, e vice-versa.

Além disso, a otimização dos espaços internos dos aviões e a remodelagem no projeto de acesso de portas e rampas permitiram a utilização dos contêineres, alguns especialmente projetados para compor todo o volume interno das aeronaves.

---

[3] ULD (*unit load device*): palete ou contêiner utilizado no acondicionamento da carga.
[4] Disponível em: http://pt.wikipedia.org/wiki/Airbus_A380.
[5] Disponível em: http://pt.wikipedia.org/wiki/Boeing_787.

147

No transporte de cargas ditas pesadas, o maior avião do mundo, o Antonov 225[6], tem capacidade de transportar até 255 T de carga, com uma altura de 18,1 m, uma envergadura de 88,4 m e alcance de 15.400 km. Em sua zona de carga, caberiam 1.500 pessoas.

Na Figura 6.9, é apresentada uma concepção artística do denominado "barco voador", criado pela Boeing, que apresenta um modelo de avião turbo-hélice com capacidade de transportar 1.270 T.

Vale acrescentar que o governo americano estuda a utilização de aeronaves com capacidade de carga de 1.270 T[7], com o desenvolvimento da denominada tecnologia asa-na-terra, de especial interesse para os militares e seus problemas logísticos relacionados ao transporte de cargas pesadas por terra e ar com rapidez. Essa tecnologia pode transportar grandes quantidades de cargas com um consumo bem menor de combustível. Não é sem razão que vários autores têm destacado que o transporte aéreo é a grande arma estratégica da logística do futuro.

Terminais aéreos

No Brasil, 32 terminais de logística de carga (Teca) são administrados pela Empresa Brasileira de Infraestrutura Aeroportuária (Infraero). Por esses terminais, escoaram cerca de 1.114,8 mil T de carga em 2009 (Infraero).

Esses terminais foram construídos e aprimorados com a finalidade de atender à demanda, dentro do mais moderno conceito da logística, com a possibilidade de armazenamento de produtos perecíveis e produtos de alta periculosidade (químicos).

FIGURA 6.9   Concepção artística da Boeing do "barco voador" Pelican.
Fonte: Arte Divulgação Boeing Transporte de 1.270 toneladas. Disponível em: http://www.defesabr.com/Tecno/Asa/tecno_barcos_voadores.htm#Log. Acesso em: 14/08/2012.

---

[6]   Disponível em: http://pt.wikipedia.org/wiki/Antonov_An-225.
[7]   Disponível em: http://www.defesabr.com/Tecno/Asa/tecno_barcos_voadores.htm#Log.

CAPÍTULO 6 Transporte

De acordo com informações da Infraero, a distribuição das cargas transportadas em seus diversos terminais é efetuada conforme os dados apresentados na Figura 6.10.

A título de exemplo, para atender especialmente ao Polo Industrial da Zona Franca de Manaus, a Infraero construiu um terminal de carga no Aeroporto Internacional Eduardo Gomes, destinado a escoar diversos produtos (Infraero, 2010):

- Principais produtos importados: componentes para celular: componentes eletroeletrônicos, carga valor (ouro e prata), placas e circuitos impressos, componentes para televisão, componentes CPV, componentes para câmeras de vídeo e fotográfica/DVD, componentes de informática, sintonizadores de satélite.
- Principais produtos exportados: celulares, disjuntores, lâminas de barbear, sintonizadores de satélite, alarmes para veículos, peixes ornamentais, componentes de câmeras de vídeo e fotográfica/DVD, placas de computador, concentrados refrigerantes, lentes de contato brutas e acabadas.

Como pode ser verificado, esses produtos são de alta tecnologia e, portanto, de alto valor agregado, o que de certa forma justifica a utilização do modal aéreo como o mais vantajoso.

É importante registrar que o aeroporto de Viracopos, em Campinas (SP), é hoje o centro de referência com relação ao transporte aéreo de cargas. Se for considerado o volume de importação e exportação movimentado no país, o aeroporto de Viracopos chega a transportar 30% do volume nacional de carga.

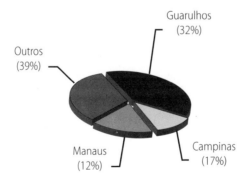

FIGURA 6.10 Cargas transportadas nos terminais da Infraero.
Fonte: Rede Infraero — PEGS 2009.

149

Outro aeroporto importante é o de Cumbica, em Guarulhos (SP), que movimenta cerca de 35% da carga de importação e exportação. A diferença entre os aeroportos de Cumbica e Viracopos está em sua infraestrutura. Ao passo que o aeroporto de Guarulhos tem sua estrutura aeroviária dividida entre transporte e manuseio de carga e a movimentação de passageiros, o aeroporto de Campinas tem sua estrutura, em sua maioria, voltada para o transporte de carga.

No aeroporto de Viracopos, foram construídos dois armazéns de carga destinados a exportação com 10 mil e 36 mil m², respectivamente, com uma área de estacionamento de aeronaves suficiente para comportar onze aviões tipo Boeing modelo 747, além de possuir um terminal exclusivamente dedicado à movimentação de cargas vivas.

O transporte aéreo de cargas, com uma capacidade semanal estimada em 4.396,4 T, está disponível em 3.400 aeroportos localizados em 220 países.

Por um lado, de acordo com a McKinsey, 20% dos produtos manufaturados são negociados no comércio internacional. As projeções estimam que esse percentual pode chegar a 80% até 2020, enquanto as análises realizadas sobre o impacto da indústria de transporte aéreo na economia dão conta de que 29,9% de todo o comércio internacional é realizado por via aérea.

Por outro lado, a indústria de transporte aéreo continua em franco crescimento, com uma taxa média esperada de 5,9% ao ano, para os próximos 20 anos. Estimativas efetuadas pela Airbus e pela Boeing calculam que esse percentual poderá chegar a patamares de 6,2% ao ano.

A Figura 6.12 apresenta um esquema dimensional dos diversos tipos de avião em função da sua envergadura, ou seja, do comprimento de suas respectivas asas.

Fica claro que a expansão da indústria de transporte aéreo, tanto de passageiros quanto de carga, será possível com as melhorias contínuas da oferta de serviços e a prática de distribuição de forma a que ela se expanda em sua dispersão geográfica, acelerando, como consequência, o comércio entre países e promovendo a expansão da economia mundial.

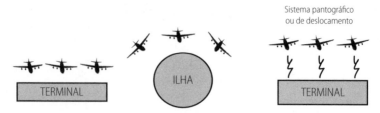

FIGURA 6.11   Terminais aéreos.

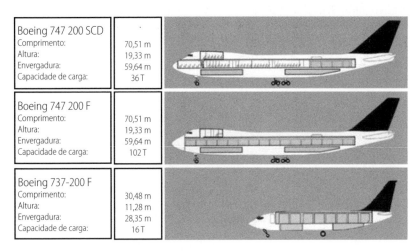

FIGURA 6.12 Dimensões de envergadura e comprimento dos aviões.
Fonte: http://www.nationalfreight.com.br/consultas_aeronaves.asp. Acesso em: 17/08/2012.

É necessário, no entanto, estar atento para o fato de que esse crescimento está atrelado ao custo desse modal de transporte, em que uma questão crucial é o custo do combustível. Por exemplo, em 2005 ocorreu uma desaceleração significativa no crescimento do transporte aéreo de carga motivada pelo aumento dos combustíveis que se refletiram nos aumentos dos custos de transporte.

Considerando as estimativas de que 40% do valor dos bens comercializados internacionalmente estão sendo realizados por via aérea, essa indústria representa um bom indicador da expansão econômica mundial.

Segundo estudos realizados pela Comissão Europeia, o custo para o transporte aéreo na Europa é de € 5,9 bilhões. A indústria global de cargas aéreas representa cerca de 100 bilhões T/km de receitas substancialmente atreladas à logística.

É importante enfatizar que nenhum outro meio de transporte de carga é tão bem equipado para atender às exigências das economias globais, em termos de percurso de cargas e distância, de forma rápida, confiável e eficiente.

Aproximadamente 75% de todo o comércio internacional de cargas aéreas é realizado via transporte na "barriga" dos aviões de passageiros. Essa indústria é caracterizada por uma extensa rede de operadores que envolve as companhias aéreas, transitários, operadores da logística nos aeroportos e assistência em terra.

A Figura 6.13 apresenta, de forma esquemática, o esboço de um sistema de aeroporto com a localização da área de logística e futuras ampliações. É importante observar a presença do modal ferroviário como uma alternativa para a integração dos modais do transporte.

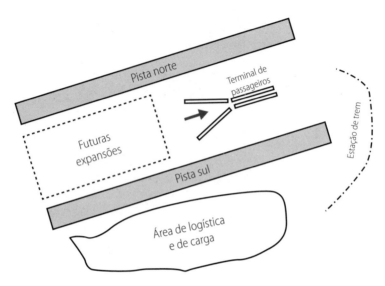

FIGURA 6.13 Esquema de um aeroporto.

De forma geral, em cada espaço geográfico de atuação de uma empresa em rotas definidas e especializadas, a indústria de transporte aéreo depende de vários outros atores para as suas operações, crescimento, sobrevivência e obtenção de lucros.

Embora detenha uma grande flexibilidade operacional e reduzidos tempos de transporte, seus custos são seis vezes maiores do que o do transporte marítimo. Em sua grande maioria, esses custos são compensados em termos de redução de estoques e redução dos espaços para armazenagem que refletem nos cálculos dos custos totais desse modal.

Há, porém, um entrave nesse processo, pois, apesar do modal aéreo ser o mais veloz, no sistema de entrega "porta a porta" da carga, o tempo de trânsito é de aproximadamente um quarto do que o mesmo processo realizado pelo modal marítimo.

Estudos realizados em 1999 pela Air Cargo Management Group mostram que o tempo de permanência de uma carga aérea pode se equiparar ao tempo do transporte marítimo de contêineres.

Situações como armazenar a carga por vários dias para conferir o pedido; excessiva burocracia governamental para a liberação da carga, espera para a utilização da consolidação de cargas para obter vantagens nos custos de transporte são os grandes vilões que podem minar as vantagens competitivas do transporte aéreo.

CAPÍTULO 6 Transporte

A Fedex e a DHL, que operam no Brasil e estão concentradas no segmento de entrega de correspondência de pessoas físicas, já realizaram mais de 800 mil embarques anuais cada uma.

Os Correios, por sua vez, vêm operando com um serviço de entrega rápida conhecido como Sedex e também tem atuação internacional, tendo realizado cerca de 125 mil entregas anuais no exterior.

Fonte: Cargas Aéreas no Brasil (2010).

INTERMODALIDADE E MULTIMODALIDADE

Situações diversas acabam por levar o transporte de um produto a ser realizado por mais de um meio. Isso ocorre especialmente nas situações em que não é possível o deslocamento da carga do ponto de origem até o ponto de destino utilizando-se um único meio de transporte, o que configuraria o *status* de uma entrega "porta a porta", ou em situações em que os custos totais envolvendo a utilização de mais de um meio de transporte se tornam vantajosos em relação à utilização de um único modal.

A flexibilidade operacional do transporte de carga está intimamente relacionada ao tipo de carga a ser transportada e à forma de acondicionamento dessa carga.

Nesse contexto, a grande revolução logística aconteceu a partir do momento em que o contêiner entrou em cena e arrebatou todos os meios de transporte, permitindo que uma carga envasada em seu interior (ovação de contêiner) fosse movimentada, passando por vários modais simplesmente com a transferência desse aparato logístico de um modal para outro.

Assim, para falar de transbordo, unimodalidade, intermodalidade e multimodalidade, primeiramente é necessário conhecer o contêiner.

De uma forma generalista, o contêiner é considerado um equipamento de transporte e não um mero acondicionador de cargas. Ele revolucionou a logística proporcionando uma alta flexibilidade operacional no transporte, acelerando os processos de carga e descarga e promovendo a multi e a intermodalidade (transporte de mais de um modal ao longo do curso origem-destino).

Os contêineres seguem um padrão internacional de normas gerido pela ISO e foram especialmente projetados para resistir a um longo tempo de uso na movimentação e no transporte de mercadorias.

Sua vida útil é estimada em 8 a 12 anos. Além disso, o seu projeto cuidadoso permite um ganho considerável em tempo para o seu enchimento (ovação) e o seu esvaziamento. Ele foi projetado para permitir sua transferência para diversos modais de transporte e proteger a carga nele contida.

153

Em geral, os contêineres são destinados ao transporte de cargas secas e, neste caso, são denominados *dry van conteiners*, como mostram as Figuras 6.14 e 6.15.

FIGURA 6.14   SKDU 2263897 — URSS.
Fonte: http://www.matts-place.com/intermodal/part1/20footdryvans.htm. Acesso em 12/03/2010.

FIGURA 6.15   CLHU 2309515 — Capital Lease Hamburg.
Fonte: http://www.matts-place.com/intermodal/part1/20footdryvans.htm. Acesso em 12/03/2010.

CAPÍTULO 6 Transporte

Existem, porém, vários tipos especialmente projetados para atender ao transporte de produtos específicos, como:

- Contêineres tanque – destinados ao transporte de líquidos.
- Contêineres para automóveis.
- Contêineres para carga a granel seca.
- Contêineres desmontáveis.
- Contêineres tipo plataforma – destinados ao transporte de cargas pesadas ou de grandes volumes etc.

De acordo com as normas ISO para o tráfego internacional, os principais contêineres utilizados da série 1[8] são os indicados na Tabela 6.1.

TABELA 6.1   Principais tipos de contêineres da série 1

Tipo	Comprimento		Largura		Altura	
	Pés	Metros	Pés	Metros	Pés	Metros
Série A1	40	12,19	8	2,44	8	2,44
Série 1 AA	40	12,19	8	2,44	8,5	2,59
Série 1 C	20	6,05	8	2,44	8	2,44
Série 1 CC	20	6,05	8	2,44	8,5	2,59

Além desses tipos mais comuns, existem vários outros, entre eles os contêineres especiais para o transporte aéreo.

Um elemento que impulsionou consideravelmente a logística portuária foi a implementação generalizada do uso do contêiner que, por sua vez, promove mudança na capacidade de carga dos navios para transportá-los, como mostra a Tabela 6.2.

TABELA 6.2   Evolução da capacidade dos navios em TEU (*twenty feet equivalent unit*)

Ano	Capacidade média	Navio de maior capacidade operando no mundo
1980	975	3.057
1990	1.335	4.409
2000	1.741	7.200
2080	2.300	11.500

Fonte: Drewry Shipping Consult Ltd.

---

[8] Trata-se de uma norma brasileira que classifica os contêineres em função das dimensões e da capacidade: NBRISO668 de 02/2000 – contêineres série 1.

Logística e cadeia de suprimentos: o essencial

A Figura 6.16 apresenta um esboço das dimensões básicas de algumas embarcações.

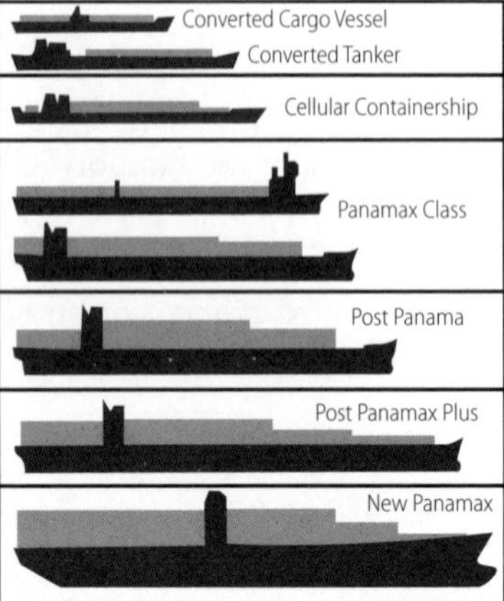

		Comprimento	Altura	TEU
Primeiro (1956-1970)	Converted Cargo Vessel	135 m	<9 m	500
	Converted Tanker	200 m	<30 pés	800
Segundo (1970-1980)	Cellular Containership	215 m	10 m 33 pés	1.000 - 2.500
Terceiro (1980-1988)	Panamax Class	250 m	11-12 m 36-40 pés	3.000
		290 m		4.000
Quarto (1988-2000)	Post Panama	275-305 m	11-13 m 36-43 pés	4.000 - 5.000
Quinto (2000-2005)	Post Panamax Plus	335 m	13-14 m 43-46 pés	5.000 - 8.000
Sexto (2006-)	New Panamax	397 m	15,5 m 50 pés	11.000 - 14.500

FIGURA 6.16   Dimensões básicas de uma embarcação.
Fonte: http://en.wikipedia.org/wiki/Waterline_length. Acesso em 18/10/2011.

Com o aumento do número de contêineres que os navios passaram a receber e as dimensões dos novos navios, a atracação de navios de grande calado[9] nos diversos portos aumentou, exigindo, por consequência, melhorias portuárias em termos de profundidade do cais e automação nos processos de carregamento e descarregamento das cargas.

Isso eleva consideravelmente a taxa de despacho dos navios, reduzindo o seu tempo de permanência na fila de espera e no cais para carregamento/descarregamento com altos ganhos em termos de produtividade e custos.

---

[9]   Calado é a designação dada à profundidade a que se encontra o ponto mais baixo da quilha de uma embarcação.

CAPÍTULO 6 **Transporte**

> O Euromax Terminal, localizado em Rotterdam, também conhecido como Ghost Terminal, opera por processo automatizado. Portêineres e transtêineres são acionados por operadores em uma sala de computadores, onde é possível levar contêineres de caminhões a navios com o simples clique de um mouse.
>
> Esse terminal, criado por um consórcio anglo-holandês de navegação, o P&O Nedlloyd, foi construído em Maasvlakte (extensão de Rotterdam). O Euromax Terminal é dotado dos melhores equipamentos automáticos, poderá movimentar 2,5 milhões de contêineres/ano (o dobro de Santos) e, inclusive, está sendo preparado para operar, rapidamente, nos dois costados dos futuros porta-contêineres para 12 e até 15 mil TEU.
>
> Fonte: Tavares (2005).

Quando trata-se especificamente da armazenagem e do acondicionamento dos produtos, é necessário desenvolver o tema um pouco mais extensivamente.

Embora, para muitos autores, entre eles Keedi, as operações de transporte que envolvem a unimodalidade, a intermodalidade, a multimodalidade e o transbordo sejam consideradas como operações especiais, nada especial existe nessas operações a não ser a utilização da flexibilidade operacional ou de custos proporcionada pelo elenco de possibilidades de transportes existentes e disponíveis em certas regiões ou em função da própria característica do comércio: local, nacional, internacional etc.

Assim, as operações citadas são definidas como:

- **Unimodal** – operação de transporte realizada desde a origem até o destino com o uso de um único modal de transporte.
- **Intermodal** – operação de transporte realizada entre a origem e o destino com a utilização de mais de um modal, em função da impossibilidade de se realizar o transporte com um único modal ou mesmo por razões econômicas, quando o custo do uso da intermodalidade torna-se mais vantajoso do que a unimodalidade. Ocorre, por exemplo, quando se utiliza o modal rodoviário até a estação ferroviária mais próxima, o transporte via modal ferroviário até a estação mais próxima do destino e, finalmente, o transporte da estação ferroviária até o ponto de destino da carga.
- **Multimodalidade** – esse processo, semelhante ao intermodal, tem como característica a utilização de um único documento para o transporte da carga, desde a origem até o seu destino final. Em muitas situações, essa operação é realizada pelos denominados operadores logísticos, que têm a atribuição de toda a responsabilidade pelo transporte da carga dentro das condições contratuais estabelecidas.
- **Transbordo** – embora utilize um mesmo modal de transporte em toda a operação, ele se caracteriza pela troca do veículo de transporte, por exemplo,

157

Logística e cadeia de suprimentos: o essencial

uso de caminhão de grande porte para o transporte da carga até uma determinada região e depois a carga passa a ser transferida para veículos de menor porte, com maior flexibilidade em regiões metropolitanas.

PORTOS E OPERAÇÕES PORTUÁRIAS

Assim como os aeroportos e terminais rodoviários, os portos são indispensáveis à realização de operações logísticas, especialmente na comercialização de produtos em todos os mercados do mundo.

É importante ressaltar que os portos são elementos indispensáveis para que se possa fazer a ligação entre os centros produtores e os centros consumidores. Eles efetivamente representam a classe de ativos voltada para o desenvolvimento econômico e, por essa razão, necessitam operar da forma mais eficiente possível.

Em se tratando do Brasil, várias barreiras têm impedido uma melhoria significativa no escoamento de produtos por via marítima, em especial em virtude da baixa qualidade da infraestrutura portuária brasileira.

De acordo com um relatório elaborado pela Fiesp/Ciesp (2009), são citadas algumas dessas barreiras:

- Falta de terminais dedicados.
- Procedimentos aduaneiros não adequados.
- Dificuldade de acesso.
- Inexistência ou falta de recuperação, manutenção e aprofundamento dos portos para permitir a atracação de navios de maior calado.
- Custos elevados.
- Elevada interveniência do governo na movimentação das cargas nos portos.

Infraestrutura portuária

Para que o transporte marítimo efetivamente cumpra o seu papel de destaque no cenário global como agente fomentador da economia globalizada, é necessário que a infraestrutura seja adequada para atender aos requisitos indispensáveis ao fluxo de mercadorias entre países.

Os elementos indispensáveis para as operações portuárias estão relacionados a portos com capacidades adequadas para receber navios de grandes calados, à existência de cais de atracação em volume suficiente para evitar excesso de tempo de espera para a descarga e a carga dos navios, equipamentos portuários como guindastes e empilhadeiras que permitam melhor automatizar os processos de embarque e desembarque de cargas, armazéns e, também, um bom controle do

CAPÍTULO 6 Transporte

tráfico portuário mediante um adequado gerenciamento do tráfego e das operações portuárias.

O Brasil, país rico em recursos, com 7.367 km de costa e 43.000 km de rios navegáveis, é essencialmente pobre em infraestrutura portuária e tem elevada burocracia no trato da movimentação nos portos (um verdadeiro empecilho para os exportadores e importadores).

A utilização de terminais portuários da iniciativa privada passou a ter impulso no Brasil em 1997, com a consequente modernização das atividades portuárias destinadas a dar apoio à navegação comercial. Nesse contexto, a Confederação Nacional do Transporte elaborou um documento denominado Plano CNT de Logística, cujas finalidades são:

- Esboçar a infraestrutura de transporte ideal para o país sob a ótica dos operadores de transporte.
- Apontar os principais projetos necessários para a melhoria da malha de transporte do país.
- Prover a melhoria na integração física, econômica e social operada pela qualificação dos recursos humanos utilizados na operação da infraestrutura de transporte.
- Aproveitar, de forma otimizada e racional, o potencial intermodal do país.
- Minimizar os impactos ambientais provocados pelo transporte de carga no Brasil.

EXERCÍCIOS

Questões

1. O que são os denominados modais de transporte?
2. Quais são as características essenciais para a análise das alternativas de transporte?
3. Qual é a vantagem do modal ferroviário em relação ao modal rodoviário?
4. Em que situações, apesar dos altos custos envolvidos, o modal aéreo mostra-se vantajoso?
5. Explique a intermodalidade e a multimodalidade.
6. Qual é a importância do contêiner na logística?

Exercícios quantitativos

1. A Fluxo é um fabricante de válvulas especiais. Essas válvulas pesam, em média, 120 kg e são acondicionadas em paletes que contêm dez unidades. Cada palete tem um custo de R$ 12,00 a unidade, valor integralmente pago pela Fluxo.

A transportadora Rodabem ofereceu à Fluxo uma proposta para o transporte das válvulas a um preço de R$ 0,04/Kg transportado, desde que a Fluxo faça embarques de quinze paletes por vez.
Atualmente, ela vem despachando suas válvulas por meio de embarques de dez paletes por despacho a um custo de R$ 0,05/Kg transportado.
Segundo as estimativas do setor de vendas, a Fluxo tem uma demanda de novecentas válvulas por ano. Cada válvula custa R$ 400,00.
O custo de processamento de um pedido está estimado em R$ 380,00/pedido e o custo de movimentação no centro de distribuição (retirada de um palete da área de estocagem e sua colocação no cento de despacho) está estimado em R$ 15,00/palete.
O gerente do centro de distribuição solicitou uma análise quanto à viabilidade de aceitar a proposta da transportadora e você foi encarregado de apresentar as suas recomendações. Considerando que o setor financeiro informou que o custo de posse do estoque é de 25% por ano, você recomendaria a contratação do novo serviço de transporte?
Justifique matematicamente a sua resposta.

2. Considere o fluxo logístico apresentado na Figura 1.

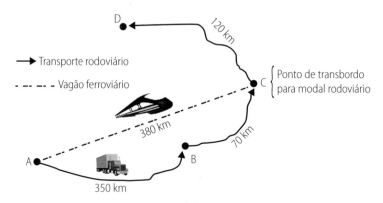

FIGURA 1 Alternativas para o transporte de carga.

Atualmente, uma empresa vem transportando sua carga anual de 360 T do ponto A (local de embarque) até o ponto D (destino) por intermédio do modal rodoviário, que apresenta as seguintes características:
- A carga é transportada em caminhões com capacidade de 18 T.
- O carregamento de cada caminhão no ponto de embarque é realizado por uma empresa terceirizada que cobra R$ 180,00 por embarque.
- O transporte da carga desde o ponto de embarque (A) até o seu destino (D) tem um custo de R$ 160,00 por tonelada transportada.

CAPÍTULO 6   **Transporte**

Com a construção de uma ferrovia entre os pontos A e C, a empresa estuda a utilização de uma alternativa de transporte intermodal. Assim, dentro dessa nova estratégia, a carga seria transportada por ferrovia do ponto A até o ponto C, e deste até o destino por via rodoviária. Nessa nova estratégia, foram apuradas as seguintes informações:

- A carga será transportada com a utilização de vagões ferroviários com capacidade de transportar 180 T.
- O custo para carregar (embarque no ponto A) um vagão ferroviário de 180 T foi estimado em R$ 600,00 por vagão pronto para embarque.
- O custo do transbordo da carga no ponto C (transferência da carga localizada no vagão ferroviário para os caminhões) foi estimado em R$ 3,50/T.
- Para o percurso do ponto C até o destino da carga (D), os serviços serão realizados por caminhões com capacidade de 18 T e a um custo de R$ 600,00 por caminhão.

Qual o custo máximo por tonelada que a empresa poderá pagar à companhia ferroviária para o transporte da carga em vagões ferroviários do ponto A até o ponto C? Justifique matematicamente a sua resposta.

3. A Martinica é uma empresa distribuidora de produtos farmacêuticos e de cosméticos que atende ao mercado varejista. Ela estuda a utilização de uma modalidade de transporte para distribuir seus produtos a partir de um centro de distribuição localizado no Rio de Janeiro. Os produtos destinados ao transporte são acondicionados em paletes com cem unidades. O custo médio padrão de cada unidade transportada é de R$ 6,80. A empresa pretende transportar um total de 144 mil paletes para o centro de distribuição no próximo ano e tem três alternativas para esse transporte, conforme apresenta a Tabela 1.

TABELA 1   Parâmetro por modalidade de transporte

Modal	Carregamento por viagem	Custo por carregamento	Necessidade de estoque estratégico no centro de distribuição
Ferroviário	14.400 paletes	R$ 1.300,00	14.400 paletes
Vagão ferro	7.200 paletes	R$ 650,00	7.200 paletes
Rodoviário	3.600 paletes	R$ 350,00	7.200 paletes

O custo por carregamento refere-se ao custo de movimentação dos paletes da área de estocagem até o modal de transporte.

O custo de manter um item em estoque está estimado em 24% ao ano. O tempo de trânsito de cada viagem e o custo unitário de transporte de palete, da fábrica até o centro de distribuição, está indicado na Tabela 2.

161

TABELA 2 Custos e tempo de viagem por modal

Modal	Tempo de viagem	Custo de transporte por palete
Ferroviário	20 dias	R$ 2,00
Vagão ferro	12 dias	R$ 4,50
Rodoviário	5 dias	R$ 25,00

A empresa opera 360 dias por ano. Calcule o custo logístico total de cada modal de transporte.

4. O gerente de logística de uma rede de supermercados (Bom de Preço) pretende contratar um operador logístico com o objetivo de transportar os produtos que adquire de dois fornecedores até um centro geral de distribuição localizado em São Paulo, onde os produtos permanecerão durante três dias para então serem transportados até o destino final, que é um centro de distribuição regional localizado no estado do Rio de Janeiro.

O transporte do produto A e do produto B poderá ser realizado por meio do modal ferroviário (vagão) ou pelo modal rodoviário. Os produtos são adquiridos por fornecedores que se encontram à mesma distância geográfica do centro geral de distribuição e ambos podem ser transportados por meio do modal ferroviário ou por rodovia.

A demanda do produto A é de 518.400 unidades e do produto B, de 1.036.800 unidades.

Tanto o produto A quanto o produto B são acondicionados em caixas de papelão corrugado com capacidade de trinta unidades por caixa. As caixas que acondicionam os produtos são então dispostas em paletes para o transporte. Cada palete comporta 24 caixas.

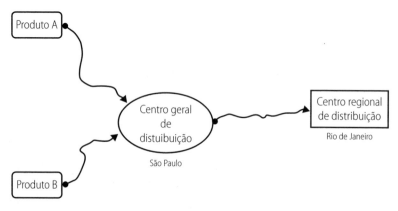

FIGURA 2 Fluxo de transporte da rede de supermercados.

CAPÍTULO 6   Transporte

Os dados operacionais para o transporte em cada uma das modalidades estão indicados no Quadro 1.

QUADRO 1   Dados operacionais do transporte

Modal de transporte	Tempo de trânsito	Lote de embarque	Custo unitário do embarque	Custo do transporte
Vagão	8 dias	45 paletes	R$ 600,00	R$ 4,00 por palete
Caminhão	2 dias	24 paletes	R$ 120,00	R$ 9,00 por palete

Após o transporte dos produtos até o centro de distribuição em São Paulo, os produtos ali permanecem por 3 dias e, então, são transportados por caminhões até o centro regional do Rio de Janeiro.

O transporte para o centro de distribuição regional localizado no Rio de Janeiro poderá ser efetuado com o uso de caminhões de 12 T e caminhões de 18 T. Cada caminhão de 12 T tem capacidade para transportar vinte paletes, ao passo que o caminhão de 18 T, trinta paletes. Esse transporte leva em média 2 dias.

Para o embarque dos produtos para a regional, a rede paga R$ 180,00/embarque e o transporte tem um custo de R$ 25,00/palete transportado se o transporte for realizado em caminhões de 12 T, e R$ 30,00, se o transporte for realizado em caminhões de 18 T.

A rede de supermercado opera com um mix de capital que tem um custo de 18% ao ano e as estimativas da controladoria apontam para um custo de armazenagem de 7% ao ano.

A rede vem adquirindo o produto A por R$ 6,80 a unidade e o produto B, por R$ 8,00 a unidade.

Determine o custo final unitário do produto B, posto no centro regional localizado no Rio de Janeiro.

163

CAPÍTULO 7

Armazenagem e movimentação de materiais

INTRODUÇÃO

A competição e mesmo a prospecção de novos mercados acabou por transformar as atividades de armazenagem de materiais em uma estratégia importante na busca da eficiência operacional e da capacidade de atender aos mercados em franca expansão.

Diferentemente dos armazéns do passado, os centros de distribuição, hoje, exercem um papel fundamental no sentido de prover alta qualidade nos serviços prestados aos clientes das empresas.

Ter disponibilidade imediata de produtos e um rápido atendimento às solicitações dos clientes levaram as empresas a incluírem nas equações de custos logísticos totais uma nova variável, que é a localização e o custo de manutenção de um depósito ou centro de distribuição.

Esse centro de distribuição, ou mesmo depósito, tem, entre outras finalidades, a capacidade de agregar valor ao serviço prestado aos clientes por ter a disponibilidade imediata do produto para atender às exigências de consumo de forma personalizada (*on demand*), na velocidade requerida e na flexibilidade desejada pelo consumidor.

Especialmente com o aumento acelerado das compras via *e-commerce*, essa nova forma de aquisição de produtos e serviços demandou um novo processo de atendimento às exigências dos clientes, além de provocar certa ansiedade por parte do comprador, no sentido de ter o produto para consumo ou deter a posse do bem adquirido no menor espaço de tempo possível.

Os centros de distribuição ou depósitos são fatores-chave para esse processo de atendimento aos clientes, além de também promoverem o gerenciamento do fluxo de materiais que por eles circulam e controlarem as informações em tempo real, contribuindo significativamente para um adequado serviço ao cliente.

Ter um centro de distribuição bem localizado é uma estratégia logística importante e pode representar ganho em competitividade, por causa da disponibilidade do produto no espaço geográfico dos mercados em que as empresas atuam.

Em uma primeira análise, pode-se dizer que à exigência de um centro de distribuição ou depósito recai no conceito de transporte à velocidade de "zero quilômetro por hora". Embora seja um exemplo pouco adequado, é possível citar o transporte de soja para o Porto de Paranaguá, onde ocorre uma verdadeira armazenagem em grandes caminhões que aguardam sua vez para desembarcar o produto a ser exportado.

Em termos de custos logísticos, as estimativas apontam que, em média, a armazenagem e o manuseio de materiais nos centros de distribuição absorvem entre 12 e 40% dos custos logísticos.

A flutuação do percentual de custos estimados para o processo de armazenamento e movimentação de materiais é decorrente do tipo de material a ser armazenado e movimentado, da existência ou não de sistemas automatizados para promover o manuseio dos produtos e da localização do centro de distribuição, entre outras variáveis a serem consideradas no levantamento dos custos logísticos envolvidos nessas operações.

A Figura 7.1 apresenta um esquema resumido de uma análise de balanceamento de custos logísticos (conhecida também como análise de *trade-off*) entre a produção, o transporte, a armazenagem e o manuseio de materiais.

Entre as razões para a existência de um centro de distribuição ou depósito, pode-se citar:

- Dar suporte ao atendimento às necessidades dos clientes.
- Atender às oscilações de consumo por intermédio da coordenação entre a oferta e os requisitos de demanda do mercado.
- Reduzir os custos nas operações de consolidação de cargas e desmembramento de pedidos.
- Aumentar consideravelmente o nível de serviço aos clientes.
- Colaborar com o processo de comercialização de produtos.

A crescente expansão dos mercados consumidores obrigou as empresas a melhorarem significativamente os serviços de atendimento a esses mercados, sob pena de serem alijados pela concorrência cada vez mais acirrada.

Para uma efetiva participação nos mercados expandidos além dos limites geográficos mais próximos das unidades produtivas, duas possibilidades se apresentam: de um lado, o suprimento a esses mercados pode ser realizado por ampliação do

CAPÍTULO 7   Armazenagem e movimentação de materiais

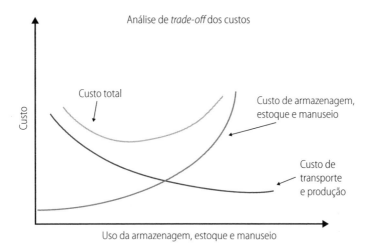

FIGURA 7.1   Análise de custos: transporte e produção *versus* armazenagem e manuseio.
Fonte: adaptada de Ballou (2006).

fluxo de transporte, de tal forma que atenda aos requisitos dos clientes, na ponta de consumo, de maneira satisfatória; de outro, viabilizar a formação de estoques locais – por meio da utilização de um centro de distribuição ou de um depósito – pode assegurar um atendimento quase imediato às solicitações dos clientes.

A primeira possibilidade (utilização de uma rede de transporte bastante eficiente) esbarra, em muitos casos, em alguns problemas operacionais que vão além do mero estudo do balanceamento de custos entre o aumento do fluxo de veículos e a disponibilidade de estoque nos centros de consumo.

As incertezas oriundas de possíveis acidentes no percurso, roubos de cargas (uma praga ainda não disseminada no Brasil), situações climáticas adversas e mesmo condições das estradas, em especial no Brasil, acabam por impulsionar positivamente a decisão de criar depósitos ou centros de distribuição nos pontos de demanda.

No contexto do armazenamento e do manuseio de produtos, várias configurações são possíveis para atender aos diversos mercados.

Muitas são as motivações para se erigir um armazém ou centro de distribuição. Se, no passado, a existência de um local de guarda de materiais era considerada um custo para o negócio; atualmente, sua finalidade é criar um impulso competitivo frente à concorrência. Assim, um armazém ou centro de distribuição tem hoje como foco criar vantagens competitivas, permitindo, de um lado, fazer um adequado gerenciamento do fluxo de materiais que escoa ao longo de uma cadeia logística e, de outro, disponibilizar um fluxo de informações em redes *on-*

-line que subsidie o processo decisório quanto ao suprimento aos mercados e aos clientes em geral.

A necessidade de uma resposta rápida às exigências dos clientes, a busca por otimização de processos, melhorias nos serviços, redução de custos por redução de desperdícios, atendimento no sistema *just in time*, exigências de qualidade de um lado e, de outro, a existência de uma variada gama de produtos disponibilizados em configurações SKU (*stock keeping unit*) são os fatores-chave para o sucesso de um novo enfoque sobre as questões relacionadas a armazenagem e movimentação de produtos.

Para se ter uma ideia da complexidade que envolve as atividades de armazenagem e movimentação de materiais, estatísticas baseadas em uma amostragem realizada pelo Coppead/UFRJ foram dispostas em forma de gráfico (Figura 7.2).

O gráfico da Figura 7.2 apenas dá uma ligeira ideia da complexidade dos serviços envolvidos nas novas atividades relacionadas à armazenagem e movimentação de materiais. É importante registrar que, além do volume de pedidos em si, deve-se também considerar que um pedido pode significar o fornecimento de mais de um item.

Ainda levando-se em conta a amostragem realizada pela pesquisa da Coppead, são destacadas na Tabela 7.1 as médias de item por pedido por setor:

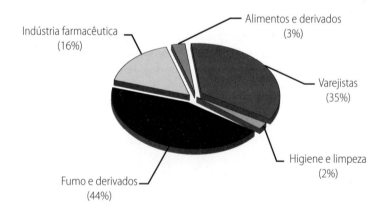

FIGURA 7.2 Amostragem de pedidos expedidos.
Fonte: adaptada de Coppead/UFRJ (2005).

CAPÍTULO 7 Armazenagem e movimentação de materiais

TABELA 7.1 Média de itens por pedido por setor

Setor	Média de itens por pedido
Alimentação	26
Varejista	2.297
Higiene e limpeza	27
Fumo	7
Distribuidor/farmacêutico	516

Fonte: Coppead/UFRJ (2005).

Além do mais, é importante registrar que, além do número de itens fornecidos por pedido, como mostra a Tabela 7.1, há que se considerar a gama de SKU envolvidos no processo de fornecimento. A mesma amostragem (Coppead/UFRJ, 2005) apresentou um total de 25.509 SKU envolvidos na operação de atendimento a pedidos. Os setores de maior concentração de SKU são o setor varejista e a indústria farmacêutica, por suas próprias características de operação.

Na visão conceitual de uma logística integrada, a armazenagem exerce papel preponderante, levando-se em conta o hexagrama de atividades envolvidas, como mostra a Figura 7.3.

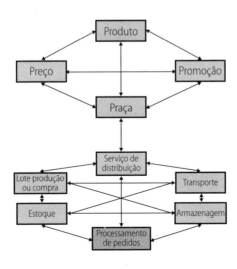

FIGURA 7.3 Posicionamento da armazenagem no conceito de logística integrada.
Fonte: adaptada de Lambert et al. (1998).

PAPEL DA ARMAZENAGEM NO CONCEITO DA LOGÍSTICA

Na "introdução" deste capítulo, foi explicitado o papel que a armazenagem exerce no contexto da logística:

* De um lado, há uma visão operacional de apoio por intermédio da recepção, guarda e expedição dos materiais, envolvendo os processos inerentes a essas atividades e subsidiando o fluxo de informações de forma a manter a gestão dos sistemas logísticos e os clientes perfeitamente informados do andamento dos processos e serviços que realiza no contexto da própria função.
* De outro, exerce função estratégica, visto ser um importante elo, até mesmo de coordenação, na distribuição de produtos, com o objetivo de atender aos mercados de forma adequada, vencendo as condicionantes espaciais e temporais (distâncias e geografia), sempre com foco em criar valor agregado aos serviços prestados nesse contexto.

Outro aspecto a ser observado quanto à armazenagem está relacionado à necessidade de consolidar cargas, criar pontos de transferência de produtos, utilizar uma estratégia de postergar entregas, operar com o *cross docking* e também com o objetivo estratégico de centralização para permitir as operações denominadas *hub and spoke*, que envolvem o recebimento e a expedição de cargas de forma econômica. Um exemplo é o sistema utilizado pelo FedEx em sua unidade em Memphis, que atua recebendo as correspondências de todos os locais e despachando-as para os destinos.

Em termos de serviço prestado ao cliente, a armazenagem também pode ser avaliada pela estratégia de manter um estoque operacional que permita atender aos pedidos dos clientes de forma rápida. Isso é muito importante especialmente quando a fonte original do produto encontra-se muito distante do ponto de consumo, ou mesmo no caso de produtos importados.

A armazenagem permite aumentar a capacidade de resposta rápida às exigências do mercado, fator indispensável para agregar valor à vantagem competitiva da empresa que a utiliza, principalmente em função do avanço nas compras via internet.

Além disso, a armazenagem também pode servir para operações de montagem de produtos com múltiplos componentes, em especial nos casos em que esses produtos têm suas partes produzidas em várias regiões diferentes. Em muitos casos, essas unidades funcionam em um modelo *hub/spoke,* ou seja, recebem os componentes de diversas origens, montam o leque de produtos (kits) de acordo com as exigências do cliente e então distribuem para os diversos pontos de consumo.

Outra vantagem na armazenagem é a consolidação das cargas, uma vez que trata-se da etapa em que são aglutinados os vários pequenos embarques para uma determinada área de mercado em um único modal de transporte, utilizando-se

CAPÍTULO 7 **Armazenagem e movimentação de materiais**

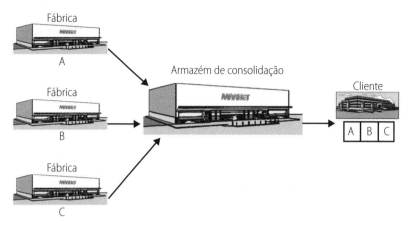

FIGURA 7.4 Armazém na consolidação de cargas.

para isso uma única empresa. A Figura 7.4 apresenta um desenho esquemático de um processo de consolidação de cargas.

Exemplos de armazéns de consolidação de cargas são os centros de distribuição das Lojas Americanas® e da Profarma.

Outra função importante da armazenagem é a operação de recebimento de uma carga única de um fabricante e a sua distribuição em cargas menores para atender às necessidades de diversos clientes. Nessa operação, denominada de *transit point*, são utilizados armazéns de distribuição (*break bulk warehouse*).

Essa estratégia de armazenagem opera de forma semelhante à de um armazém de consolidação de cargas, porém não existe efetivamente um estoque de produtos, pois estes são transferidos para os clientes. Nessa operação, o armazém combina os pedidos recebidos dos clientes de um fabricante e os expede de acordo com as necessidades individuais de cada cliente.

A Figura 7.5 apresenta um desenho esquemático de uma operação desse tipo de armazém.

Outra função de um armazém é operar em uma estratégia de adiamento, que pode ser de forma ou de tempo. Essa estratégia normalmente envolve a embalagem ou a rotulagem de produtos que só é efetivada ao final da produção e apenas no momento em que a demanda é definida. Por exemplo, uma empresa pode importar um tipo de óleo comestível que terá a marca específica de cada cliente. Assim, o envasamento desse óleo em embalagens de 1 L só vai acontecer quando o cliente identificar a quantidade que necessita. Nessa situação, o produto é então acondicionado de acordo com a especificação do cliente e rotulado com sua marca própria.

Assim, uma ordem específica de um determinado cliente só será efetivada quando o produto, ao final, for rotulado e devidamente embalado para despacho.

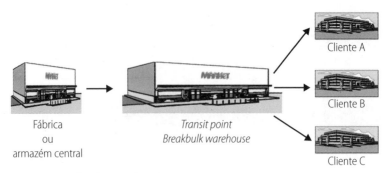

FIGURA 7.5 Armazém de *transit point*.

Uma das vantagens dessa estratégia se verifica, por exemplo, no fornecimento de produtos para as denominadas marcas próprias dos varejistas. Dentro desse processo, o produto produzido somente é rotulado para atender a um pedido de marca própria de um determinado varejista.

Vale registrar que o processamento de pedidos dentro da estratégia de adiamento resulta em dois benefícios: de um lado, porque a embalagem final do produto só é efetivada no recebimento do pedido; de outro lado, em face da existência de um produto que sofre apenas modificação em sua embalagem, de acordo com as exigências dos clientes, essa estratégia também produz uma considerável redução nos níveis de estoques desse produto.

Um exemplo elucidará melhor esse processo: um determinado fabricante de sabão em pó atende a uma gama de supermercados que trabalham com marcas próprias. Nesse caso, o fabricante vai produzir o sabão em pó, porém não fará a embalagem final. Esse produto é então transferido, na modalidade "a granel", para uma determinada região do país onde exista uma grande concentração de supermercados que utilizam marcas próprias. Assim que um determinado pedido é recebido no armazém do fabricante de sabão em pó, o produto é então embalado nas caixas da marca própria do comprador do produto.

Usando esse sistema, o estoque de sabão em pó a granel atenderá a uma grande variedade de clientes e de acordo com a embalagem que o cliente desejar, ficando, ao final, a rotulagem conforme especificado no pedido recebido do cliente.

Outro objetivo da armazenagem é atender às exigências da demanda em períodos de sazonalidade. O resultado da aplicação da estratégia de armazenagem é manter os estoques de produtos sazonais mais próximos do mercado consumidor quanto possível, permitindo assim atender mais rapidamente as solicitações dos clientes.

Outro tipo de atividade desses armazéns é a estocagem de produtos agrícolas, visto que as safras acontecem em determinadas épocas do ano e os produtos agrícolas são consumidos durante todo o ano. Um exemplo é o caso da soja, que necessita de armazéns especiais (silos) para ser estocada. Esse é um dos grandes

CAPÍTULO 7 Armazenagem e movimentação de materiais

problemas do mercado brasileiro, pois grande parcela da nossa safra agrícola é perdida por falta de armazéns adequados para sua estocagem.

Nos exemplos citados, esses armazéns trabalham em um apoio aos esforços de incrementar as vendas, com o uso de estoques reguladores ou estoques de segurança. Também são importantes elementos no apoio à produção quando o produto depende de matérias-primas sazonais ou que levam um tempo muito longo para a efetivação da sua aquisição, em especial nos casos de matérias-primas importadas que têm um longo ciclo de pedido.

Um exemplo interessante foi a forma bastante agressiva de atuação da Vale no suprimento de minério de ferro para a China. Com o objetivo de melhor atender à demanda sem longas esperas, a empresa criou uma estação flutuante especial localizada nas Filipinas, permitindo, assim, um rápido atendimento às solicitações dos clientes. Nesse caso, podemos dizer que a empresa criou um estoque estratégico para suprir os esforços de venda.

> Em fevereiro de 2012, a Vale começou a operar a estação flutuante de transferência de minério na Baía de Subic, nas Filipinas. A estação viabiliza o transbordo total ou parcial dos navios Valemax para navios menores, aumentando a eficiência operacional e permitindo reduzir o tempo de entrega para os clientes.
>
> De acordo com a nossa estratégia de distribuição, cerca de 85% da distância entre o Brasil e a Ásia será percorrida pelos navios de maior porte e de menor custo até os centros de distribuição e a estação de transferência. O restante da distância é percorrido por navios menores, que podem acessar portos menores com total segurança operacional.
>
> A Baía de Subic está numa área naturalmente protegida contra swells oceânicos (conjunto de sequência de ondulações) e ventos, possui um calado profundo e está a poucos dias de distância de nossos clientes asiáticos. Os investimentos da Vale na implementação da estação somaram US$ 52 milhões.
>
> Fonte: http://www.vale.com.br/pt-br/o-que-fazemos/destaques/Paginas/vale-inaugura-estacao-flutuante-de-transferencia-de-minerio-nas-filipinas.aspx. Acesso em: 20/09/2012.

SERVIÇOS PRESTADOS PELOS ARMAZÉNS OU CENTROS DE DISTRIBUIÇÃO

De forma geral, cinco são os benefícios básicos obtidos por meio da utilização de armazéns ou centros de distribuição (Bowersox et al., 2007):

- Estocagem ocasional.
- *Mix* de produtos.
- Apoio à produção.
- Presença de marketing.

Na situação de *estocagem ocasional*, os produtos fabricados são transferidos para um centro de distribuição com a finalidade de atender às solicitações dos clientes, muito especialmente nas ocasiões críticas de mercado.

Um aspecto relacionado a essa modalidade envolve as indústrias com linhas de produtos que têm uma sazonalidade acentuada, ou mesmo nas situações em que a empresa tem uma produção limitada. Nessa situação, esse tipo de armazenagem ou centro de distribuição é estratégico para atender ao mercado. Um exemplo bem corriqueiro é a armazenagem de produtos de defensivos agrícolas durante o período de plantio para atender às solicitações dos agricultores. No *mix de produtos,* o armazém funciona como uma combinação antecipada das demandas dos clientes. Esse mix de produtos normalmente é formado por uma grande variedade de produtos de um ou de vários fornecedores. Um exemplo é o centro de distribuição de uma rede de supermercados.

O *apoio à produção* destina-se a manter os insumos, componentes e matérias-primas, objetivando, assim, a manutenção dos processos de produção diante das incertezas do mercado (oscilações bruscas na oferta de produtos, por exemplo) ou mesmo em situações nas quais alguns dos materiais utilizados na produção possuem um elevado *lead time* no processo de aquisição.

Nesse caso, a existência de um estoque adicional também conhecido como estoque de segurança (tratado no capítulo 10) vai permitir a continuidade da produção, especialmente para aqueles materiais que tenham um longo ciclo de reposição (*lead time*).

Quanto à *presença de marketing*, é a estratégia utilizada com o objetivo de rapidamente atender a demanda por produtos por meio de um centro de distribuição regional, seja por uma agressiva estratégia de presença de mercado ou por razões fundamentadas no fato de o transporte desses produtos levar um tempo razoável para ser disponibilizado nesses mercados.

TIPOS DE ARMAZÉNS

Levando-se em consideração os propósitos dos armazéns em termos de guarda de produtos, é possível classificá-los em quatro segmentos:

- Armazéns para *commodities* – são armazéns especialmente projetados para abrigar certos tipos de produtos, como madeira, fumo, algodão, cereais etc.
- Armazéns para granéis – projetados para cargas específicas, como grãos (soja, trigo, milho etc.), produtos químicos, líquidos (gasolina, óleo diesel, álcool etc.).
- Armazéns especiais – são aqueles projetados para abrigar determinados tipos de produtos que requerem um tratamento especial no que se refere à sua guarda, como produtos que requerem um controle rígido da temperatura

CAPÍTULO 7 Armazenagem e movimentação de materiais

(sorvetes, por exemplo), produtos sujeitos a controle da umidade ou mesmo sujeitos a controle da pressão atmosférica.

- Armazéns gerais – são os armazéns utilizados para a guarda de qualquer tipo de produto.

PRINCÍPIOS OPERACIONAIS

Alguns princípios operacionais são essenciais para definir as dimensões físicas dos armazéns.

Uma vez determinado e decidido o uso para o qual o armazém será destinado, três princípios básicos definirão sua arquitetura, e mesmo seu processo operacional.

Por exemplo, na decisão entre manter um armazém operando de forma manual ou utilizando em larga escala a automação, os princípios listados a seguir deverão ser observados:

- Critérios de projeto.
- Tecnologia utilizada na movimentação dos materiais.
- Espaço para armazenagem.

De um lado, é importante observar que a escolha do tipo de estocagem a ser utilizado na armazenagem obedece a um critério de custos e demanda de produtos. Assim, armazéns que estocam poucos produtos e em larga escala têm grandes chances de serem totalmente automatizados, obedecendo à estratégia de grandes volumes e baixa variedade, o que facilita a automação dos processos de recepção, armazenagem e fornecimento dos materiais.

De outro lado, em um armazém que possui uma grande variedade de produtos e em uma escala reduzida, poderá ser muito mais vantajosa a utilização de um processo manual para a movimentação dos produtos e, em muitos casos, estudos complementares poderão provocar uma decisão de utilizar a armazenagem terceirizada, quando a análise dos custos envolvidos na operação apontá-la como a melhor opção.

PROJETO DE ARMAZENAGEM – FLUXO DOS MATERIAIS

O fluxo básico operacional de um armazém pode ser visualizado na Figura 7.6.

Na área de recepção dos materiais ocorrem as atividades de recebimento dos materiais, a conferência e o registro do recebimento. Depois de validado o recebimento dos produtos, a operação seguinte é movimentá-los até as áreas destinadas ao seu armazenamento, registrando-se a sua localização no interior do

175

FIGURA 7.6   Atividades típicas de um armazém.

armazém de forma que o sistema de controle operacional facilmente, bastando incluir o código do item ou fazer a leitura do seu código de barras, indique sua localização. Em alguns sistemas mais sofisticados, é possível visualizar a localização em formato de visualização direta, na tela do monitor, do *layout* do armazém. O registro da localização é importante para que, de forma rápida e com menor custo possível, os produtos sejam retirados de suas áreas de armazenagem para atender aos pedidos dos clientes.

No fornecimento dos produtos, a operação é denominada de processamento dos pedidos. Nessa atividade, ocorre a separação dos pedidos, que poderão conter vários itens dentro de um mesmo pedido, situação na qual o sistema de localização dos materiais permitirá a elaboração de um roteiro de captura dos itens do pedido, de acordo com as quantidades solicitadas pelos clientes, minimizando assim o tempo gasto na operação e melhorando consideravelmente a produtividade.

Após a separação dos pedidos, é então feita uma verificação quanto à acurácia do pedido, certificando-se de que os produtos solicitados foram separados nas quantidades e especificações desejadas. Após essa operação, os materiais são então acondicionados em embalagens apropriadas destinadas ao fornecimento e, ato contínuo, recebem uma etiqueta de identificação (normalmente com código de barras) que pode conter, além das especificações dos clientes, outras informações importantes.

Ao final, de acordo com a programação de transporte e a distribuição, os materiais são agrupados e consolidados em cargas específicas para que sejam entregues aos clientes.

De acordo com estudos realizados pela Universidade de Cranfield, as atividades de um armazém típico são distribuídas conforme apresentado na Figura 7.7.

A Figura 7.8 apresenta um exemplo de instalação em que foi dimensionada uma área denominada de espera em trânsito. Essa área destina-se à expedição rápida dos produtos cujo processo de separação de pedidos já tenha ocorrido.

Em uma instalação típica de um armazém, é possível desmembrar as atividades, objetivando maximizar a produtividade e reduzir custos de movimentação e manuseio dos materiais. Um exemplo típico é separar as atividades que envolvem os processos de recepção dos produtos por meio da destinação de área específica para esse fim.

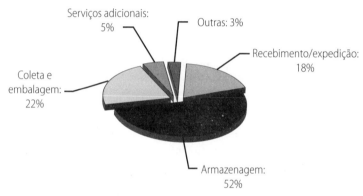

FIGURA 7.7 Distribuição percentual das atividades em um armazém.
Fonte: adaptada de King et al. (2006).

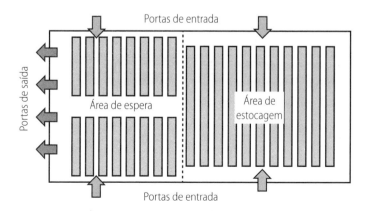

FIGURA 7.8 Instalação típica de espera em trânsito.

Isso acontece em situações nas quais muitos dos produtos recebidos são destinados, em grande parte, para determinados clientes (operação conhecida como *cross-docking*) ou serão transferidos para outras unidades de armazenamento, quando o armazém responsável pelo recebimento dos produtos atua como um grande centro de distribuição.

Um caso típico pode ser examinado ao se focalizar uma rede de lojas de varejo que utiliza, em determinada região, um centro de distribuição. Assim, por exemplo, ao receber um lote de geladeiras que foram encomendadas em um fornecedor habitual, essas geladeiras poderão, em grande parte, ser destinadas às lojas da rede de varejo.

Com o objetivo de reduzir custos nas atividades de recebimento desse produto, a parcela que for destinada às lojas da rede de varejo serão diretamente encaminhadas a uma área de expedição e despacho denominada *cross docking*. Em uma tradução literal, pode-se dizer que os produtos destinados a essa área "cruzam as docas", sendo então transferidos dos caminhões do fornecedor para os caminhões que levarão essas geladeiras diretamente para as lojas.

Com esse procedimento, há consideráveis economias, visto que os produtos são se destinam, em sua maioria, para a área de armazenagem e sim são transferidos diretamente para os veículos que os destinarão às lojas que os solicitaram.

As decisões quanto às diversas modalidades de manuseio, movimentação e transporte dos produtos têm como finalidade principal reduzir os custos e os tempos entre recepção, armazenagem e expedição dos materiais.

Tal processo acaba não só reduzindo os custos operacionais das atividades de armazenamento dos materiais, como também melhora consideravelmente a *performance* da atividade, com elevados ganhos em produtividade e respostas rápidas às exigências dos clientes e do mercado.

Em linhas gerais, o espaço requerido para a armazenagem dos materiais deverá levar em conta os níveis máximos de estoques dimensionados para serem mantidos no armazém, tomando-se como base as estimativas de demanda de cada produto. Aqui, utilizar um sistema de previsão de demanda é essencial para melhorar as qualidades operacionais do armazém em função dos espaços requeridos para atender aos níveis de estoques indispensáveis a um perfeito atendimento às exigências dos clientes.

É evidente que há situações especiais, principalmente para os itens que sofrem o efeito da sazonalidade, em que o armazém em si não terá condições de abrigar todo o volume necessário, tendo-se como consequência a necessidade de buscar alternativas.

Uma receita básica para o exame do caso e a decisão quanto ao armazenamento envolve o estudo dos custos envolvidos para se determinar o dimensionamento ótimo para atender aos picos de consumo. Aqui, o objetivo primordial

CAPÍTULO 7 **Armazenagem e movimentação de materiais**

será buscar uma combinação mínima entre o armazém próprio e o armazém terceirizado que permita atender às solicitações dos clientes sem comprometer os custos da operação como um todo.

O estudo para o projeto de um armazém leva em conta um elenco de perguntas-chave. Essas perguntas têm por objetivo essencial definir as características operacionais do armazém.

A primeira questão em jogo é examinar as alternativas do projeto em termos da decisão de construir uma nova instalação ou aproveitar uma instalação existente.

A construção de uma nova instalação tem uma grande vantagem operacional, uma vez que o armazém será projetado de dentro para fora, ou seja, primeiramente são fixados os arranjos físicos internos de acordo com os produtos que serão estocados e que melhor se ajustem às necessidades quanto ao fluxo dos materiais que circularão pelo armazém. Esse processo leva em conta tanto o fluxo do processo para armazenagem dos produtos quanto a movimentação destinada ao despacho destes.

Dentro desse escopo, um elenco de perguntas-chave se impõe diante dos projetistas e responsáveis pelo processo decisório da construção de uma nova unidade ou reforma de uma unidade existente:

- O projeto do sistema de armazenamento atende aos requisitos-chave de "movimentar menos, estocar mais e controlar menos"?
- Quais são as características físicas e dimensionais dos produtos que serão armazenados no local? Existem produtos perecíveis, produtos químicos, produtos tóxicos, produtos inflamáveis etc.?
- Há restrições construtivas quanto à altura máxima de empilhamento quando o projeto prevê a utilização de uma construção existente? Existem restrições quanto à carga máxima por metro quadrado a ser armazenada? Aqui o problema está relacionado ao projeto das fundações ou às instalações existentes que, por razões construtivas, foram dimensionadas para cargas mais leves, o que poderá dificultar a utilização máxima do pé direito do prédio ou o empilhamento máximo permitido por piso existente, no caso de prédio com mais de um pavimento.
- Na hipótese do projeto contemplar uma nova construção, haverá restrições, por razões de geometria do terreno ou da capacidade das fundações, que impedem a utilização de algum tipo de equipamento de manuseio (empilhadeiras de grande porte, por exemplo) ou equipamentos destinados à estocagem dos materiais?

Além de seguir um conjunto de regras básicas que envolvem os objetivos-chave de um bom projeto de armazenagem, quais sejam:

Logística e cadeia de suprimentos: o essencial

- Maximizar a utilização dos equipamentos disponíveis.
- Maximizar o uso do espaço tanto do terreno quanto do pé direito (altura do edifício).
- Otimizar o fluxo de materiais que transitam no interior do armazém.
- Reduzir a fadiga dos trabalhadores e operadores de equipamento, melhorando também a produtividade por empregado.
- Utilizar sistemas de corredores e sinalização apropriados para evitar um fluxo rápido dos materiais e reduzir a incidência de acidentes.

No projeto do armazém com uso da simulação por meio de softwares especializados, é possível estudar o agrupamento de itens de forma a melhorar consideravelmente a *performance* do armazém em termos de utilização do espaço disponível, aumento da eficiência no atendimento aos pedidos e recepção dos produtos, bem como a configuração das áreas de armazenagem para cada tipo ou família de materiais.

Softwares bastante utilizados com esse propósito são o Arena® (http://www.arenasimulation.com) e o ProModel® (http://www.promodel.com). Outras empresas, como consultorias, trabalham desenvolvendo modelos de simulação em 3D para elencar projetos eficientes de armazenagem, o que permite calcular o tamanho do armazém, a quantidade de equipamentos de movimentação e o número de equipamentos de armazenagem, levando em conta os requisitos específicos e personalizados dos métodos alternativos para o armazenamento dos materiais.

Outro aspecto importante a ser considerado no projeto da armazenagem está relacionado ao escopo da tecnologia utilizada nos processos de armazenagem, ou seja, o projeto poderá incluir tecnologias mais avançadas, como o uso da automação na armazenagem e na captura de produtos.

A Figura 7.9 apresenta um esboço do resultado de uma simulação em 3D de um armazém em que é possível observar os diversos tipos de equipamentos de estocagem dos materiais e a designação de docas de carga e descarga, áreas de despacho etc.

Ainda tratando do escopo do projeto de armazenagem, vários aspectos operacionais influenciarão a construção e o arranjo físico do armazém.

Também deverão ser levadas em conta no projeto do armazém questões relacionadas ao volume (dimensões) do SKU, à fragilidade do produto que será manuseado e armazenado, e à eventual necessidade de certos produtos armazenados exigirem um tipo especial de armazenagem, como sistema de refrigeração, controle de umidade etc.

Outro aspecto não menos importante é o estudo de viabilidade da utilização do sistema de *cross docking* no armazém, o que implicará redução do espaço de

CAPÍTULO 7   Armazenagem e movimentação de materiais

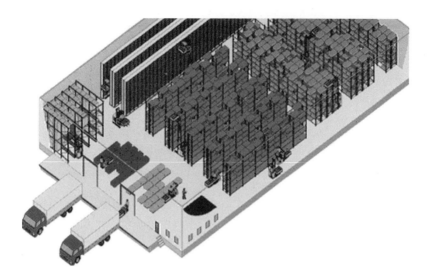

FIGURA 7.9   Resultado da simulação em 3D.
Fonte: Supply Chain & Logistics Consulting Ltd. (2010).

armazenagem. Isso decorre do fato de que a carga, ao ser recebida, poderá ser integral ou parcialmente transferida direto para a doca de despacho e daí ser transportada para os clientes, em vez de ser movimentada para o interior do armazém.

Como o elemento principal no projeto é a demanda de cada produto, esta deverá ser analisada em termos de volume e sazonalidade para um perfeito dimensionamento dos espaços.

Da mesma forma, a estimativa do número de SKU que serão diariamente movimentados, o número de pedidos atendidos por dia e, também, a possibilidade de fracionamento da carga etc. permitirá elaborar um projeto de armazenagem com maior flexibilidade e direcionado aos serviços a que o armazém se destina.

No que se refere aos equipamentos de manuseio e armazenagem dos materiais (estruturas), é importante estudar alternativas quanto ao uso de empilhadeiras, paleteiras, transelevadores, estruturas porta-paletes, estruturas especiais (drive--in)[1]. É evidente que esse estudo implicará decisões de custos operacionais *versus* eficiência no atendimento rápido à demanda de serviços do próprio armazém.

Por exemplo, a estimativa do número de paletes a ser utilizado na estocagem, com base nos estudos das demandas dos diversos produtos, permitirá o cálculo

---

[1] O detalhamento de cada tipo de equipamento de manuseio e armazenamento será estudado em tópico próprio neste capítulo.

181

Logística e cadeia de suprimentos: o essencial

do número de estruturas porta-paletes destinadas a abrigar esses paletes e, por consequência, permitirá também empreender estudos das alternativas quanto ao uso de empilhadeiras com sistema de torre telescópica, o que permitirá maior aproveitamento do espaço vertical.

Além dos aspectos já mencionados, outro ponto fundamental se impõe: o gerenciamento do armazém propriamente dito. Assim, a forma de endereçamento dos produtos, a utilização de código de barras ou mesmo de etiquetas eletrônicas e a operação de retirada dos materiais, envolvendo o processo de "primeiro a entrar, primeiro a sair" (PEPS/FIFO) ou "último a entrar, primeiro a sair" (UEPS/LIFO) devem ser exaustivamente analisadas

Outra possibilidade é a utilização de sistemas automatizados, como o gerenciamento integrado tipo WMS[2] (*warehouse management system*), que deverá ser examinado no processo decisório de projeto do armazém.

As alternativas elencadas deverão ser avaliadas dentro de um escopo bem amplo que envolve não só a operacionalidade do armazém e a sua eficiência como também os aspectos econômicos e financeiros do projeto. Isso decorre do fato de que um armazém é um projeto que demandará tempo na sua execução e construção e terá, com base nas características do projeto, um longo ciclo de vida útil operacional.

A Figura 7.10 mostra um desenho esquemático de um armazém com vários dos processos operacionais disponíveis, estruturas especiais para paletes, grupo de estanterias, correias transportadoras para o despacho das cargas, áreas de recebimento com docas para acesso dos veículos de transporte etc.

EQUIPAMENTOS DE MANUSEIO E ARMAZENAGEM DOS MATERIAIS

A escolha dos equipamentos destinados ao manuseio e à armazenagem de materiais não é uma tarefa fácil, a começar pelo elenco de equipamentos disponíveis no mercado. A oferta de equipamentos de estocagem e manuseio é enorme.

Técnicas como carga consolidada são alternativas a serem consideradas. Assim, volumes menores são então consolidados em uma carga única, facilitando sobremaneira o manuseio. Como resultado da aplicação dessa técnica ocorre uma

---

[2] O uso de sistema do tipo denominado *warehouse management system*, ou sistema de gerenciamento de armazém tem por finalidade aumentar consideravelmente a rotação dos estoques dos itens armazenados por meio da utilização de processos automáticos para a consolidação e a seleção de itens, o mesmo acontecendo nas operações de *cross docking*, permitindo maximizar a utilização dos espaços de armazenamento e a otimização das operações realizadas no armazém.

CAPÍTULO 7   Armazenagem e movimentação de materiais

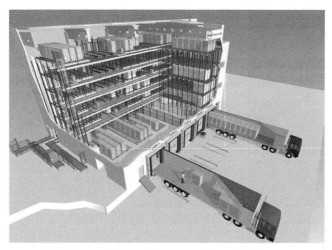

FIGURA 7.10 Modelo de armazém com áreas específicas de fornecimento de produtos.
Fonte: http://www.siemens.com/press/pool/de/pressebilder/2011/industry_solutions/300dpi/
IIS201106120-01_300dpi.jpg. Acesso em 22/08/2012.

redução considerável no número de viagens internas e, por consequência, otimização do uso do tempo e redução de custos.

O uso de paletes ou estrados de madeira permitirá a utilização de estruturas especiais para o armazenamento (por exemplo, estruturas porta-paletes), o que também levará ao uso mais intensivo de empilhadeira para a movimentação e o armazenamento dos produtos, permitindo maior flexibilidade operacional.

Atualmente, os paletes são padronizados em tamanhos internacionais: 40 x 48 polegadas (100 cm x 120 cm). Essa padronização foi originada de um largo estudo realizado pelo governo americano que levou em conta as dimensões dos principais modais de transporte (aéreo, rodoviário, ferroviário e aquaviário) com o objetivo de maximizar o uso do espaço disponível para o transporte dos produtos nos respectivos modais. O resultado foi a definição dessas dimensões como sendo de melhor aproveitamento em todos os modais disponíveis. O palete é um item de custo agregado a ser considerado no sistema de manuseio e armazenamento de materiais.

A Figura 7.11 apresenta um modelo de palete denominado dupla entrada, visto que ele poderá ser acessado por qualquer dos seus lados mediante a utilização de uma empilhadeira que poderá ter um sistema de garfo retrátil ou pantográfico. Ele poderá ser manuseado com a utilização de um carrinho porta-palete do tipo manual ou elétrico.

Assim como o uso do contêiner acabou por revolucionar os sistemas de transporte, especialmente com a globalização da economia, o palete também aca-

FIGURA 7.11 Modelo de palete de dupla entrada.
Fonte: Gonçalves (2010a).

bou revolucionando a armazenagem, que passou a contar com um dispositivo que permite flexibilizar amplamente os processos de estocagem dos produtos.

A utilização de equipamentos para o manuseio dos materiais leva em conta os custos operacionais envolvidos nas diversas alternativas (o catálogo dos fabricantes apresenta inúmeras possibilidades). Uma abordagem complementar relacionada ao método de atendimento dos pedidos deve perpassar o exame da rapidez com a qual se pretende atender aos clientes (mais automação ou menos automação, por exemplo).

Um aspecto importante na automação na armazenagem está relacionado ao aumento do controle e à velocidade com que os pedidos serão atendidos. É claro que deverão ser analisados os custos envolvidos nessa alternativa, bem como o aporte de investimentos necessários, normalmente elevados, quando se pensa nos processos de forma global, ou seja: automação tanto na armazenagem quanto no processo de estocagem, recuperação e separação dos materiais para atender aos pedidos que chegarem ao armazém.

Em muitas situações, o estudo de sistemas mais simples, por intermédio da utilização de empilhadeiras e estantes porta-paletes, acaba produzindo uma solução com excelentes resultados e com baixos custos e ainda com produtividade e velocidade de atendimento aos pedidos.

A Figura 7.12 apresenta um desenho esquemático de um desses tipos de concepção de projeto com o uso intensivo de paletes para o armazenamento, utilização de estruturas porta-paletes e sua movimentação por meio de empilhadeiras.

Dois aspectos importantes devem ser analisados na armazenagem de produtos.

CAPÍTULO 7 Armazenagem e movimentação de materiais

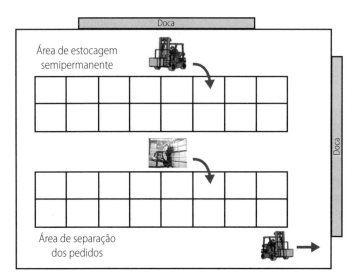

FIGURA 7.12 Desenho esquemático de um sistema de armazenamento mostrando o uso de empilhadeiras e paleteiras para acondicionar os materiais.

O primeiro deles está relacionado a uma análise criteriosa da carga a ser armazenada e transportada, ao tipo de embalagem que é utilizada, bem como às respectivas alternativas de utilização (muitos produtos possuem uma gama variada de embalagens), às unidades de carga (recipiente onde a carga vai estar contida) e aos critérios que serão utilizados quando da armazenagem dos produtos.

As questões relacionadas aos critérios de armazenagem envolvem os estudos quanto ao uso de estrados especiais (paletes) no armazenamento, bem como a utilização de recipientes especiais (*racks*) que permitem elevar a capacidade de empilhamento sem comprometimento da carga.

No que se refere ao armazenamento propriamente dito, deve-se escolher entre um elenco de equipamentos como:

- Paletes – estrados de madeira, metal ou plástico que têm por finalidade facilitar a movimentação dos materiais, nas operações de carga, descargas e empilhamento.
- Contentores – caixas de madeira, metálicas ou plásticas destinadas ao acondicionamento do material. Esses contentores também permitem aumentar consideravelmente a altura do empilhamento dos materiais, especialmente

porque, em sua maioria, são projetados para resistir ao processo de empilhamento uns sobre os outros.

- Estanterias – estruturas de aço especialmente projetadas para atender aos requisitos de aproveitamento máximo do espaço vertical do armazém.
- Estruturas porta-paletes – estruturas de metal destinadas ao armazenamento de paletes que, por suas características, não poderão ser empilhados diretamente uns sobre os outros.

Na Figura 7.13, são apresentados alguns modelos desses equipamentos de armazenagem.

Além dos modelos tradicionais indicados, pode-se também dispor das chamadas estruturas dinâmicas, também conhecidas por estruturas *drive-in*, cujo objetivo de projeto é permitir e facilitar uma maior rotação do estoque, sendo abastecidas de um lado com a retirada dos materiais, do outro, possibilitadas pelo plano inclinado propositalmente projetado com essa finalidade.

Esse tipo de estrutura, conforme apresenta a Figura 7.14, é muito utilizado especialmente nas áreas de produção e em grandes linhas de produção na indústria automobilística, por permitir uma reposição rápida dos estoques diretamente do centro de trabalho, ao estilo *just in time,* por exemplo.

Outra alternativa para esse tipo de estrutura é a chamada estrutura porta-palete deslizante, que tem a mesma concepção de projeto, como mostra a Figura 7.15.

Claro que essas modalidades não esgotam a criatividade dos projetistas, principalmente porque os fornecedores desses tipos de equipamentos oferecem um vasto elenco de possibilidade.

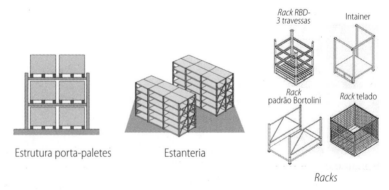

FIGURA 7.13 Alguns exemplos de equipamentos para estocagem de materiais.
Fontes: adaptada de Gonçalves (2010a) e http://www.cnkingco.com/mhe/StorEq. Acesso em 15/10/2010.

CAPÍTULO 7   Armazenagem e movimentação de materiais

FIGURA 7.14   Exemplo de estrutura dinâmica também conhecida como *flow-rack*.
Fontes: http://www.bertoliniarmazenagem.com.br/por/index.php?cat=produtos&sub=flow_rack. Acesso em 20/07/2009; http://www.cnkingco.com/mhe/StorEq. Acesso em 15/08/2009.

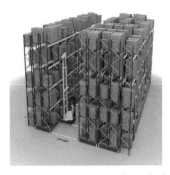 

FIGURA 7.15   Estrutura porta-palete deslizante.
Fonte: Bertolini Sistemas de Armazenagem e Jungheinrich.

Aliados aos equipamentos de armazenagem de materiais estão os equipamentos de movimentação, cuja variedade disponível no mercado atende praticamente aos requisitos dos mais exigentes projetistas.

Em linhas gerais, eles podem ser classificados dentro de duas modalidades básicas:

- Equipamentos destinados unicamente à movimentação horizontal, como é o caso de carrinhos, paleteiras, esteiras rolantes, rebocadores e tratores.
- Equipamentos destinados à movimentação horizontal e vertical, como é o caso das empilhadeiras, guindastes sobre rodas, pontes rolantes etc.

Entre os equipamentos que revolucionaram os processos de armazenagem está a empilhadeira, como o exemplo da Figura 7.16.

FIGURA 7.16 Exemplos de empilhadeiras.
Fonte: Gonçalves (2010a).

Uma das grandes vantagens do uso de empilhadeiras está relacionada à sua flexibilidade operacional. Agilidade na movimentação e elevação das cargas estão entre os fatores importantes na decisão de utilizar esse equipamento.

No mercado, existe uma gama variada de modelos que podem ser escolhidos em função da carga a ser transportada, altura máxima de empilhamento desejada (empilhadeiras com colunas de elevação com sistemas telescópicos) etc.

Dependendo do local onde as empilhadeiras serão utilizadas, existem opções quanto ao tipo de combustível utilizado, em face da poluição produzida pela sua queima. Assim, em áreas abertas, o uso de combustíveis fósseis (diesel, gasolina, GLP) é o mais comum, ao passo que, se esse equipamento for operar em áreas cobertas, há opção de equipamentos elétricos.

ARMAZENAGEM ESPECIAL (AS/RS — ARMAZENAGEM AUTOMÁTICA/SISTEMA DE RECUPERAÇÃO)

Em muitas situações, busca-se aproveitar ao máximo a altura ou o espaço aéreo para o armazenamento de produtos por intermédio do uso de sistemas automáticos, também conhecidos como AS/RS (*automated storage/retrieval systems*).

Esses sistemas, muito utilizados na Europa e nos Estados Unidos, também chegaram ao Brasil e têm sua aplicação em vasto contingente de situações e empresas.

Sua principal característica é o uso de sistemas sofisticados de elevação, normalmente por meio de transelevadores, o que permite manusear a carga por meio de uma estação de comando que poderá ou não estar acoplada ao equipamento.

Em muitos casos, esse sistema funciona acoplado a um computador que permite ao operador movimentar a carga com um simples clique em um *mouse*. Em linhas gerais, um sistema automático de armazenagem e recuperação de materiais (AS/RS) é dotado de uma estrutura de armazenagem, módulos de armazena-

CAPÍTULO 7   Armazenagem e movimentação de materiais

FIGURA 7.17   Uso de transelevador.

mento, uma máquina de estocagem e recuperação (normalmente um transelevador), e a estação de comando.

Esse sistema só é aplicado quando os custos operacionais e os investimentos em equipamentos, sistemas informatizados, módulos de comando etc. justificam a operação e a sua eficiência operacional frente às necessidades da empresa.

De acordo com estimativas de Miramira et al. (2009), os investimentos envolvidos entre estruturas para armazenamento, equipamentos de manuseio e controle variam de acordo com a necessidade do usuário e estão na faixa entre US$ 1 e US$ 5 milhões. Só o transelevador custa em torno de US$ 100 mil.

Entre as vantagens da utilização desses sistemas, pode-se listar (Miramira et al., 2009):

- A operação automática reduz os erros e os acidentes nas operações de armazenagem e recuperação dos materiais.
- O tempo de movimentação é significativamente reduzido pela automação do sistema.
- O uso de transelevadores permite elevar consideravelmente a altura para as atividades de armazenagem com utilização máxima do espaço vertical em grandes alturas.
- Há significativa redução dos custos de mão de obra, apesar do aumento de outros custos provenientes da utilização de equipamentos automáticos.

As desvantagens, por outro lado, estão relacionadas a:

- Padronização do contentor ou palete para o armazenamento.

- Altos investimentos e altos custos de manutenção dos equipamentos, o que vai depender das dimensões do armazém.

Esses tipos de sistemas são utilizados em grande parte por empresas de grande porte, entre elas aquelas que: comercializam alimentos, distribuem produtos para o varejo, comercializam autopeças etc.

TÉCNICAS DE OPERAÇÃO DE UM ARMAZÉM

Em linhas gerais, como mostrado nos parágrafos anteriores, um armazém opera segundo um processo que basicamente pode ser representado pela Figura 7.18.

Hoje, em sua maioria, os armazéns têm funções que envolvem as atividades de atender tanto o recebimento e a expedição dos materiais da forma mais otimizada possível, como a redução de custos operacionais e a melhora dos níveis de serviços no atendimento.

Um armazém que opera na forma de um depósito guarda os produtos para serem oferecidos aos clientes, ou seja, em uma operação denominada empurrada; enquanto os novos armazéns, que passaram a ser denominados centros de distribuição, operam recebendo e atendendo aos pedidos da forma mais rápida possível, uma filosofia estilo *just in time*, em uma operação denominada puxada.

Segundo a ótica das operações puxadas, os grandes centros de armazenagem são transformados em centros de materiais em trânsito, já que, tão logo quanto possível, os materiais recebidos são despachados para seus destinos finais.

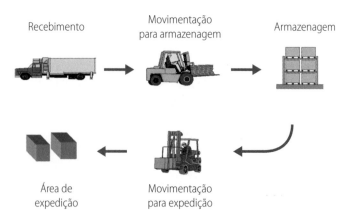

FIGURA 7.18 Operação básica de um armazém.
Fonte: adaptada de Gonçalves (2010a).

CAPÍTULO 7 Armazenagem e movimentação de materiais

A primeira operação da abordagem puxada é a utilização de um sistema de atendimento denominado *cross docking,* que literalmente significa "cruzando as docas". Um armazém que opere com um sistema de *cross docking* acaba por receber o produto, normalmente de um fabricante, e o encaminha diretamente para a área de expedição, de onde será despachado para um rol de clientes previamente especificados.

Um exemplo que pode elucidar o processo é o de um grande varejista que atue na comercialização da linha branca (geladeiras, máquinas de lavar, fogões). Esse varejista tem uma rede de lojas localizadas em uma grande metrópole, como Rio de Janeiro ou São Paulo. Os pedidos de produtos da linha branca são efetuados junto ao fabricante. Tão logo esses produtos são recebidos no armazém central (centro de distribuição), são então transferidos para outros veículos de menor porte, de acordo com uma programação roteirizada de entrega para atender aos pedidos de reposição das lojas ou, ainda, segundo um roteiro previamente fixado para atender aos pedidos dos clientes que adquiriram o produto via lojas ou mesmo via *web.* Um processo semelhante ao citado é utilizado pela rede de lojas do Ponto Frio® na cidade do Rio de Janeiro.

Os pedidos dos clientes efetivados junto às lojas são então encaminhados à central, que, por sua vez, aglutina todas as necessidades de cada um dos produtos (geladeira, fogões, máquinas de lavar etc.). Os pedidos assim aglutinados são enviados para a fábrica por intermédio de comunicação direta.

Ao recebê-los, a fábrica terá, no dia subsequente, um espaço de cerca de 2 horas (janela de tempo) para fazer a entrega no centro de distribuição do varejista que já destaca caminhões de sua frota ou frota terceirizada para fazer as entregas nos bairros e nas lojas de sua rede. Assim que os produtos enviados pelo fabricante chegam ao centro de distribuição, eles são divididos em lotes de acordo com a programação de roteirização e pedidos dos clientes.

Como pode ser verificado, nas operações de *cross docking* é essencial que se faça uso intenso da tecnologia da informação, pois o sistema *cross docking,* para ser efetivo, necessita de um fluxo contínuo de informações sobre as mercadorias que estarão envolvidas no processo de transferência direta, o elenco de fornecedores e os clientes destinatários.

Por esse motivo, as operações que utilizam esse processo são realizadas com o suporte da tecnologia da informação, com o uso constante da troca eletrônica de dados (TED) entre o fornecedor e o depósito no qual serão realizadas as transferências de destino via *cross docking.*

Conforme mencionam Schwind e Schaffer, oportunamente citados em Oliveira (2010), as informações mais importantes que deverão ser enviadas via TED são: produto, identificação do operador logístico ou transportador responsável, quantidade e configuração da encomenda de acordo com as especificações dos

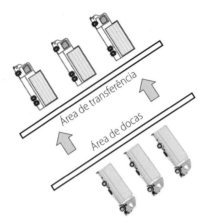

FIGURA 7.19 Exemplo de operação de *cross docking*.

pedidos, informações que permitam identificar as encomendas marcadas para o *cross docking*, localização das docas de descarga e da doca de transferência, destino intermediário e final da mercadoria que sofrerá a operação de *cross docking*, especificações que determinem os procedimentos de manuseio dos materiais envolvidos na operação e, como não poderia faltar, indicações claras sobre a data e a hora de entrega de cada carga nos respectivos caminhões.

A marcação das encomendas normalmente é feita por meio da utilização de códigos de barras que permitirão identificar cada pedido e, consequentemente, cada cliente final.

A segunda característica adicionada ao novo enfoque atribuído aos armazéns está relacionada ao processo de separação de pedidos, normalmente conhecido com *picking*[3].

As operações consistem na retirada dos produtos do armazém de acordo com as especificações de um pedido. Nesse pedido, estão descritos os itens de estoques a serem fornecidos e as respectivas quantidades.

As operações de separação das quantidades indicadas nos pedidos dos clientes é uma tarefa que demanda um grande volume de tempo dos operadores que se dedicam a esta tarefa, e uma das atividades que contribui negativamente para a produtividade geral do armazém.

Por esse motivo, as operações de *picking* são, em sua maioria, automatizadas de alguma forma, com o objetivo de mitigar o tempo gasto na coleta dos produtos aos diversos setores do armazém.

---

[3] O *picking* também é conhecido como *order picking*.

A aplicação da tecnologia de *picking* envolve estudos detalhados sobre as características dos materiais e suas relações com demanda, giro de estoques, tipos de produto, características de acondicionamento etc.

Alguns fatores são essenciais para o estudo das atividades de coleta de produtos no armazém, entre eles o uso intensificado da tecnologia de informações, com a aplicação de código de barras nos diversos produtos e critérios de armazenamento com identificação eletrônica do local de guarda, o que permite, em um primeiro estágio, criar roteiros de sequenciamento da atividade de coleta, de forma a reduzir ao máximo o tempo gasto na operação.

O uso de vários operadores para fazer a coleta dos pedidos ou dos materiais por setores de zoneamento dos armazéns e os períodos em que essas operações serão realizadas são elementos essenciais para melhorar a *performance* da operação de *picking*. Por exemplo, o uso de leitores de código de barras é indispensável para o bom desempenho da atividade.

A Figura 7.20 apresenta um exemplo de operação de separação de pedido em que um único operador é encarregado de fazer a colheita dos produtos que normalmente ficam dispostos em escaninhos especiais. Esse sistema é normalmente utilizado nos centros de distribuição da indústria farmacêutica.

Diversas são as estratégias utilizadas nas operações de *picking* ou separação dos pedidos, entre elas:

- Separação manual (*picking* manual) – o próprio operador faz a coleta dos itens dos pedidos percorrendo os corredores do armazém.

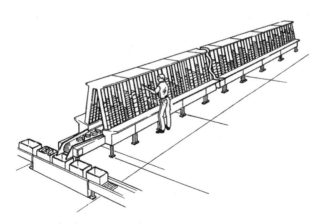

FIGURA 7.20 Exemplo de operação de separação de pedidos.
Fonte: http://www.cnkingco.com/mhe/StorEq/#Split-case%20order%20picking%20system. Acesso em 24/08/2012.

- Separação discreta (*picking* discreto) – um operador faz a coleta de um único item por pedido.
- Separação por zona (*picking* por zona) – situação na qual a área de armazenagem é dividida em zonas e um operador é o responsável por fazer a coleta dos itens dessa zona. Os itens assim coletados são então disponibilizados em uma área destinada à consolidação dos pedidos.
- Separação por onda (*picking* por onda) – bastante similar à separação discreta dos pedidos, mas, neste caso, a separação é realizada em turnos nos quais os produtos são recolhidos durante certo período de tempo.
- Separação automática – os pedidos são separados por um sistema de automação industrial que recolhe os pedidos de estruturas deslizantes, com o uso de transelevadores ou sistemas robóticos. Um desses modelos utiliza um sistema de esteira e sistemas laterais contendo os diversos produtos. De acordo com as especificações dos pedidos, os sistemas laterais que armazenam os itens que estão acoplados à esteira liberam a quantidade de cada item de cada pedido e, ao final, um operador se encarrega de consolidar cada pedido que recebe uma etiqueta em código de barras que identifica o cliente e o respectivo pedido.

SISTEMAS DE GERENCIAMENTO DE ARMAZÉNS

O avanço das tecnologias de automação aliado ao avanço da tecnologia da informação permitiram criar novas formas para o gerenciamento de armazéns.

Assim nasceram os sistemas de gerenciamento de armazéns, conhecidos como *warehouse management systems* (WMS), destinados a otimizar as operações dos armazéns.

Esses sistemas vêm sendo utilizados por grandes empresas, como Casa & Vídeo®, Sadia®, Xerox®, ECT®, Ponto Frio®, Gillete do Brasil®, entre outras.

O WMS gerencia todas as operações executadas e as informações geradas no armazém com alto nível de confiabilidade, mantendo um perfeito controle das operações e fornecendo informações precisas sobre os níveis de estoques dos diversos itens armazenados.

Todas as operações realizadas, como recebimento de materiais, endereçamento de destino e de localização, armazenagem, separação dos pedidos, expedição e despacho dos materiais, são controladas e administradas com auxílio desse *software*, que faz um verdadeiro rastreamento das atividades com o objetivo de reduzir eventuais gargalos operacionais, distribuir de forma adequada a mão de obra disponível e otimizar a utilização dos equipamentos de movimentação existentes no armazém.

CAPÍTULO 7 Armazenagem e movimentação de materiais

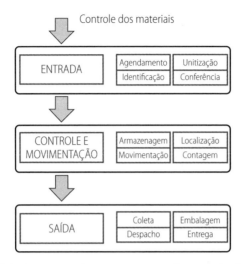

FIGURA 7.21 Modelo de sistema de gerenciamento de armazém (WMS).

Nas tarefas relacionadas ao recebimento dos materiais, o WMS permite que seja efetuada uma agenda de recebimento das cargas (caminhões) por dia, hora e doca de recebimento, prioriza o desembarque de acordo com as necessidades fixadas, faz o endereçamento automático ou manual dos paletes no recebimento e realiza operações de conferência dos materiais recebidos. Além disso, com a utilização de uma plataforma subsidiária da tecnologia da informação, o sistema captura as notas fiscais dos fornecedores mediante aplicação de uma interface com os sistemas corporativos.

O endereçamento dos produtos recebidos, seja por processo automático ou manual, é realizado mediante a utilização de parâmetros específicos, como zona de armazenamento, rotatividade do estoque do produto, família de produtos etc.

Na definição do endereçamento são utilizados critérios operacionais como primeiro a entrar, primeiro a sair, peso dos produtos, sistemas de *picking* etc.

O WMS permite também fazer o controle das diferentes estruturas destinadas ao armazenamento dos produtos, como estruturas porta-paletes, estruturas *drive--in*, prateleiras etc.; além de controlar contabilmente as mercadorias armazenadas para todos os efeitos legais.

No processo de expedição, o sistema pode gerar um plano de separação dos pedidos por grupos, utilizando critérios de seleção por clientes, datas de previsão de expedição, entre outros critérios, controlando a expedição por palete, volume ou caixas.

No processo de separação dos pedidos, o sistema poderá criar alternativas, como separar por nota fiscal ou de forma consolidada, permitindo também que seja realizado um processo de romaneio das notas fiscais separadas para cada veículo de entrega. Nas atividades de *picking*, por exemplo, esse software auxilia por intermédio da captura dos pedidos dos clientes, por meio de interfaces comerciais, mantendo diversas alternativas quanto ao processo de separação propriamente dito, por exemplo, por pedido, por rota, por clientes etc.

No transporte, o *software* tem a flexibilidade de permitir controlar o registro e as ordens de transporte, possibilitando a rastreabilidade dos produtos por lote, cliente, etc.

De uma forma geral, pode-se dizer que o WMS permite mapear e rastrear todas as atividades do armazém, possibilitando obter não somente uma síntese da quantidade completa de um material existente, como também determinar, com exatidão, a localização de um material específico existente no armazém/depósito.

No mercado brasileiro, diversas empresas comercializam e implantam esses sistemas, entre elas Autolog da Techwork, Logix da Logocenter, WMS da Store Automação (Store/WMAS), SAP, entre outras.

Com a utilização de um sistema WMS, é possível otimizar as movimentações dos estoques e as posições dos produtos armazenados, e mesmo armazenar, nos diversos depósitos, os estoques de material de vários centros em conjunto, utilizando-se das técnicas de armazenamento aleatório, graças à existência de um poderoso sistema de controle integrado.

Um sistema WMS projetado dentro dos mais modernos conceitos de automação permite integrar um conjunto de plataformas e suas interfaces, como mostra a Figura 7.23.

FIGURA 7.22 Exemplo de WMS.
Fonte: adaptada de http://help.sap.com/saphelp_470/helpdata/pt/c6/f8386f4afa11d-182b90000e829fbfe/content.htm. Acesso em: 22/05/2010.

CAPÍTULO 7 Armazenagem e movimentação de materiais

Plataforma	Interfaces	Interfaces com usuário

■ Hardware (Intel)
■ Software
  ◻ Unix, Linus, Windows NT/2000 Server
  ◻ Oracle Database
  ◻ Linguagens: PL/SQL, Java e C++ (Kemel)
	■ SAP (WM, MM) certificada
	■ Sistemas legados e outros ERP
	■ Hardware (TCP/IP e Profibus, entre outras)
		■ Coletores de dados com código de barras e RF
		■ WEB (e-Logistics)

FIGURA 7.23 Integração de plataformas e suas interfaces.
Fonte: adaptada de http://ssi-schaefer.cl/descargas/wms.pdf. Acesso em: 17/11/2010.

Com o mercado competitivo de hoje, uma das estratégias fundamentais das organizações está relacionada à melhoria dos serviços aos clientes. A utilização de melhorias nos processos de recebimento, armazenagem e expedição de materiais tem também esse objetivo, especialmente em face do aumento considerável das transações de compras realizadas via internet. Isso acaba por produzir no cliente uma grande ansiedade para receber, no menor espaço de tempo possível, o produto que adquiriu via web.

O uso de um WMS permitirá, por intermédio do gerenciamento de todas as tarefas envolvidas no processo, uma alta eficiência operacional, uma considerável redução no tempo de processamento dos pedidos e no atendimento aos clientes, além de permitir também sensíveis reduções de custos se comparado com as atividades tradicionais.

EXERCÍCIOS

Questões

1. Qual a importância estratégica da armazenagem na logística?
2. Qual é a finalidade de um centro de consolidação de cargas?
3. Cite três serviços prestados por um centro de distribuição. Explique a finalidade de cada um dos serviços citados por você.
4. Em que consistem as atividades de *cross docking*?
5. Em que consiste as atividades de *picking*?
6. O que é um WMS e quais são as suas operações essenciais?

Exercícios quantitativos

1. Uma empresa distribuidora de produtos farmacêuticos e de cosméticos que atende ao mercado varejista estuda a utilização de uma modalidade de transporte para distribuir seus produtos a partir de um centro de distribuição localizado no Rio de Janeiro. Os produtos destinados ao transporte são acondicionados em paletes com 100 unidades.

Logística e cadeia de suprimentos: o essencial

O custo médio padrão de cada unidade transportada é de R$ 6,80. A empresa pretende transportar um total de 144 mil paletes para o centro de distribuição no próximo ano e tem duas alternativas para esse transporte, conforme apresenta a Tabela 1.

TABELA 1   Parâmetro por modalidade de transporte

Modal	Carregamento por viagem	Custo por carregamento
Vagão ferroviário	14.400 paletes	R$ 1.300,00
Rodoviário	3.600 paletes	R$ 350,00

O custo por carregamento por viagem refere-se ao custo de movimentação da totalidade de paletes até a área de embarque e a disposição desses paletes no modal de transporte que será utilizado, como mostra a Tabela I.

O custo de manter um item em estoque, incluindo o custo de capital, seguro e armazenagem, foi estimado em 25% ao ano.

Atualmente, os embarques são realizados por meio do modal vagão ferroviário e, em função do tempo de viagem, a empresa vem mantendo um estoque estratégico no centro de distribuição de 8 mil paletes. Para cada dia de redução no tempo de viagem, a empresa estima que vai poder reduzir em 2% o estoque estratégico do centro de distribuição.

O tempo de trânsito de cada viagem e o custo unitário de transporte de cada palete, desde a fábrica até o centro de distribuição, está indicado na Tabela 2.

TABELA 2   Custos e tempo de viagem por modal

Modal	Tempo de viagem	Custo de transporte por palete
Vagão ferroviário	20 dias	R$ 2,00
Rodoviário	5 dias	R$ 25,00

A empresa opera 360 dias por ano.

Calcule o custo logístico total de cada modal de transporte.

2. O gerente de logística de uma grande distribuidora de materiais de construção estuda três opções para a escolha de um modal de transporte para o transporte de sacos de cimento adquiridos de um fabricante tradicional, levando em conta que o transporte é de responsabilidade da empresa distribuidora.

Ele compilou as informações apresentadas na Tabela 3:

CAPÍTULO 7 **Armazenagem e movimentação de materiais**

TABELA 3

Modal	Tempo de trânsito em dias	Tarifa (R$/unidade)	Tamanho da carga para o embarque (em sacos de 50 kg)
Vagão ferroviário	12	2,00	600
Rodoviário	5	2,80	240

O contrato de fornecimento envolve a aquisição de 60 mil sacos de cimento por ano ao preço contra entrega de R$ 12,50 (FOT/FOR – *free on truck/free on rail*) por sacos de 50 kg.

O custo de movimentação de cada saco de cimento no depósito do fornecedor é de R$ 0,12 por unidade, independentemente do modal de transporte utilizado. Essa movimentação consiste na retirada do saco de cimento, acondicionado em paletes contendo cinco unidades, desde o depósito da fábrica e sua movimentação até a área de embarque.

O custo de posse do estoque de um saco de cimento foi estimado em 18% ao ano e o preparo de cada embarque, independentemente do modal de transporte, está estimado em R$ 120,00 por embarque.

Perguntas:

a. Qual o modal de menor custo logístico total? Justifique matematicamente a resposta.

b. Qual o custo final (agregando-se os custos logísticos totais) de cada saco de cimento posto para a distribuidora de materiais de construção?

3. Um fabricante de produtos de limpeza estuda uma mudança na embalagem de acondicionamento de um dos seus produtos. O objetivo é promover ganhos no transporte, melhorando significativamente o desenho da embalagem, de tal forma que acomode um maior número delas em um mesmo palete.

Dois modelos de embalagens para o transporte do produto estão sendo estudados pela equipe responsável pela logística da empresa. O modelo XR45A permite que se acondicione 196 embalagens do produto em uma embalagem de transporte, ao passo que o modelo YK38B possibilita acondicionar 256 embalagens. A mudança na embalagem do produto não implicará aumento de custo.

O transporte dessas embalagens é efetuado em palete-padrão ISO (1,20 m x 1,20 m), que tem a capacidade de transportar 25 caixas por palete. Após esse transporte, os paletes são descartados, por serem do tipo sem retorno.

A equipe de logística levantou os seguintes dados complementares para análise:

- Demanda anual do produto: 1.120.000 caixas.
- Custo do palete (*one way* – sem retorno): R$ 12,00 a unidade.
- Custo de movimentação de um palete da fábrica até a baia para embarque: R$ 1,50 por palete.
- Custo do embarque: R$ 380,00 por embarque.
- Custo de posse do estoque: 25% ao ano.
- Volume transportado por embarque: cinquenta paletes.

Com base nas informações disponíveis, apresente um estudo comparando os custos totais para o modelo XR45A e os custo totais para o modelo YK38B.

CAPÍTULO 8

Logística e distribuição física

INTRODUÇÃO

Há 5 mil anos, os egípcios construíram barcos e há 4 mil anos, a roda foi inventada. Esse dois aparatos tecnológicos permitiram o desenvolvimento dos transportes e, consequentemente, a troca comercial entre os povos.

Para a guarda dos produtos comercializados, foi necessária a criação de armazéns, resultado do desenvolvimento das civilizações.

O primeiro grande armazém de produtos foi erigido em Veneza, uma das principais rotas do tráfego comercial entre nações na era medieval.

A expansão das atividades comerciais por intermédio do mar Mediterrâneo acabou produzindo um grande impulso para que fossem construídos novos armazéns para a guarda dos produtos comercializados e a criação de novos portos tornou-se indispensável para o escoamento desses produtos.

Com a expansão do comércio, impulsionada pela existência de novos portos e armazéns ao longo das rotas dos navios, o comércio alastrou-se em grande escala, de tal forma que novos portos e novos armazéns foram sendo criados e, por consequência, foi-se formando a distribuição física como se conhece atualmente.

Assim, a distribuição física é o ramo da logística que trata da movimentação, do armazenamento e da entrega dos produtos aos diversos clientes de produtos e absorve cerca de dois terços dos custos logísticos das empresas.

O projeto de configuração de uma rede de distribuição, bem como a definição do fluxo de produtos que vai fluir por meio dela, não é uma tarefa fácil. Essa configuração depende de ferramentas sofisticadas para realizar o processo detalhado do fluxo desejado de produtos e de algoritmos computacionais bastante sofis-

Logística e cadeia de suprimentos: o essencial

ticados que permitam otimizar esse fluxo de forma a melhorar o nível de serviço prestado ao cliente e reduzir os custos operacionais das operações envolvidas.

A distribuição física tem por finalidade assegurar que os produtos sejam entregues nos pontos de consumo ou mesmo no local indicado pelo cliente que os adquiriu. Ela é o verdadeiro elo entre a produção e o mercado consumidor.

Assim como a cadeia de suprimentos é essencial para as atividades da manufatura, a cadeia de distribuição é imperiosa para disponibilizar produtos e serviços no local onde eles serão consumidos.

É importante destacar dois aspectos interessantes quando se trata da distribuição física:

- O primeiro deles envolve a própria cadeia de distribuição, que é a estrutura sistêmica que interliga um conjunto de atores como fabricantes, distribuidores e/ou atacadistas e o cliente final, que permite o permanente fluxo de bens e serviços que flui ao longo desta cadeia até o ponto de consumo exigido pelo cliente final.
- O segundo aspecto, não menos importante, está relacionado ao denominado canal de distribuição. O canal nada mais é que o veículo de transferência de produtos e serviços por intermédio da cadeia de distribuição. Em outras palavras, o canal de distribuição pode ser entendido como um conjunto de sistemas independentes envolvidos em um processo que visa tornar produtos e serviços disponíveis para consumo no *locus* dos clientes.

Conforme estudos realizados por vários colaboradores e entidades, os custos logísticos envolvidos na distribuição física absorvem cerca de dois terços dos custos logísticos das empresas[1].

Por um lado, a distribuição física é uma atividade estratégica suficientemente poderosa para alavancar os ganhos de mercado e melhorias na *performance* de lucro das empresas.

Por outro, ela precisa ser gerenciada dentro de conceitos mais modernos de gestão de processos e baseada no foco dos custos envolvidos e ganhos esperados.

CADEIA DE DISTRIBUIÇÃO

A Figura 8.1 apresenta de forma simplificada uma cadeia de distribuição.

Uma cadeia de distribuição é composta de vários atores, entre eles:

---

[1] Estudos demonstrados no *Relatório de Pesquisa – Custos Logísticos no Brasil* pelo Centro de Estudos Logísticos da Coppead/UFRJ.

CAPÍTULO 8 Logística e distribuição física

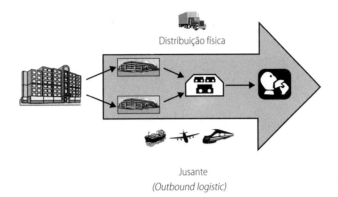

FIGURA 8.1 Cadeia de distribuição física.

- Produtor ou manufatura.
- Distribuidor.
- Consumidor ou cliente final.

Examinando a distribuição física no contexto geral, pode-se considerar que ela tem dois significados básicos: um conjunto de atores que fazem parte da sua estrutura operacional e mercadológica; e um conjunto de operações destinadas a concretamente disponibilizar um produto ou um serviço no local desejado pelo cliente ou consumidor final.

O conjunto de atores pode ser entendido como as empresas em seus vários modelos empresariais e corporativos que compram, vendem e movimentam produtos ao longo de um canal de distribuição.

Já o conjunto de operações envolve aquelas destinadas a fazer o produto fluir ao longo do canal e ser armazenado em algum ponto deste canal até que ele chegue ao seu destino final.

Entre as funções desenvolvidas por um canal de distribuição, destacam-se (Webster apud Guilhoto e Milone, 2003):

- Aquisição – efetiva-se mediante contratos junto a fornecedores, objetivando o fornecimento de produtos ou contratos realizados com revendedores autorizados.
- Venda – configura-se por meio da celebração de contratos entre clientes e fornecedores, denominados de contratos de fornecimento de material e/ou serviços.

- Sortimento de produtos – traduzido na capacidade de atender a uma gama variável de produtos por intermédio de um único fornecedor ou de um leque de fornecedores.
- Armazenagem – tem como finalidade primordial garantir a disponibilidade imediata do produto e mesmo o seu acesso por meio de armazéns estrategicamente localizados. Também atende aos requisitos de dar proteção física para os produtos armazenados contra danos, perdas ou deterioração. Tem como responsabilidade realizar as operações de armazenagem.
- Fornecimento fracionado – realiza-se por intermédio do processo de dividir o lote de produto recebido de fornecedores e/ou fabricantes em lotes de menores quantidades, com o objetivo de atender às necessidades dos mercados e clientes.
- Transporte – atividade destinada a fazer fluir de forma constante os produtos por meio do canal de distribuição, objetivando atender de maneira adequada às exigências por demanda de produtos ofertados.

Outras atividades complementares também estão presentes, como:

- Gerenciamento e avaliação – tem por objetivo gerenciar e avaliar o fluxo de bens e serviços que fluem e operam por intermédio do canal de distribuição. Também são agregadas aqui as funções referentes a inspeção, testes e avaliação dos produtos, tanto no que se refere à quantidade fornecida e/ou adquirida quanto no que tange à qualidade desses produtos.
- Informações de mercado – tem como objetivo tornar o canal visível a todos os seus operadores, permitindo um perfeito entrosamento entre todos os entes do canal, o que evita, por consequência, o denominado efeito chicote. É importante ressaltar que essas informações devem fluir ao longo do canal e nos dois sentidos, ou seja, do fornecedor para o cliente e deste para o fornecedor.

MUTAÇÕES DOS MERCADOS E DISTRIBUIÇÃO FÍSICA

Dois aspectos importantes promoveram uma sensível mutação no mercado consumidor, tanto no que diz respeito aos consumidores pessoas físicas quanto no que se refere aos clientes corporativos.

Os varejistas atualmente percebem de forma bastante clara que as compras passaram a ser realizadas em pequenas quantidades e com uma maior frequência. Isso se deveu, especialmente, ao controle do processo inflacionário que permeava o Brasil nos anos anteriores ao Plano Real, época em que os consumidores em geral faziam corridas regulares e mensais aos grandes centros de consumo (su-

CAPÍTULO 8 Logística e distribuição física

permercados, mais especificamente) em face de os preços sofrerem alterações a curtíssimo prazo. Estocar passou a ser uma estratégia perseguida por todos aqueles que, dispondo de recursos financeiros, podiam armazenar os produtos de consumo durante certo tempo para se resguardar de um processo inflacionário avassalador que consumia a economia brasileira.

Esse fato acabou produzindo uma nova estratégia, tanto para o consumidor final quanto para o cliente corporativo: o processo de compra tornou-se mais frequente e em menores quantidades. No que se refere ao ambiente corporativo, as empresas passaram a comprar em grandes volumes, porém com a exigência de que as entregas ocorressem com maior frequência.

Esses dois aspectos comportamentais do mercado consumidor, tanto de pessoas quanto das empresas, acabaram por promover uma nova visão dos processos destinados a fazer fluir, ao longo da cadeia, os produtos e serviços desejados pelos clientes, e o canal que faz os produtos fluírem até o cliente é essencial para o sucesso dos negócios.

Por um lado, vários são os fatores que determinam qual a melhor configuração do canal de distribuição. De forma geral, esses fatores influenciam consideravelmente a composição das forças de vendas e a velocidade com que os produtos chegam aos mercados e a seus consumidores. O resultado também é visível em termos de nível de serviço prestado ao cliente.

Por outro lado, o surgimento de novas tecnologias, especialmente as relacionadas à internet, e a disponibilidade de sites de oferta de produtos acabaram por dar um maior destaque à distribuição física, exigindo maior competência logística para os ofertantes de produtos por essa via.

Atualmente, navegando na web, uma pessoa pode adquirir praticamente qualquer tipo de produto, realizando essa transação com um simples clique no *mouse*. Essa operação, aparentemente simples de ser executada na frente da tela de um computador, transforma-se em um fluxo intenso de ações que serão imediatamente desenvolvidas pelos responsáveis em recepcionar o pedido do cliente e fazer a entrega do produto desejado no menor espaço de tempo possível.

Essa nova modalidade comportamental dos consumidores acabou por pressionar as empresas no sentido de desenvolver uma melhor estruturação de suas funções, de maneira a atender às novas exigências dos mercados e clientes.

Assim, o redesenho dos processos de negócios focados nos clientes e mercados, a redução de custos operacionais e a efetiva melhoria no processo de atendimento dos pedidos dos clientes se fizeram presentes com uma exigência indispensável à sobrevivência operacional e aos ganhos de competitividade.

Quem reagiu rápido às novas práticas e comportamentos dos clientes e às mutações dos mercados ganhou mais espaço no ambiente de negócios e maior presença estratégica de suas marcas diante de concorrentes que, perplexos, não conseguiram a necessária adaptação na topologia de seus mercados e exigências de seus clientes.

O desafio hoje é aliar os aspectos físicos do processo de atendimento ao gerenciamento das informações por meio de plataformas de tecnologias de informação especialmente projetadas para esse fim. Isso acaba produzindo um fluxo de materiais adequado às exigências dos clientes, sem necessariamente se manter grandes estoques da mercadoria.

Administrar a frota de entrega própria ou por intermédio de um operador logístico, controlar os processos de entrega e os entregadores quando esse processo não for terceirizado, bem como rastrear as cargas e as entregas nos seus mais diversos pontos, atualizando, assim, o *status* dos pedidos tornaram-se atividades essenciais para todos aqueles que pretendem aumentar sua fatia de comercialização e ganhar novos mercados.

Não é sem razão que os Correios tornaram-se parceiro essencial nos negócios de muitas empresas, especialmente com o advento das compras por meio de lojas virtuais e a criação do denominado "Sedex 10", um produto especial dos Correios que permite que uma entrega seja feita no dia seguinte pela manhã, desde que a encomenda seja postada em suas agências até as 12 horas do dia anterior ao da entrega. A Xerox®, por exemplo, se utilizava desse sistema para enviar de forma rápida peças de reposição para suas máquinas localizadas em vários pontos do país.

Em razão da capilaridade da malha dos Correios ele acaba tendo uma vantagem competitiva sem igual, por ser o único que consegue fazer entregas porta a porta em todas as residências brasileiras a um preço bastante competitivo.

CANAIS DE DISTRIBUIÇÃO

Na atuação do mercado, as empresas têm várias opções para fazer chegar seus produtos aos clientes, desde a forma mais tradicional, que se apresenta por intermédio de uma venda direta em um posto avançado nas proximidades do cliente, até por meio de lojas virtuais, nas quais os produtos são vendidos mediante contratos entre esses *sites* e os fabricantes dos diversos produtos.

Alguns aspectos são fundamentais para o estudo de estratégias destinadas a produzir ganhos consideráveis no fluxo de produtos pelos canais de distribuição. Assim, decisões relacionadas ao tipo de canal a ser utilizado, se direto ou indireto, à formatação organizacional do canal de distribuição, à cobertura que esse canal vai produzir em termos de topologia de mercados e se há utilização de intermediários no processo de vendas, são escolhas estratégicas e deverão ser examinadas.

De um lado, em uma visão mais generalista, pode-se considerar que a distribuição física é operada por três tipos de distribuidores:

CAPÍTULO 8 Logística e distribuição física

- Atacadistas *versus* varejistas.
- Comerciantes *versus* intermediários.
- Operadores logísticos.

No primeiro caso, as vendas são realizadas por meio dos grandes atacadistas, que se encarregam de atender ao mercado de lojas e comerciantes de pequeno porte, no caso, os denominados varejistas ou lojistas.

No segundo, existe a intermediação de um agente que serve de elemento de ligação entre o fabricante e o varejista.

Na terceira hipótese, o uso de operadores logísticos torna as operações mais concentradas, por permitir um gerenciamento mais integrado das diversas fases do fluxo de produtos pelo canal, como ocorre com a distribuidora Martins (http://portal.martins.com.br). Assim, um operador logístico poderá ser responsável por armazenar os produtos, movimentá-los, controlar seus estoques e atender à demanda de acordo com as exigências dos clientes.

É possível, também, classificar os canais de distribuição por nível. Um canal de nível zero é aquele que não possui intermediários entre o fabricante e o cliente final e assim sucessivamente até chegar, por exemplo, a um canal de nível três, que opera com três intermediários.

É claro que, quanto maior o número de intermediários existentes em um canal, mais distante fica o fabricante de seu mercado e da ausculta deste mercado, se não existir um perfeito entrosamento entre todos os intermediários que atuam neste canal.

Essa defasagem informacional pode existir entre os diversos intermediários de um canal que, em muitos casos, não repassam as informações referente às flutuações da demanda motivadas por efeitos de pico ou sazonalidades explícitas por medo de perda de poder ou por falta de entrosamento entre as partes envolvidas. Tal situação acaba por produzir o já conhecido efeito chicote.

As Figuras 8.2 e 8.3 apresentam as configurações dos canais de distribuição quando visualizados em termos de produtos de consumo geral (varejo, por exemplo) e produtos de uso industrial.

Em uma visão generalista podemos considerar que a distribuição física é operada por três tipos de distribuidores.

- Os agentes são aqueles responsáveis pela venda dos produtos e pelo fornecimento de informações relativas ao mercado. Estes poderão trabalhar exclusivamente nas atividades de vendas de produto sem, entretanto, manter estoques deste.
- Os atacadistas são os responsáveis por manter estoque dos produtos que comercializam e também encarregados de desenvolver quase todas as funções de um canal de distribuição.

207

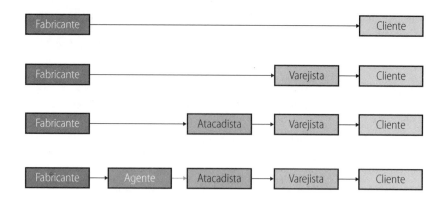

FIGURA 8.2 Canais para produtos de consumo (varejo).
Fonte: adaptada de Las Casas (1999).

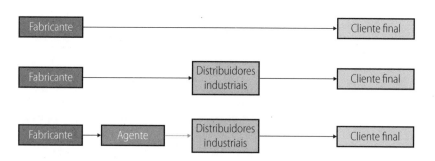

FIGURA 8.3 Canais para produtos industriais.
Fonte: adaptada de Las Casas (1999).

- Os distribuidores são aqueles que se especializam em fornecer determinada gama de produtos ou serviços de um fabricante e atender a determinados mercados específicos, conforme contratos entre eles e os fabricantes.

Assim, podemos dizer que um canal de distribuição, possuindo ou não uma rede de intermediários, é constituído de um portfólio de produtos que circula por meio do canal de distribuição e envolve uma série de atividades complementares, entre elas, forma de disponibilidade de oferta, conveniência na sua aquisição, assistência técnica etc.

A Figura 8.4 apresenta uma configuração típica com várias vertentes para os canais de distribuição em função do tipo de mercado a ser atendido.

CAPÍTULO 8 Logística e distribuição física

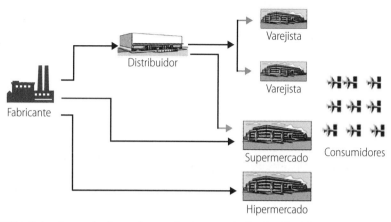

FIGURA 8.4 Exemplo de configuração dos canais de distribuição.

Outros aspectos, também de grande importância para os estudos preliminares quanto ao modelo de canal de distribuição que será utilizado, estão relacionados a três fatores:

O MERCADO E SUA EXTENSÃO

Neste tópico, questões quanto à concentração geográfica permitirão definir a existência ou não de um intermediário no processo, com a finalidade de melhorar o nível de atendimento e mesmo de auscultar o próprio mercado de forma mais ampla.

O mesmo acontecerá com referência ao tamanho do pedido solicitado pelo cliente. Quando os pedidos envolverem grandes quantidades, a recomendação é que o atendimento ocorra por vendas diretas, isto é, sem a utilização de intermediários.

Além disso, deverá ser avaliada a potencialidade do mercado em relação ao volume de clientes existente e às perspectivas de incremento de novos clientes. Quanto maior o leque de clientes, mais fortemente é indicada a utilização de um intermediário ou, se for o caso, um determinado número de intermediários, o que vai depender da extensão geográfica do mercado e do número de clientes nele dispersos. Se houver, no entanto, uma grande concentração de clientes em um mesmo espaço geográfico, deve-se estudar a utilização de um intermediário ou a decisão de atender diretamente a cada cliente.

Considerando que um canal de distribuição é um conjunto de entidades que se estruturam ao longo da cadeia de fornecimento de produtos acabados até o consumidor final, é importante levar em conta alguns aspectos relacionados à forma com a qual esses canais vão operar.

De forma mais geral, pode-se também classificar os canais de acordo com a modalidade de atendimento: verticalizado, horizontalizado ou misto. As Figuras 8.5, 8.6 e 8.7 apresentam a configuração geral dos respectivos modelos.

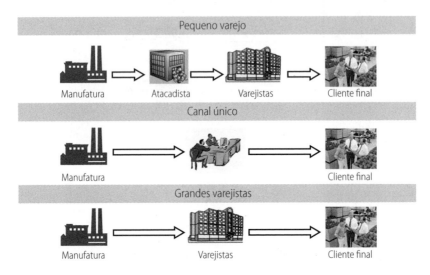

FIGURA 8.5 Exemplos de canais verticais.
Fonte: adaptada de Las Casas (1999).

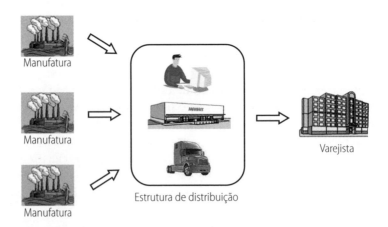

FIGURA 8.6 Exemplo de canal horizontal.
Fonte: Las Casas (1999).

CAPÍTULO 8 Logística e distribuição física

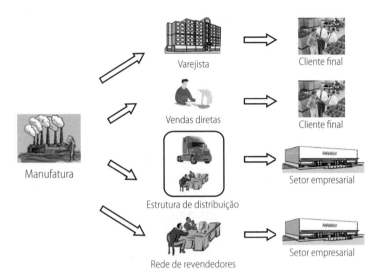

FIGURA 8.7 Exemplo de canais híbridos ou multicanal.
Fonte: Las Casas (1999).

O PRODUTO E SUA FORMATAÇÃO

De um lado, as características físicas dos produtos é uma variável importante a ser considerada visto que as mesmas influenciam consideravelmente os custos de transporte, manuseio e mesmo os custos de armazenagem.

Outro ponto a ser examinado refere-se aos aspectos relacionados a complexidade do produto. Fica evidente que quanto mais complexo for o produto maior será o grau de envolvimento nas questões relativas ao atendimento ao cliente, ou seja, a complexidade do produto ensejará um atendimento mais especializado.

De outro lado quanto mais especializado for o atendimento, menor será o grau de dispersão quanto ao número de canais de distribuição utilizados, muito especialmente para reduzir custos dos serviços. A complexidade de um produto demandará um atendimento técnico de alto nível sob pena de perda de mercado e de potenciais clientes.

O USO DE INTERMEDIÁRIOS

É importante ressaltar que o uso de intermediários para atender a determinados mercados é uma decisão que deve ser analisa sobre vários aspectos.

O primeiro deles refere-se aos serviços que o intermediário escolhido irá prestar ao canal, por exemplo, algumas atividades relacionadas ao marketing, assim como da disponibilidade desse intermediário na prestação de serviços para o fabricante junto aos seus clientes.

Outro aspecto também importante é a possibilidade de o intermediário processar o faturamento das vendas para os clientes maior flexibilidade existirá em relação aos seus serviços para a empresa fornecedora.

Bens industriais

Em se tratando de bens industriais, quais sejam matérias-primas, matérias, peças e componentes, vai indicar as alternativas quanto à venda direta para grandes compradores e indireta para os pequenos.

Em se tratando de matérias-primas ou mesmo de commodities, as suas características vão determinar qual será a modalidade de canal a ser escolhido.

Importante ressaltar que no quesito bens industriais e relativos a equipamentos, esses normalmente dispõem de canais específicos, sem sua maioria através de vendas diretas ou mediante a intermediação de um agente regional destacado pelo fabricante, ou como denominado pelo mercado, um representante comercial.

Canais verticais

Os canais verticais podem apresentar-se de três maneiras:

- Atendimento a pequeno varejo – com uma estrutura de canal envolvendo manufatura, atacadista, varejista e cliente final (consumidor).
- Atendimento a grande varejo – com uma estrutura direta envolvendo manufatura, grande varejista (caso de uma rede de supermercados, por exemplo) e cliente final (consumidor).
- Atendimento via canal único do próprio fabricante – estrutura que se apoia em uma rede de revendas do próprio fabricante ou mesmo em uma rede de vendedores, a exemplo da Avon.

Canais horizontais

Os canais que possuem mais de uma manufatura para suprir o varejo, como nos casos de produção e distribuição de refrigerantes pela Coca-Cola® e de Nescafé®, pela Nestlé.

CAPÍTULO 8 Logística e distribuição física

Canais híbridos ou multicanais

Canais híbridos possuem uma estrutura em que a manufatura utiliza um leque de possibilidades para atender aos diversos tipos de clientes:

- Mediante venda pela internet, catálogo ou via vendas por telefone, um determinado segmento de consumidores passa a ter atendimento.
- Uma segunda vertente do canal envolve-se no atendimento aos varejistas de rede e estes, por sua vez, suprem o mercado atendendo aos diversos clientes.
- Utiliza um distribuidor e uma rede de revendedores para atender a determinados segmentos do mercado de clientes.
- Utiliza uma rede de representantes de vendas destinada a atender ao mercado empresarial.

A Figura 8.7 apresenta um diagrama esquemático do conceito de canal híbrido ou multicanal.

Além das considerações relativas aos tipos de canal e suas variantes, há que se levar em conta também outros aspectos relacionados ao controle da destinação dos produtos. Isso significa dizer que poderão existir outras configurações altamente relacionadas ao produto em si.

Nesse contexto, podemos ter um sistema de distribuição exclusiva, no qual tem-se um alto controle sobre o canal de distribuição e, consequentemente, a marca que destaca o produto atinge diretamente o consumidor. Nesse caso, todo o canal está destinado, com exclusividade, a atender a determinado tipo ou tipos de produtos.

Outra configuração envolve a denominada distribuição seletiva. Nela, os produtos são deslocados para determinados pontos de varejo que são considerados pelos consumidores como pontos importantes no mercado de consumo.

Finalmente, pode-se ter também a denominada distribuição intensiva, cujo objetivo primordial é levar o produto ao maior número de consumidores possível por meio de uma extensa rede de varejistas. Esse tipo de distribuição é normalmente utilizado no caso de produto de conveniência e de baixo valor e que acaba envolvendo o próprio consumidor no processo direto de compra.

DISTRIBUIÇÃO COMO UMA REDE

Examinando a distribuição no contexto de um fluxo de bem em trânsito, é possível estudá-la como uma rede.

Não é sem razão que pode-se definir um canal de distribuição como uma rede por intermédio da qual fluem produtos e serviços desde o ponto de produção (manufatura) até o ponto de destino final (consumidor).

As redes se interconectam em estruturas especificamente projetadas para esse fim ou mesmo se desenvolvem de forma um tanto aleatória com base na expansão geográfica de uma região onde o mercado está se intensificando.

Existem várias configurações para as redes de distribuição. A Figura 8.8 apresenta a estrutura de algumas dessas redes.

Uma rede centralizada está mais relacionada ao processo de distribuição que parte de um centro de distribuição, como ocorre com uma central de abastecimento de uma grande loja de varejo, como as Lojas Americanas, supermercados etc.

A denominada rede arborescente é interessante nos casos em que o produto é manufaturado e distribuído em várias regiões por meio da utilização de centros de distribuição regionais.

Um exemplo pode ser uma empresa que fabrique um determinado produto no centro industrial de São Paulo e atenda ao mercado nacional por intermédio de centrais de suprimentos localizadas em determinadas regiões do Brasil.

No caso das denominadas redes aleatórias, é possível imaginá-las no velho estudo do famoso "caixeiro viajante", que tem como tarefa visitar o maior número possível de clientes ao longo de uma vasta rede. Essa configuração de rede é bastante conhecida na área de pesquisa operacional e é também denominada problema do caixeiro viajante.

A solução para otimização desse tipo de rede é bastante complexa, demandando o uso de algoritmos que necessitam de um trabalho computacional bastante longo com o uso de aparelhos de alto desempenho.

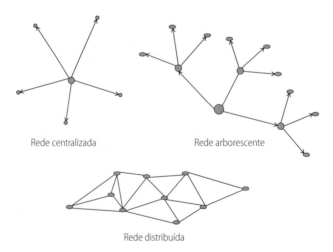

FIGURA 8.8   Exemplos de formação das redes.

CAPÍTULO 8 Logística e distribuição física

Pesquisadores da Universidade de Londres começaram a estudar o comportamento das abelhas e perceberam que elas com frequência praticamente diária se deparam com semelhante problema: devem visitar o maior número de flores possível para coletar o néctar e depois deverão retornar para suas colmeias. As pesquisas estão bastante avançadas e se deparam com o estudo do núcleo neural do cérebro das abelhas, responsável por esse processo algoritmo de altíssimo desempenho.

Possivelmente, o estudo desse circuito neural permitirá o desenvolvimento de uma rede de inteligência artificial (AI) que consiga em menor tempo de processamento encontrar uma solução otimizada do problema.

Um processo interessante com uma configuração assemelhada de rede é o utilizado na indústria automotiva e conhecido como *milk run* que foi inspirado no processo de coleta de leite utilizado pelos cooperativados da indústria de laticínios.

O sistema funciona da seguinte forma: os pequenos pecuaristas, após realizarem a ordenha de seus rebanhos bovinos, levam o leite em grandes latões até a estrada vicinal mais próxima. O caminhão da cooperativa passa, então, nesses pontos estratégicos e recolhe o leite para ser processado na central da cooperativa.

De modo semelhante, a indústria automotiva projetou o mesmo processo de uma forma mais sofisticada, por utilizar também a troca eletrônica de informações. Assim, é determinado que certo volume de veículos esteja na plataforma de produção em horários pré-fixados, um caminhão se encarrega de coletar o elenco de itens que serão utilizados nessa fase da produção junto aos fornecedores que, normalmente, se encontram em um raio de cerca de 5 km de distância da fábrica da montadora.

A exemplo do sistema do caixeiro viajante, embora de forma mais simplificada, a indústria automobilística se vale do mesmo processo para abastecer sua linha de produção com altos ganhos em termos de redução de custos.

O sistema de distribuição na modalidade do modelo de caixeiro viajante pode ser visualizado na Figura 8.9.

O processo se realiza por meio de uma programação de entregas aliada a um bom sistema de roteirização destinado a otimizar os custos de distribuição e o tempo gasto no percurso ao longo da zona em que o veículo vai operar.

Logística e cadeia de suprimentos: o essencial

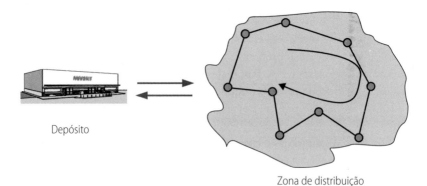

Depósito

Zona de distribuição

FIGURA 8.9 Distribuição no modelo do caixeiro viajante.

A partir de estudos realizados pela Universidade de Londres, os pesquisadores começaram a pesquisar a incrível capacidade de as abelhas se deslocarem entre diversas flores e retornarem a sua colmeia. Não é uma tarefa fácil. Esse processo é bastante semelhante ao famoso problema logístico denominado "rota do caixeiro viajante" cuja solução matemática é extremamente complexa demandando muitas horas de processamento em computadores de alta performance.

Esse maravilhoso animal "logístico" está sendo estudado pelos cientistas com o intuito de identificar o circuito neural que a abelha possui e lhe permite solucionar tão facilmente o problema complexo do "caixeiro viajante".

Da mesma forma, as formigas têm sido alvo de grandes estudos.

Ao examinar um formigueiro, verifica-se um aparente "caos" e também percebe-se que elas com frequência trocam informações entre si através de suas antenas.

Estudos permitiram verificar que as mensagens trocadas entre as formigas são de origem química (feromônios) e que esse tem função essencial na operação do formigueiro. As formigas reconhecem o território e desenvolvem técnicas especiais para a busca de suprimentos para o formigueiro.

Utilizando esses estudos, foi possível criar algoritmos computacionais complexos que foram aplicados em uma empresa fabricante de cimento, a Cemex, que atua no Oeste e no Sudeste dos Estados Unidos. Essa empresa faz entrega de cimento pronto para obras e utiliza uma frota de veículos para esse fim.

Imitando as formigas, a Cemex desenvolveu uma logística totalmente baseada nos princípios de reconhecimento do terreno e na operação das chamadas "formigas soldados", que podem decidir, em última instância, em que local do território devem agir. Assim, utilizando-se dos conceitos de "entregar o máximo de cimento, o mais rápido possível" baseado na voracidade das formigas e "renegar esforços em duplicidade e manter cada caminhão distante do outro", foi possível desenvolver um processo de entrega com melhor qualidade de atendimento aos clientes e com uma considerável redução de custos.

> Esse mesmo sistema foi utilizado pela British Telecom com o objetivo de operar sua frota de veículos nos serviços de manutenção com grande sucesso e uma baita economia!
> Fonte: http://professorgoncalves.blogspot.com.

Esse processo também pode evoluir para uma configuração mais ampla, como mostra a Figura 8.10. Nessa situação, a distribuição e a entrega dos produtos são realizadas por zoneamento e estão sujeitas a uma programação que vai estar em sintonia com as necessidades de cada zona e equacionada com base na disponibilidade de veículos para efetuar o transporte dos produtos até o local indicado pelos clientes.

Dois aspectos importantes devem ser considerados nessa configuração de atendimento pelo sistema de distribuição:

- O primeiro deles está diretamente relacionado ao processo de roteirização, no sentido de que sejam estabelecidas rotas de forma a reduzir ao mínimo o tempo de deslocamento entre cada um dos nós da malha. Isso vai acarretar uma melhoria considerável na otimização do tempo de percurso. Evidentemente, um bom software de roteirização permitirá obter bons resultados nesse processo e na programação de atendimento.
- O segundo aspecto está voltado para o tempo gasto na carga e na descarga (denominado janela de tempo) dos produtos em cada nó da malha a ser atendida. Isso dentro da hipótese de que em cada nó haja a possibilidade de se realizar tanto uma descarga (entrega de produto) quanto uma carga. Um exemplo é o aproveitamento do mesmo roteiro de entregas com o objetivo de se realizar a denominada logística reversa.

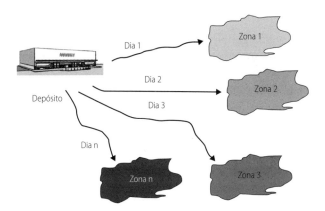

FIGURA 8.10   Distribuição programada por zoneamento.

Logística e cadeia de suprimentos: o essencial

Uma estratégia para redução dos tempos de carga e descarga é baseada no estudo do próprio processo em si, ou seja, na observação meticulosa dos procedimentos de carregamento e descarregamento do veículo de entrega. Isso permitirá, por exemplo, introduzir um sistema mais aprimorado para o carregamento do veículo e mesmo produzir o redesenho dos paletes ou *racks* destinados ao acondicionamento dos produtos.

Uma forma óbvia de se carregar os veículos para a realização das entregas é bem semelhante a um dos critérios da gestão de estoques e normalmente conhecido como "último a entrar, primeiro a sair" (UEPS). Assim, o carregamento dos veículos de entrega obedece criteriosamente ao processo inverso da programação de entregas: a carga que será primeiramente disposta no veículo será aquela que será descarregada ao final do roteiro de entregas.

Parece simples e óbvio, mas isso evita problemas sérios caso não seja observada essa regra básica: ao chegar a um determinado destino (nó da malha), o veículo terá de ser parcialmente descarregado para tirar a carga daquele destino que não se encontra disposta de acordo com os critérios fixados de programação de entregas.

Se, por um lado, o estudo da programação de entregas em termos da priorização dos nós da malha de distribuição permitirá um ganho no tempo total do roteiro, por outro, técnicas complementares, como gestão da demanda para equalizar a disponibilidade das necessidades dos clientes e a consolidação de pedidos, por agregar em uma mesma entrega vários produtos solicitados pelos clientes, poderá ocasionar melhorias significativas na redução dos custos de distribuição.

O problema da roteirização de veículos envolve a distribuição de produtos em um período curto de tempo para uma gama prefixada de clientes com a utilização de uma frota de veículos ou de um único veículo, por intermédio da utilização de uma rede viária existente.

Esse roteiro poderá englobar um único ou vários centros de distribuição espalhados na região e será também operado por uma única ou por várias equipes encarregadas de fazer as entregas aos clientes.

Um dos processos mais utilizados na roteirização é o denominado sistema do caixeiro viajante. Ele se inicia e termina em um mesmo depósito ou centro de distribuição e atende a uma gama preestabelecida de clientes. Esse sistema objetiva atender a todos os requisitos operacionais e necessidades dos clientes e tenta buscar o menor custo global de distribuição.

É importante registrar que o chamado método do caixeiro viajante envolve um volume enorme de cálculos matemáticos e não tem solução, ótima definida. Para a busca da melhor solução, será necessário fazer a simulação de todas as combinações possíveis de rotas existentes, por intermédio de algoritmos computacionais específicos.

Um dos sistemas também muito utilizados é aquele baseado na roteirização no estilo bolha d'água, em que as cargas são distribuídas de acordo, por exemplo, com a capacidade do veículo de transporte, como mostra a Figura 8.11.

Esse processo é utilizado pela Coca-Cola® na distribuição de seus produtos junto ao mercado de clientes e tem por objetivo:

- Minimizar os custos globais de distribuição em função da distância percorrida e os custos fixos associados ao uso dos veículos.
- Minimizar o número de veículos e as equipes necessárias para atender os clientes.
- Minimizar o tempo total de percurso de cada veículo.
- Promover o balanceamento das rotas equalizando o binômio tempo de deslocamento e carga dos veículos.
- Reduzir ao máximo o atendimento parcial dos clientes.

Outro método, também conhecido como método Clarke-Wright, foi criado em 1963 e é dotado de flexibilidade suficiente para resolver uma ampla gama de restrições práticas. O objetivo desse método, também conhecido como método das economias, é minimizar a distância total percorrida por todos os veículos, minimizando, indiretamente, o número de veículos necessário para servir a todas as paradas.

Outro processo envolve o denominado sequenciamento das rotas que são então planejadas com base nos métodos de roteirização e programação, e levam em conta que cada rota será atribuída a um único veículo.

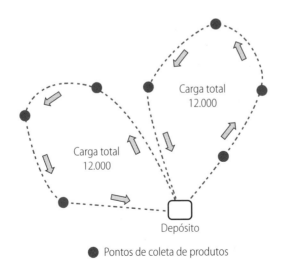

FIGURA 8.11 Roteirização pelo método da bolha d'água.

A ideia central é fazer um arranjo de entregas de forma a melhorar a utilização da capacidade disponível nos veículos, ao mesmo tempo em que procura aperfeiçoar o tempo percorrido nas diversas rotas planejadas.

No mercado de softwares, existe uma gama variável de empresas que disponibilizam seus produtos, objetivando atender aos problemas logísticos de roteirização de veículos de entrega:

- Roadnet da UPS Logistics Technologies.
- Road Show da Descartes Group.
- RoutePro da SSA Global.
- Truckstops da Micro Analytics.
- RouteSmart da RouteSmart Technologies.

Esses softwares foram desenvolvidos com o advento de sistemas de informação geográfica (GIS), o que permite ao operador visualizar e analisar graficamente as rotas propostas. É importante registrar que os clientes são codificados por intermédio de recursos de geocodificação, o que permitirá ao software calcular as distâncias e os tempos de forma otimizada por meio de algoritmos computacionais.

A Procter & Gamble, por exemplo, ao estudar detalhadamente os seus processos de distribuição de produtos junto aos seus clientes, consegue obter melhorias significativas, entre elas:

- Redução dos estoques nos depósitos de 19 dias para 6 dias.
- Considerável aumento na rotação dos estoques, que passou de dezenove vezes por ano para sessenta vezes por ano.
- Aumento do fluxo de caixa em até US$ 200 mil em face da redução dos estoques e do aumento do seu giro.
- Melhor utilização dos espaços nos centros de distribuição.
- Melhoria considerável nos serviços de atendimento aos clientes, o que provocou um aumento do nível de serviço de 96,5 para 99,2% para certos tipos de produto em face de poder disponibilizar a quantidade e a variedade de produtos exigidos pelos clientes.
- Aumento de 30% dos volumes encomendados e, consequentemente, incremento na sua participação no mercado em mais 4%.
- Considerável redução nos custos de distribuição.
- Redução dos artigos danificados entre 20 e 40%.

CAPÍTULO 8   Logística e distribuição física

EFEITOS DA INTERNET NA DISTRIBUIÇÃO FÍSICA

O crescimento da participação do comércio eletrônico no Brasil é considerável. Basta verificar que no final do ano de 2010 as compras por intermédio de sites da web representaram cerca de 40% das compras efetuadas pelos consumidores (O Globo, 2010).

Por um lado, esse processo cria maiores facilidades e comodidade para os clientes, visto que não necessitam se deslocar até uma loja física para comprar seus produtos.

Por outro, esse crescimento fez também emergir as dificuldades de algumas regiões quanto à infraestrutura logística destinada a atender aos pedidos, assim como também expôs a falta de planejamento e mesmo erros de cálculos nas projeções de vendas das empresas que ofereciam produtos via compras *on-line*.

De acordo com estudos realizados pela UFRJ/CEL-Coppead (Guilhoto e Milone, 2003), cujo teste foi baseado na compra de 90 CD em três lojas virtuais, foram apresentados os seguintes índices:

- 90% dos atrasos se deram em virtude de problemas de informação.
- 80% dos pedidos foram direcionados para entrega via ECT.
- Dos noventa pedidos, seis não foram entregues e nove não foram fechados por problemas na transação financeira.
- As compras com pagamento por meio de boletos bancários acarretou atrasos nas entregas de 3 a 5 dias.

Para melhor atender aos clientes, em especial por causa da crescente demanda de compras via internet, as empresas estão se aparelhando por intermédio de investimentos na área de apoio, como adequação da infraestrutura de seus depósitos e parceria com empresas especializadas em entregas (UPS, FedEx, DHL e mesmo utilizando os serviços da ECT, especialmente o Sedex).

Alguns exemplos de foco na área de atendimento para clientes que adquirem produtos via internet são:

- O site do grupo Pão de Açúcar criou uma equipe especial para atender às entregas de produtos perecíveis adquiridos pelo endereço http://www.amelia.com.br.
- O site da Livraria Siciliano (http://www.siliciano.com.br) criou uma parceria com as empresas de entrega do jornal *O Estado de São Paulo* com o objetivo de melhor atender aos seus clientes de compras via web.
- A Telefônica do Rio de Janeiro, aproveitando as redes de distribuição da Souza Cruz, por meio de uma parceria que manteve com a indústria de cigarros,

Logística e cadeia de suprimentos: o essencial

examina a possibilidade de se utilizar do mesmo canal para a distribuição de cartões pré-pagos de telefonia celular.

- A Coca-Cola®, por intermédio de sua expansão geográfica, investe no aumento do número de canais de distribuição para melhor atender aos seus clientes, aumentando sua escala e *expertise*.

A maior parte da comercialização de hortaliças no Brasil tem ocorrido através das centrais de abastecimento (Ceasa). Muito embora o maior volume de hortaliças seja comercializado por meio desses centrais, os grandes varejistas de autoserviços (como as redes de supermercados) têm buscado formas alternativas e mais eficientes para a aquisição dos produtos. Isso foi efetivado pelo desenvolvimento de centrais próprias, nas quais a compra de hortaliças *in natura* é efetuada diretamente junto a produtores ou atacadistas especializados.
Fonte: Luzenzani e da Silva (2004).

Um dos pontos centrais na estratégia de distribuição de produtos é a manutenção de um centro de distribuição adequadamente dimensionado para suportar as exigências do mercado para o qual foi projetado.

Entre os requisitos indispensáveis a um bom atendimento requerido pelo mercado, destacam-se alguns aspectos importantes no projeto e na configuração do centro de distribuição que lhe dará suporte:

- Flexibilidade operacional traduzida em um sistema de atendimento na operação de recepção, armazenagem e expedição de produtos em um regime de 24 horas por dia.
- Melhorias em tecnologia de apoio às operações de cargas, descargas e armazenamento de produtos, mediante a utilização de sistemas automatizados sempre que possível e economicamente viáveis.
- Sistema de informação projetado para dar flexibilidade e rapidez nos processos de recepção, guarda e expedição dos produtos que deverão ter assegurado um bom controle de qualidade, especialmente para produtos perecíveis. Isso significa dizer que o sistema será capaz de detectar itens em estoque cujo prazo de validade está próximo de vencer, facilitando, assim, que o produto seja distribuído o mais rapidamente possível.
- Projeto de armazenagem objetivando a manutenção de áreas específicas para famílias de produtos ou por categoria de produtos (material de limpeza, grãos, material de papelaria etc.).

CAPÍTULO 8 Logística e distribuição física

EXERCÍCIOS

Questões

1. O que é a logística de distribuição física?
2. Como são classificados os canais de distribuição?
3. Cite pelo menos três objetivos dos sistemas de roteirização para a distribuição física.
4. Explique o modelo de roteiro de distribuição denominado "modelo do caixeiro viajante".
5. Qual é o impacto da internet na distribuição física?

Exercícios quantitativos

1. O gerente de um depósito de uma distribuidora de bebidas e refrigerantes recebeu de uma transportadora uma oferta de redução do custo de transporte para embarques rodoviários de um tipo de cerveja que adquire de uma grande cervejaria.

As bebidas são acondicionadas em uma caixa contendo doze unidades que, então, são dispostas em *pallet-rack*. O *pallet-rack* e seu conteúdo de 360 unidades pesam 400 kg.

A proposta da nova transportadora é uma taxa de R$ 4,00 para cada 100 kg transportados, se um mínimo de 40.000 kg for movimentado em cada embarque. Atualmente, o gerente do depósito vem utilizando uma transportadora que cobra uma taxa de R$ 5,00 para cada 100 kg movimentados com embarques de 20.000 kg.

Os seguintes dados foram obtidos pelo gerente:

TABELA 1 Dados de demanda e custos.

Demanda anual de bebidas e refrigerantes	3.600.000 unidades
Custo no depósito (bebida ou refrigerante)	R$ 4,00 por unidade
Custo de preparação de um pedido de embarque	R$ 120,00
Custo de manuseio no depósito	R$ 1,20 por palete
Custo de posse do estoque	25% ao ano
Custo de um palete	R$ 35,00

a. Você recomendaria a contratação na nova transportadora? Justifique matematicamente a sua resposta.
b. Qual é o incremento de custo que o frasco de bebida e/ou refrigerante vai ter com o adicional do custo total de transporte, armazenagem e manuseio?

Logística e cadeia de suprimentos: o essencial

2. O gerente de logística de uma grande distribuidora de materiais de construção estuda três opções para a escolha de um modal para o transporte de sacos de cimento adquiridos de um fabricante tradicional, levando em conta que o transporte é de responsabilidade da empresa distribuidora.
Ele compilou as seguintes informações:

TABELA 2 Dados por modal.

Modal	Tempo de trânsito (dias)	Tarifa (R$/ unidade)	Tamanho da carga (embarque sacos de 50 kg)
Vagão ferroviário	12 dias	2,00	600
Rodoviário	5 dias	2,80	240

O contrato de fornecimento envolve a aquisição de 60 mil sacos de cimento por ano ao preço contra entrega de R$ 12,50 (FOT/FOR – fábrica) por sacos de 50 kg.
O custo de movimentação de cada saco de cimento no depósito do fornecedor é de R$ 0,12 por unidade, independentemente do modal de transporte utilizado. Essa movimentação consiste na retirada do saco de cimento, acondicionado em *pallets* contendo cinco unidades, desde o depósito da fábrica até a área de embarque.
O custo de posse do estoque de um saco de cimento foi estimado em 18% ao ano e o preparo de cada embarque, independentemente do modal de transporte, está estimado em R$ 120,00 por embarque.
Perguntas:
a. Qual é o modal de menor custo logístico total? Justifique matematicamente a resposta.
b. Qual é o custo final (agregando-se os custos logísticos totais) de cada saco de cimento posto na distribuidora de materiais de construção?

Estudo de caso Pósitron Computadores

A Pósitron Computadores é uma empresa que vem se destacando no mercado de informática nos últimos anos. Seus microcomputadores reúnem duas qualidades importantes: alta *performance* e baixo custo, o que agrada o público consumidor. Em razão disso, seu crescimento vertiginoso levou à necessidade de incrementar seu sistema de atendimento de vendas. O desenho esquemático apresentado na Figura 1 reflete a atual estratégia que vem sendo utilizada para o abastecimento de dois grandes centros urbanos (R1 e R2).
A central de armazenagem e despacho tem como finalidade consolidar as cargas recebidas da fábrica, que são então despachadas para os dois centros de distribuição R1 e R2.

A demanda anual de microcomputadores para as duas regiões atinge 180 mil unidades que são enviadas em lotes de 30 mil unidades por embarque da fábrica até a central de armazenagem e despacho. Na central de armazenagem e despacho, o lote recebido da fábrica permanece por um dia no armazém. Este lote é denominado estoque operacional. No dia seguinte, o estoque operacional é fracionado em dois lotes que são então transportados para os centros de distribuição. Nesse despacho, 60% do estoque operacional da central de armazenagem é enviado para a região R1 e o restante, para a região R2.

O custo de produção de cada microcomputador é de R$ 1.200,00 por unidade.

A empresa vem operando com um custo de capital de 24% ao ano. O custo de armazenagem na fábrica e nos centros de distribuição é o mesmo e equivalente a uma taxa de 6% ao ano calculada sobre o custo de produção de cada microcomputador.

Os microcomputadores são despachados da fábrica em lotes de 30 mil unidades, com um custo de carregamento de R$ 130,00 para cada lote de quinhentos microcomputadores colocados na estação ferroviária. O custo de preparo para o embarque está estimado em R$ 380,00 por embarque na fábrica. O transporte ferroviário da fábrica até a central de armazenagem e despacho é de R$ 3,20 por unidade e o tempo médio de transporte é de 5 dias.

A central de armazenagem e despacho é alugada e tem um custo mensal de aluguel e outras despesas operacionais de R$ 8.200,00.

O custo de despacho de cada microcomputador da central de armazenagem e despacho para os centros de distribuição regional é de R$ 1,20 por unidade despachada. Nesse despacho, os equipamentos são transportados em caminhões baú com os seguintes custos de transporte e tempo de percurso:

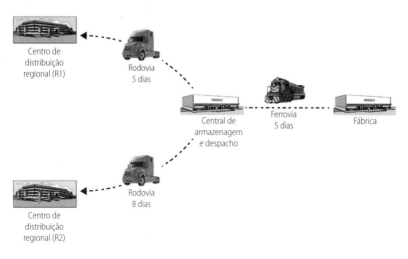

FIGURA 1 Cadeia logística da Pósitron Computadores.

Logística e cadeia de suprimentos: o essencial

- Da central para a regional R1 – custo de transporte R$ 5,40 por unidade e tempo de percurso de 5 dias.
- Da central para a regional R2 – custo de transporte de R$ 6,20 por unidade e tempo de percurso de 8 dias.

Um estoque estratégico de 30 mil unidades é mantido na central de armazenagem e despacho. No centro de distribuição da regional R1, é mantido um estoque estratégico de 1.800 unidades e no centro de distribuição da regional R2, esse estoque é de 1.200 unidades.

A empresa vem operando 360 dias por ano.

Estuda-se uma nova alternativa de transporte que consiste em enviar diretamente para cada centro de distribuição uma carga correspondente à parcela de cada lote de despacho da fábrica (30 mil unidades), ou seja, em cada despacho da fábrica, 18 mil microcomputadores serão transportados para a regional R1 e 12.000 microcomputadores, para a regional R2. Nessa nova alternativa, além dos estoques estratégicos das regionais serem duplicados, passando para 3.600 unidades na regional R1 e 2.400 unidades na regional R2, haverá a necessidade da manutenção de um estoque estratégico na fábrica de 18 mil unidades.

O tempo de transporte para essa nova alternativa em estudo é de 7 dias para a regional R1 e de 10 dias para a regional R2.

Nessa nova alternativa, uma empresa de transporte apresentou uma proposta que tem um custo de transporte de fábrica para a regional R1 no valor de R$ 9,20 por unidade transportada e da fábrica para a regional R2, no valor de R$ 8,40 por unidade. Perguntas:

a. Qual é o custo total que a Pósitron vem incorrendo na atual estratégia de transporte da fábrica até os dois centros de distribuição?

b. A nova alternativa deve ser aceita? Justifique matematicamente a sua resposta.

Por simplificação de cálculos, não considere os custos de despacho e transporte dos estoques estratégicos, independentemente de suas respectivas localizações.

CAPÍTULO 9

Previsão de demanda

INTRODUÇÃO

A gestão de qualquer ambiente de negócios necessita calcular estimativas ou mesmo antever o comportamento do mercado em certo horizonte de tempo futuro, visando adequar recursos e estratégias operacionais.

No âmbito do gerenciamento logístico, esse procedimento é de importância capital para que se tenha uma boa gestão por meio de uma adequada configuração das demandas dos clientes e da entrega dos serviços desejados.

Assim, a arte de fazer previsões, que remonta ao templo grego de Delphos[1], é essencial para a adequação dos recursos em todas as suas vertentes: dimensionar capacidades, calcular necessidade de capital de giro, adequar os estoques para suprir compromissos de demanda de clientes, determinar o volume de mão de obra necessário para uma boa prestação de serviços logísticos, adequar a frota de veículos para a distribuição física de produtos para atender adequadamente às exigências de clientes e dos mercados. Tudo isso envolve a arte de fazer previsões.

Deixando de lado a mera especulação futura como um exercício de futurologia barata ou puro diletantismo, ou mesmo um mero exercício destituído de qualquer base científica, neste capítulo serão apresentadas algumas das técnicas normalmente utilizadas para elaboração de previsões.

Lord Kelvin (2012, p.6), em sua máxima pensante, já dizia que "o conhecimento que não pode ser expresso em números é de qualidade pobre e insatisfatória". Assim, essencialmente, vamos nos fixar em modelos matemáticos para fazer as previsões.

---

[1] Templo de Delphos: local onde as pitonisas eram consultadas para determinar o que aconteceria com seus consulentes.

Logística e cadeia de suprimentos: o essencial

É evidente que nenhuma previsão é perfeita. Isso porque, como o próprio nome assim o diz, é uma "pré-visão", ou seja, uma visão antecipada da ocorrência de fatos ou situações futuras. Essa imperfeição de qualquer modelo de previsão encontra-se respaldada em dois fatores distintos. O primeiro deles envolve a qualidade do modelo de previsão que se pretende adotar. Não que um modelo supersofisticado vá resolver a questão, pois mesmo o melhor dos modelos também refletirá estimativas baseadas em determinadas premissas. O segundo está relacionado ao mundo real, nas situações em que o caos reina nos mercados que nos habita.

Um exemplo bem contundente que pode ser lembrado foi o pânico gerado pela crise do *subprime* no mercado financeiro americano, em um primeiro momento, que depois se propagou como um verdadeiro *tsunami* por toda a economia global, situação na qual o efeito "manada" acabou por produzir uma avalanche de ações irracionais por parte dos investidores.

Examinando um portfólio de métodos de previsão, podem ser consideradas as seguintes técnicas:

TÉCNICAS NÃO CIENTÍFICAS

- Conjectura – no velho estilo dos "achólogos", isto é, baseado em "acho que...", porém não o fazem com base em dados ou fatos concretos, mera especulação.
- Intuição – mais propenso para a famosa recomendação "ouvir seus sentimentos", no estilo "tenho um pressentimento de que algo vai acontecer".
- Experiência ou consenso razoável – com um pouco mais de credibilidade, pelo fato de que a experiência pode permitir fixarem-se boas estimativas de curto prazo. Um exemplo permitirá entender essa metodologia: se perguntar ao jornaleiro da esquina qual é a média diária de jornais que ele vende, sem que tenha qualquer metodologia estatística para elaborar suas estimativas, com certeza o fará com um grande grau de acerto. Isso deve-se especialmente à sua experiência.

TÉCNICAS UM POUCO MAIS SOFISTICADAS COM ALGUM FERRAMENTAL QUANTITATIVO

- Persistência – a ocorrência de um valor futuro persiste idêntica ao valor presente. Por exemplo, a média de vendas de cerveja em determinado bar nos dias de sextas-feiras pode ser deduzida pelo proprietário do estabelecimento com base no consumo da semana anterior.
- Trajetória – a observação dos dados históricos permitirá inferir, em primeiro plano, se os dados históricos de consumo estão com certa tendência de

CAPÍTULO 9 Previsão de demanda

crescimento ou declínio. Assim, para essa situação procede-se um ajuste do conjunto de dados disponíveis a uma curva matemática conhecida.

- Ciclos – diferentemente do que se pode deduzir, um ciclo não implica necessariamente a repetição do evento em futuro próximo, como é o caso da sazonalidade explicada logo a seguir. Um ciclo normalmente é um efeito produzido por uma alavanca na economia ou no comportamento social ou metropolitano. Um exemplo típico aconteceu no Brasil por ocasião de ter sido debelada a inflação galopante que consumia recursos e impedia o crescimento do país e a melhoria da renda das pessoas. Com esse ciclo virtuoso de melhoria contínua, várias famílias ascenderam para um novo patamar de consumo, promovendo, por consequência, uma avalanche consumista que leva a patamares antes não considerados pelos lojistas e comerciantes.

- Utilização de médias – o uso da média para o cálculo de previsões é muito comum em um grande e variado leque de empresas, especialmente porque, em situações em que as previsões destinam-se a equalizar processos e abastecimentos de curto prazo, a média representa uma estimativa rápida e bastante razoável ao fim a que se destina.

Dentro das possibilidades de utilização de médias pode-se considerar:

- Média aritmética simples: a média retratada pela soma de um conjunto de dados históricos divididos pelo número correspondente ao conjunto considerado.

QUADRO 9.1 Dados históricos de consumo de refrigerantes em um bar

Semana	1	2	3	4	5	6
Consumo	150	170	130	180	160	160

Média do consumo de 5 semanas ←⅃

Conforme demonstrado no Quadro 9.1, matematicamente, a média aritmética simples é expressa por:

$$\text{Média} = \frac{\sum_{i=1}^{n} X_i}{n}$$

No caso do Quadro 9.1, tem-se, então:

$$\text{Média} = \frac{150 + 170 + 130 + 180 + 160}{5} = 160$$

Logística e cadeia de suprimentos: o essencial

— Média aritmética ponderada: retratada pela soma ponderada por um conjunto de fatores que são aplicados ao conjunto de dados históricos. Essa ponderação poderá ter várias configurações (simples, exponencial, triangular etc.), conforme os fatores de ponderação crescem ou decrescem de forma simples, exponencial etc.

Um exemplo permitirá entender melhor a técnica. Para isso, um conjunto de dados históricos é apresentado no Quadro 9.2

QUADRO 9.2 Dados históricos de consumo de refrigerantes em um bar — média ponderada simples

Fatores ponderadores: $\alpha = 1$		$\beta = 2$	$\delta = 3$		
Semana	1	2	3	4	5	6
Consumo	150	170	130	180	160	162

Média ponderada pelos fatores 1, 2 e 3 ⟵

A expressão matemática que permite calcular essa média ponderada tem, genericamente, as seguintes características:

$$\text{Média ponderada} = \frac{\sum_{i=t}^{n} k_i X_i}{\sum_{1=1}^{n} k_i}$$

Assim, tem-se então, se considerarmos a média dos últimos três períodos e os fatores ponderadores 1, 2 e 3:

$$\text{Média ponderada} = \frac{(1 \times 130) + (2 \times 280) + (3 \times 160)}{1 + 2 + 3} \cong 162$$

Adicionalmente, cumpre destacar que essas médias poderão ser móveis, ou seja, a tomada de dados vai sofrendo alterações em função da entrada de novos períodos de dados históricos.

Um exemplo para elucidar essa metodologia pode ser visualizado no Quadro 9.3, uma reformulação do Quadro 9.2.

QUADRO 9.3 Dados históricos de consumo de refrigerantes em um bar

Semana	1	2	3	4	5	6	7
Consumo	150	170	130	180	160	168	
Previsão pela média ponderada das últimas três semanas						162	
Previsão pela média móvel ponderada das últimas três semanas							167

230

CAPÍTULO 9   Previsão de demanda

Matematicamente, tem-se então:

$$\text{Média móvel ponderada}_{t+1} = \frac{\sum\limits_{i=t-n}^{t} ki.Xi}{\sum\limits_{i=1}^{n} k_i}$$

O resultado apresentado para esse caso, retícula hachurada foi obtido por intermédio do cálculo:

$$\text{Previsão para o 7º período} = \frac{(1 \times 180) + (2 \times 160) + (3 \times 168)}{1 + 2 + 3} = 167$$

Deve-se observar que, nesse caso, houve a inserção do novo valor, correspondente ao consumo da 6ª semana, e a retirada do consumo da 3ª semana, visto que a previsão é calculada considerando a média dos consumos de 3 semanas.

Ajustamento exponencial

A técnica de previsão elaborada por meio do denominado ajustamento exponencial ou alisamento exponencial foi desenvolvida por Brown (1959). A lógica do modelo envolve a utilização de um fator denominado fator de ajustamento exponencial que, aplicado a um conjunto de dados históricos, permite calcular a previsão para o próximo período.

O cálculo da previsão é realizado por intermédio da fórmula simplificada apresentada a seguir:

$$\overline{D_t} = \overline{D_{t-1}} + (C_{t-1} \cdot \overline{D_{t-1}})$$

Em que o coeficiente α é o conhecido coeficiente de ajustamento exponencial. Esse coeficiente varia entre 0 e 1 ($0 < \alpha < 1$). A denominação desse processo deve-se ao fato de que a previsão é realizada por meio da aplicação de uma sequência de pesos que variam de forma exponencial. A Figura 9.1 apresenta o resultado desse processo.

Uma das características para aplicação do modelo de ajustamento exponencial é a determinação do valor do coeficiente α e um dado inicial de partida do modelo que represente a previsão de um período anterior.

Normalmente, o coeficiente de ajustamento recomendado para aplicação desse modelo de previsão varia entre 0,1 e 0,25, porém é possível encontrar o melhor valor de α utilizando-se das técnicas das planilhas eletrônicas por intermédio da função *solver*, cujo objetivo principal é minimizar os erros de previsão

FIGURA 9.1 Critérios de aplicação dos pesos no ajustamento exponencial.
Fonte: *Time series analysis for business forecasting*. Disponível em: http://ubalt.ed/ntsbarsh/statdata/forecast.htm. Cesso em: 20/06/2012.

calculados, subtraindo-se o consumo da previsão para um mesmo período. Uma técnica bem mais simplificada envolve a utilização de uma função macro, no software Excel®, que faz variar o coeficiente de ajustamento. Construindo-se um gráfico dos consumos e das previsões elaboradas, será possível encontrar o valor de α que melhor se ajusta à curva de consumo.

Na Figura 9.2, são apresentadas as características desse processo.

Como é possível observar, a utilização para esse conjunto de dados, de um coeficiente de ajustamento igual a 0,49, mostrou-se mais adequada em termos de aderência proximal da curva de consumo.

Para dar início ao processo, inicia-se com o consumo do 1º período como estimativa de previsão para o período (ver Figura 9.2). Assim, para a determinação da previsão do 2º período em função do valor de α assumido, tem-se:

- Para $\alpha = 0,49$, obtém-se $\overline{D_3 = 1.582 + 0,49 \times (1.520 - 1.582) = 1.551,62}$.
- Para $\alpha = 0,19$, obtém-se $\overline{D_3 = 1.582 + 0,19 \times (1.520 - 1.582) = 1.570,22}$.

E o modelo segue calculando os valores sucessivos pelo mesmo processo.

Regressão linear

O processo de elaboração de previsões por meio da técnica denominada regressão linear remonta ao século XVIII e foi criado por Carl Friedrich Gauss.

Ele demonstrou, em um artigo publicado em sua obra denominada *Theoria combinationis observationum – erroribus minimis obnoxiae*, que a melhor maneira de se determinar um parâmetro desconhecido de uma equação de condições é minimizando a soma dos quadrados dos resíduos. Mais tarde, esse processo passou a ser conhecido como método dos mínimos quadrados.

CAPÍTULO 9   Previsão de demanda

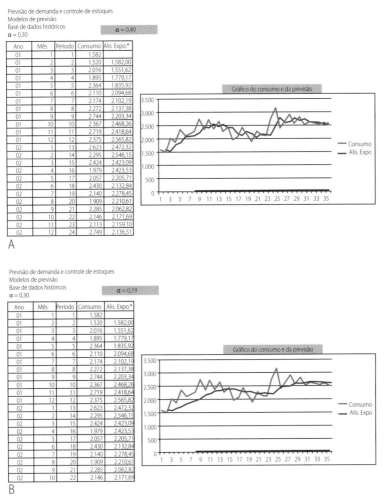

FIGURA 9.2 A: aplicação do coeficiente de alisamento exponencial α = 0,49.
B: Aplicação do coeficiente de ajustamento exponencial α = 0,19.
*Alis. Exp. = Alisamento exponencial.

Essa técnica permite encontrar uma relação linear aproximada entre dois eventos. Um exemplo poderá elucidar a curiosidade do leitor: uma loja de material de construção que vende sacos de cimento cujo gerente, como bom observador que é, percebeu que a venda de sacos de cimento estão relacionadas com o número de licenças para construção e reformas fornecidas pela prefeitura local. Assim, será então possível determinar como ficarão as vendas de sacos de cimento em função do número de autorizações para construção expedidas pela prefeitura.

Tecnicamente, o processo é bem simples e pode ser observado de forma bastante didática na Figura 9.3.

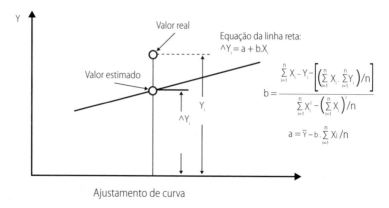

FIGURA 9.3 Método dos mínimos quadrados.

Como é possível notar, a reta que cruza os valores conhecidos, nesse caso, o consumo de determinado item, procura ajustar-se à condição de menor erro quadrático, ou seja: o erro em um determinado ponto da curva é fornecido pela diferença entre o valor real (Y_i) e o valor estimado pela equação da reta $\hat{Y}_i = a + b.X_i$ que são denominados ($\hat{y}_i$). Assim:

$$e_i = Y_i - \hat{Y}_i$$

Na equação da reta:

$$\hat{Y}_i = a + b.X_i$$

E, consequentemente, o que se busca é minimizar a soma dos erros, ou seja:

$$\min \sum_{i=1}^{n} e_i^2 = \min \sum_{i=1}^{n} (Y_i - \hat{Y}_i)^2$$

Após algumas operações matemáticas conhecidas, como derivação em relação às variáveis a e b, será encontrado um conjunto de duas equações lineares que permitem, então, encontrar os valores para os parâmetros procurados, de tal forma que:

CAPÍTULO 9 Previsão de demanda

$$b = \frac{\sum_{i=1}^{n} X_i \cdot Y_i - \left[\left(\sum_{i=1}^{n} X_i \cdot \sum_{i=1}^{n} Y_i\right)/n\right]}{\sum_{i=1}^{n} X_i^2 - \left(\sum_{i=1}^{n} X_i\right)^2 /n}$$

$$a = \overline{Y} - b \cdot \sum_{i=1}^{n} X_i /n$$

E, portanto, é possível determinar a equação representativa da previsão de valores por intermédio da técnica dos mínimos quadrados.

Aqui é importante registrar que, além dos cálculos dos parâmetros a (nível de interseção da reta com o eixo dos y) e b (declive da reta em relação ao eixo dos x), é necessário também calcular o coeficiente de correlação entre as duas variáveis.

No exemplo abordado nos parágrafos anteriores, o que o gerente da loja de material de construção quer encontrar é o grau de relação entre as duas variáveis Y (sacos de cimento) e X (licenças para construção). Assim, além do cálculo dos parâmetros já apresentados, ele terá de calcular a correlação entre os dois eventos.

Matematicamente, o coeficiente de correção é determinado por meio da fórmula a seguir:

$$r_{xy} = \frac{\sum xy - \dfrac{\sum x \cdot \sum y}{n}}{\left[\left[\sum x^2 - \dfrac{\left(\sum x\right)^2}{n}\right] \cdot \left[\sum y^2 - \dfrac{\left(\sum y\right)^2}{n}\right]\right]^{\frac{1}{2}}}$$

Esse coeficiente poderá oscilar entre 0 e 1. Quanto mais próximo da unidade ele chegar, maior será a correlação entre as variáveis estudadas.

A Figura 9.4 permitirá elucidar esse fenômeno.

Quando o coeficiente de correlação se aproxima da unidade, passa a existir uma correlação perfeita entre as variáveis envolvidas, x e y.

Para examinar melhor o problema, um exemplo numérico pode ser interessante.

Considere-se novamente o caso da loja de materiais de construção cujo gerente acha que a venda de sacos de cimento está relacionada com o número de autorizações de construção emitidas pela prefeitura para a região onde sua loja está instalada.

Esse gerente coletou os dados mostrados na Tabela 9.1.

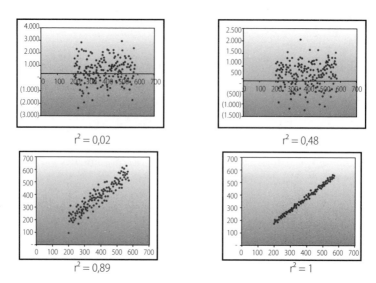

FIGURA 9.4 Exemplo de coeficiente de correlação entre duas variáveis.

TABELA 9.1 Histórico dos dados

Autorizações	Sacos de cimento
45	18
27	12
120	48
60	18
75	39
75	27
45	30
105	48

Com base em suas informações, surgem então duas questões:

1. Como é possível, por meio do método dos mínimos quadrados, calcular o valor dos parâmetros da equação $Y = a + b.X$?
2. Na hipótese de que o número de autorizações para construção para o próximo período seja de 120, qual será a quantidade de cimento que o gerente espera vender?

CAPÍTULO 9 Previsão de demanda

Para responder às perguntas, deve-se observar que os valores dos parâmetros a e b da equação da linha reta podem ser calculados pelas fórmulas:

$$b = \frac{\sum\limits_{i=1}^{n} X_i . Y_i - \left[\left(\sum\limits_{i=1}^{n} X_i . \sum\limits_{i=1}^{n} Y_i\right)/n\right]}{\sum\limits_{i=1}^{n} X_i^2 - \left(\sum\limits_{i=1}^{n} X_i\right)^2/n}$$

$$a = \overline{Y} - b . \sum\limits_{i=1}^{n} X_i/n$$

Para solucionar o problema de uma forma bem simples, pode-se aproveitar os dados históricos da Tabela 9.1, ampliando-o como apresentado na Tabela 9.2. Para tanto, serão denominados como X (variável independente) o número de autorizações, e Y (variável dependente), o número de sacos de cimento.

TABELA 9.2 Dados históricos das vendas de sacos de cimento

	Autorizações (X)	Sacos de cimento (Y)	X.Y	X^2	Y^2
	45	18	810	2.025	324
	27	12	324	729	144
	120	48	5.760	14.400	2.304
	60	18	1.080	3.600	324
	75	39	2.925	5.625	1.521
	75	27	2.025	5.625	729
	45	30	1.350	2.025	900
	105	48	5.040	11.025	2.304
Somatório	552	240	19.314	45.054	8.550

Com base nas informações da Tabela 9.2, pode-se calcular o valor dos parâmetros da equação da linha reta do modelo de regressão: equação $Y = a + b.X$.

Assim, tem-se:

$$b = \frac{19.314 \left(\frac{552 \times 240}{8}\right)}{45.054 \left(\frac{552^2}{8}\right)} = 2,7209$$

E, consequentemente:

$$a = \frac{240}{8} - 2,7209 \times \frac{552}{8} = 0,3953$$

Logo, a equação de regressão linear será expressa por:

$$Y_{\text{Sacos de cimento}} = 2,7209 + 0,3953 \, X_{\text{Número de licenças}}$$

Uma vez que a equação de regressão foi encontrada, a pergunta seguinte terá resposta imediata. Para isso, basta que se faça a substituição de X pelo número de autorizações concedidas, no caso, 120. Logo, o número esperado de sacos de cimento será:

$$Y_{\text{Sacos de cimento}} = 2,7209 + 0,3953 \times 120$$

$$Y_{\text{Sacos de cimento}} = 50$$

Um outro importante parâmetro a ser considerado, conforme explicado anteriormente, é o coeficiente de correlação que mede a relação de dependência entre as duas variáveis.

O seu cálculo é realizado por intermédio da fórmula que se repete aqui:

$$r_{xy} = \frac{\sum xy - \frac{\sum x \cdot \sum y}{n}}{\left[\left[\sum x^2 - \frac{\left(\sum x\right)^2}{n}\right] \cdot \left[\sum y^2 - \frac{\left(\sum y\right)^2}{n}\right]\right]^{\frac{1}{2}}}$$

Considerando que os fatores dessa fórmula estão explicitados na Tabela 9.2 do exercício, pode-se então calcular:

$$r_{xy} = \frac{19.314 - \frac{552 \times 240}{8}}{\left(45.054 - \frac{552^2}{8}\right) \times \left(8.550 - \frac{240^2}{8}\right)} = 0,8065$$

CAPÍTULO 9 Previsão de demanda

Logo, o coeficiente de correlação $r^2 = 0,8065$.

Uma metodologia mais simples e direta para o cálculo da equação de regressão e o correspondente coeficiente de correlação linear é efetuado por meio da utilização de uma planilha do Excel®. Para tanto, o conjunto de dados fornecidos pelo Quadro 9.4.

Utilizando-se das facilidades do Excel®, pode-se inicialmente requerer a produção de um gráfico de dispersão para os dados históricos, como mostrado na Figura 9.5.

Na Figura 9.6, observa-se como as ferramentas do Excel® introduzirão uma curva de tendência (linear), ao mesmo tempo em que é solicitada a inclusão da equação de tendência e do respectivo coeficiente de correlação (r^2).

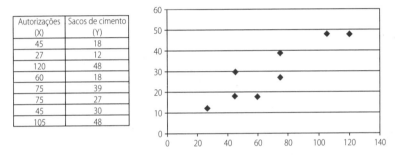

FIGURA 9.5   Regressão linear via Excel®.

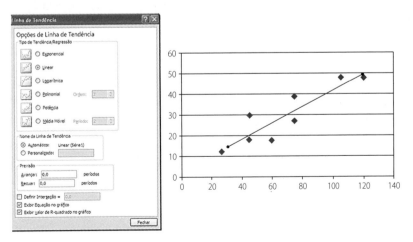

FIGURA 9.6   Traçado da curva de tendência via Excel®.

239

Como é possível verificar, o resultado é apresentado no próprio gráfico em que está lançada a linha de tendência. Imediatamente obtém-se então:

$$\text{Equação de tendência: } Y_{\text{Sacos de cimento}} = 2{,}709 + 0{,}3953 X_{\text{Autorizações}} \text{ e } r^2 = 0{,}8065$$

CICLOS E SAZONALIDADE

Por um lado, a ocorrência de um ciclo decorre de ações externas ao processo, como mutações no panorama econômico (por exemplo, o recente efeito de combate à inflação brasileira que ocasionou um ciclo de ascensão das classes de menor renda para um patamar que lhes permitiu ter acesso a uma série de bens de consumo antes impensáveis de serem adquiridos por este grupo de pessoas). Outro exemplo bem contundente refere-se também à economia no contexto do mercado global, que foi a crise do *subprime* gerada nos Estados Unidos que provocou uma onda de retração de consumo e desemprego por todo o planeta.

A sazonalidade, por outro lado, é um fenômeno repetitivo que acontece deliberadamente em tempos predefinidos. O termo tem origem nas estações do ano, daí o ciclo de sazonalidade (portanto, repetitivo) que acontece ao longo das estações: inverno, verão, primavera e outono.

A sazonalidade não está, necessariamente, atrelada às estações do ano. É fácil de perceber, por exemplo, que nos finais de semana, especialmente entre as sextas-feiras e os sábados, há um aumento considerável de consumo de produtos e serviços voltados para o lazer: bebidas, refrigerantes, jantares, cinemas, teatros etc.

A sazonalidade tem importância capital na logística, haja vista os problemas relacionados com o acúmulo de transporte em épocas de safras agrícolas, elevando o grau de pedidos originários das épocas de festas anuais, como a Páscoa e o Natal, por exemplo.

O tratamento da sazonalidade por meio do desempenho das curvas de demandas é de capital valor para a redução dos custos logísticos em todos os seus aspectos: estoques, transporte, armazenagem, movimentação etc.

O gráfico da Figura 9.7 apresenta um exemplo típico de um produto que sofre o efeito da sazonalidade.

O exame desse exemplo permite verificar que há alguns picos de aumento considerável da demanda, enquanto em outros, ocorre uma queda acentuada desta.

Assim, deve-se pensar em uma metodologia que permita elaborar as previsões de consumo levando em conta a sazonalidade, o que resultaria na obtenção de projeções mais proximas da realidade com ganhos consideráveis em termos de

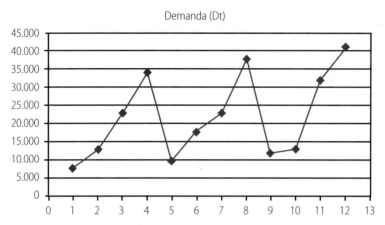

FIGURA 9.7 Gráfico da curva de consumo e respectiva sazonalidade.
Fonte: Gonçalves (2012).

adequação dos estoques e demais facilidades operacionais que objetivem atender adequadamente às exigências de demanda sem comprometer os custos.

Apresenta-se aqui uma metodologia bastante simples, porém de boa eficácia, para o cálculo das previsões com sazonalidade. Para tanto, será considerado um exemplo que permitirá melhor visualizar os passos do processo. Trata-se de um produto X que apresenta uma estatística de consumo mostrada na Tabela 9.3.

TABELA 9.3 Histórico das vendas do produto "x"

Trimestre	Ano 1	Ano 2	Ano 3	Ano 4
I	200	250	320	350
II	100	150	210	190
III	50	100	160	140
IV	300	450	600	500

O exame dos dados apresentados na Tabela 9.3 leva a concluir a existência do efeito da sazonalidade que acontece trimestralmente. É fácil verificar que o aumento de consumo ocorre no primeiro e no quarto trimestres.

A forma expedita para o cálculo da sazonalidade resulta em obter, para cada ano de consumo, o percentual do consumo anual que incide em cada trimestre. Logo, o cálculo é quase imediato, bastando que se faça a divisão dos consumos trimestrais pelo consumo total do respectivo ano. A Tabela 9.4 (modificação da Tabela 9.3) apresenta esse resultado.

Logística e cadeia de suprimentos: o essencial

TABELA 9.4 Histórico de consumo do produto X

Trimestre	Ano 1		Ano 2		Ano 3		Ano 4		% Médio
	Consumo	%	Consumo	%	Consumo	%	Consumo	%	
I	200	30,77	250	26,32	320	24,81	350	29,66	27,89
II	100	15,38	150	15,79	210	16,28	190	16,10	15,89
III	50	7,69	100	10,53	160	12,40	140	11,86	10,62
IV	300	46,15	450	47,37	600	46,51	500	42,37	45,60
Total	650	100,00	950	100,00	1.290	100,00	1.180	100,00	100,00

Com os cálculos apresentados, é então possível saber que, em média:

- 27,89% do consumo anual ocorre no primeiro trimestre.
- 15,89% do consumo anual ocorre no segundo trimestre.
- 10,62% do consumo anual ocorre no terceiro trimestre.
- 45,60% do consumo anual ocorre no quarto trimestre.

Conside-se, então, como primeira aproximação, que seja projetada a demanda do ano 5 utilizando-se da técnica da média móvel trimestral ponderada com pesos respectivos 1, 2 e 3. Assim, pode-se determinar a demanda esperada para o ano 5, calculando então essa média ponderada:

$$\text{Previsão}_{Ano\ 5} = \frac{(1 \times 950) + (2 \times 1.290) + (3 \times 1.180)}{1 + 2 + 3} \cong 1.178$$

Logo, para calcular a previsão, por exemplo, do terceiro trimestre do ano 5, basta que se utilize o percentual médio de incidência do consumo anual em relação ao trimestre considerado, ou seja:

$$\text{Previsão}_{3º\ trimestre/ano\ 5} = 10,62\% \text{ de } 1.178 = 125 \text{ unidades (aproximadamente)}$$

É importante observar que esse método, embora seja bastante simples de aplicar, apresenta uma boa estimativa para as previsões, considerando a ocorrência da sazonalidade.

Esse mesmo processo poderá ser utilizado quando se deseja fazer as previsões mensais, por exemplo. O critério será idêntico ao apresentado, bastando para isso que seja estabelecido o percentual médio de incidência do consumo mensal em relação ao consumo anual.

CAPÍTULO 9 Previsão de demanda

O exemplo a seguir permitirá um exame mais detalhado: uma empresa de varejo que vende sabão em barra cujo gerente fez um levantamento do consumo histórico das vendas para o período de 2006/2010, como mostra a Tabela 9.5.

TABELA 9.5 Vendas históricas do sabão em barras de 1 kg.

Mês	Vendas em unidades				
	Ano				
	2006	2007	2008	2009	2010
Janeiro	1.510	3.170	4.175	43.50	5.535
Fevereiro	1.350	2.720	3.650	3.688	4.605
Março	1.200	2.450	3.125	3.125	3.825
Abril	800	1.650	2.125	2.182	2.700
Maio	1.100	2.260	3.150	3.350	4.170
Junho	700	1.440	1.950	2.000	2.550
Julho	600	1.280	1.800	1.875	2.505
Agosto	1.475	3.120	4.150	4.375	5.565
Setembro	1.150	2.350	3.000	3.050	3.735
Outubro	1.200	2.490	3.275	3.363	4.245
Novembro	1.535	3.240	4.400	4.575	5.880
Dezembro	1.550	3.270	4.375	4.600	5.850
Total	14.170	29.440	39.175	40.533	51.165

Para estudar esse caso, será utilizado um *mix* de modelos de previsão. Primeiramente, com raríssimas exceções, há sazonalidade em período anual, isto é, excetuando-se os casos de, por exemplo, Copa do Mundo, Jogos Pan-Americanos etc.

Assim, para os períodos anuais utiliza-se o critério de modelagem de previsões utilizando-se o método dos mínimos quadrados. Com esse processo, é possível estabelecer uma linha de tendência que norteará sobre os consumos futuros.

Assim, deve-se considerar uma nova indexação dos consumos anuais, substituindo o ano de 2006 (período 1); 2007 (período 2) e assim sucessivamente. Com esse artifício de indexação pode-se, então, reescrever os históricos dos consumos anuais como expressos na Tabela 9.6.

TABELA 9.6 Histórico das vendas anuais de sabão em barra

Período	1	2	3	4	5
Consumo	14.170	29.440	39.175	40.533	51.165

243

Com esse conjunto de dados, pode-se utilizar as ferramentas do Excel® já explicadas anteriormente com o objetivo de traçar uma linha de tendência, explicitando também a equação correspondente e a respectiva correlação, conforme a Figura 9.8.

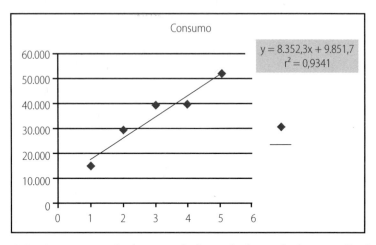

FIGURA 9.8 Curva e equação da regressão linear da demanda dessazonalizada.

De visualização imediata, percebe-se que a equação da linha de tendência tem o formato:

$$Y_{\text{Sabão em barras}} = 8.508,3 \cdot X_{\text{Período}} + 9.851,5$$

Com a referida equação, pode-se, então, calcular a previsão de consumo para os períodos seguintes.

Assim, para o ano de 2011 (correspondente ao período 6), tem-se:

$$Y_{\text{Sabão em barras}} = 8.508,3 \times 6 + 9.851,5 = 60.901 \text{ unidades}$$

Com a previsão anual para o ano de 2011, pode-se utilizar os mesmos critérios que foram aplicados ao modelo de previsão sazonal anterior e encontrar os respectivos coeficientes de incidência do consumo médio em cada mês, como mostra a Tabela 9.7.

CAPÍTULO 9 Previsão de demanda

TABELA 9.7 Cálculo do percentual médio de consumo mensal (sabão em barras)

Mês/ano	2006	%	2007	%	2008	%	2009	%	2010	%	Média
Janeiro	1.510	10,66	3.170	10,77	4.175	10,66	4.350	10,73	5.535	10,82	10,73
Fevereiro	1.350	9,53	2.720	9,24	3.650	9,32	3.688	9,10	4.605	9,00	9,24
Março	1.200	8,47	2.450	8,32	3.125	7,98	3.125	7,71	3.825	7,48	7,99
Abril	800	5,65	1.650	5,60	2.125	5,42	2.182	5,38	2.700	5,28	5,47
Maio	1.100	7,76	2.260	7,68	3.150	8,04	3.350	8,26	4.170	8,15	7,98
Junho	700	4,94	1.440	4,89	1.950	4,98	2.000	4,93	2.550	4,98	4,95
Julho	600	4,23	1.280	4,35	1.800	4,59	1.875	4,63	2.505	4,90	4,54
Agosto	1.475	10,41	3.120	10,60	4.150	10,59	4.375	10,79	5.565	10,88	10,65
Setembro	1.150	8,12	2.350	7,98	3.000	7,66	3.050	7,52	3.735	7,30	7,72
Outubro	1.200	8,47	2.490	8,46	3.275	8,36	3.363	8,30	4.245	8,30	8,38
Novembro	1.535	10,83	3.240	11,01	4.400	11,23	4.575	11,29	5.880	11,49	11,17
Dezembro	1.550	10,94	3.270	11,11	4.375	11,17	4.600	11,35	5.850	11,43	11,20
Total	14.170	100,00	29.440	100,00	39.175	100,00	40.533	100,00	51.165	100,00	100,00

Logo, pode-se calcular a previsão de cada mês do ano de 2011, utilizando inicialmente a previsão anual já calculada, ou seja: 59.956 unidades que serão agora multiplicadas pelo índice médio correspondente ao mês procurado.

Por exemplo: a previsão para o mês de maio/2011 será de:

$$\text{Previsão}_{\text{Maio 2011}} = 60.901 \times 0,0789 = 4.805 \text{ unidades}$$

Esse processo é extremamente simples e não requer grandes sofisticações matemáticas para sua elaboração.

ESCOLHA DO MODELO DE PREVISÃO

Após os estudos referentes aos diversos modelos, resta então decidir qual é o melhor modelo a ser aplicado para uma situação específica.

Para responder a essa questão, deve-se ter em mente que o melhor modelo será aquele que melhor represente a variação da demanda configurada no período de dados históricos.

Assim, quanto menor for o erro de previsão, erro mensurável entre o valor real e o previsto, mais proximal da curva de demanda real esse modelo estará.

Vale acrescentar que, na realidade, a previsão funciona tal qual um motorista, que ao dirigir o seu veículo toma como base no seu trajeto a visão que possui por intermédio do espelho retrovisor. O princípio básico que norteia esses modelos é

Logística e cadeia de suprimentos: o essencial

de que o comportamento futuro da variável de demanda vai se assemelhar ao seu comportamento registrado nos dados históricos coletados.

Diante desse quadro, pode-se então definir que a escolha do modelo estará vinculada ao melhor desempenho global em termos dos erros. Assim, deve-se calcular para cada período o erro existente entre o valor previsto e o valor real e, com base nessa coletânea de erros, eleger o melhor modelo.

Dentro desse princípio, a escolha do modelo poderá acontecer utilizando-se uma das técnicas apresentadas a seguir, levando-se em conta que A_t corresponde ao valor real no tempo **t** e F_t, à previsão para o mesmo período **t**.

Média dos erros de previsão

$$MFE = \frac{1}{n} \sum_{t=1}^{n} (A_t - F_t)$$

O MFE necessita estar tão próximo de zero quanto possível. Um alto valor positivo (negativo) de MFE significa que a previsão está subestimando (superestimando) as projeções das observações atuais.

Deve-se observar que um MFE próximo de zero não significa que o modelo é perfeito, mas que ele está na trajetória da curva.

Média absoluta dos erros de previsão

$$MAD = \frac{1}{n} \sum_{t=1}^{n} |A_t - F_t|$$

Trata-se da medida do erro absoluto. Erros positivos e negativos não se cancelam, assim como no MFE, e é esperado um MAD menor possível.

Não existe uma maneira de saber se o erro é grande ou pequeno em relação aos dados recentes.

Erro médio percentual dos erros de previsão

$$MAPE = \frac{100}{n} \sum_{t=1}^{n} \left| \frac{A_t - F_t}{A_t} \right|$$

É o mesmo que o MAD, exceto pelo fato de que as medidas do desvio são como uma porcentagem dos dados atuais.

Média quadrática dos erros de previsão

$$MSE = \frac{1}{n} \sum_{t=1}^{n} (A_t - F_t)^2$$

CAPÍTULO 9 Previsão de demanda

É importante lembrar que a raiz quadrada do MSE definirá o desvio-padrão dos erros de previsão, que é um elemento importante para o dimensionamento de estoques de segurança (estudado no Capítulo 10).

Então, pode-se escrever:

$$\sigma\ Erros = \sqrt{\frac{\sum\limits_{1}^{n} (A_t - F_t)^2}{n}} = desvio\text{-}padrão\ dos\ erros\ de\ previsão$$

Como exemplo, conside-se o que foi discutido no processo de previsão com base na técnica dos mínimos quadrados, no qual utilizou-se a relação entre o número de licenças para construção e a venda de sacos de cimento.

Os dados referentes ao exemplo e a projeção de demanda com base na equação de regressão linear que foi construída são apresentados na Tabela 9.8.

TABELA 9.8 Modelo de previsão e erros de previsão

Autorizações (X)	Sacos de cimento (Y)	Previsão	Erro	Erro	(Erro)²
45	18	20	-2	2	4
27	12	13	-1	1	1
120	48	50	-2	2	4
60	18	26	-8	8	64
75	39	32	7	7	49
75	27	32	-5	5	25
45	30	20	10	10	100
105	48	44	4	4	16
Somatório dos erros			0	40	263
Desvio-padrão dos erros de previsão σ					5,7337

Assim como mostrado nesse exercício, para cada modelo de previsão deve-se elaborar uma tabela dos erros. A decisão quanto à escolha do modelo deverá pautar-se em um dos critérios para eleição do modelo, ou seja, pelo erro médio, pela média dos erros absolutos etc. Por exemplo, ao se optar pelo critério do desvio-padrão dos erros de previsão, deve-se realizar o cálculo desse desvio para cada modelo de previsão que foi estudado e, então, concluir qual modelo apresenta o menor desvio-padrão, que deverá ser o modelo escolhido.

Logística e cadeia de suprimentos: o essencial

EXERCÍCIOS

Questões

1. Qual é o objetivo da elaboração de previsões de consumo de materiais?
2. O que são modelos qualitativos de previsão? Quando são aplicáveis?
3. Quais são os principais modelos de previsão qualitativos?
4. Qual é a base fundamental de um modelo de previsão por regressão linear?
5. Qual é o significado de sazonalidade? Como ela afeta os modelos de previsão?
6. Quais são os critérios para a escolha de um modelo de previsão?

Exercícios quantitativos

1. A cooperativa dos agricultores de uma determinada região solicitou sua colaboração para fazer as estimativas de consumo do fertilizante utilizado por seus associados. Para isso, apresentou um histórico do consumo do produto nos últimos 4 anos (Tabela 1).

TABELA 1 Histórico de consumo de fertilizantes (sacos de 1 kg)

Trimestre	Ano 1	Ano 2	Ano 3	Ano 4
I	500	450	550	750
II	350	350	500	600
III	250	200	400	450
IV	400	300	650	700
Total	1.500	1.300	2.100	2.500

De acordo com os dados fornecidos pelo setor de compras, esse produto tem um preço de compra de R$ 6,80/kg.

Considerando que a cooperativa faz as suas compras com condição de pagamento de "30 dias após a entrega" do produto, elabore as previsões trimestrais para o ano 5 e apresente os desembolsos para pagamento das compras por trimestre do ano 5.

2. O gerente geral de uma loja de material de construção acha que a venda de sacos de cimento está relacionada com o número de autorizações de construção emitidas pela prefeitura para a região onde sua loja está instalada. O gerente coletou os dados mostrados na Tabela 2.

CAPÍTULO 9 Previsão de demanda

TABELA 2 Histórico dos dados

Autorizações	Sacos de cimento
45	18
27	12
120	48
60	18
75	39
75	27
45	30
105	48

$$b = \frac{\sum\limits_{i=1}^{n} X_i \cdot Y_i - \left(\sum\limits_{i=1}^{n} X_i \cdot \sum\limits_{i=1}^{n} Y_i\right)/n}{\sum\limits_{i=1}^{n} X_i^2 - \left(\sum\limits_{i=1}^{n} X_i\right)^2/n}$$

$$a = \overline{Y} - b \cdot \sum\limits_{i=1}^{n} X_i /n$$

$\Sigma x = 552$; $\Sigma y = 240$; $\Sigma xy = 19.314$; $\Sigma x^2 = 45.054$; $\Sigma y^2 = 8.550$

a. Utilizando-se do método dos mínimos quadrados, calcule o valor dos parâmetros da equação $Y = a + b.X$.

b. Considerando que o número de autorizações para construção para o próximo período é igual a 120, qual será a quantidade de cimento que ele espera vender?

3. Uma loja de varejo utiliza o modelo de ajustamento exponencial para fazer as previsões de venda de sapatos. Essas previsões são realizadas objetivando saber as estimativas para cada quinzena.

Um levantamento das vendas das últimas 6 quinzenas é apresentado no Quadro 1.

QUADRO 1 Vendas de sapatos do modelo tradicional inglês

Quinzena	1ª Q	2ª Q	3ª Q	4ª Q	5ª Q	6ª Q
Vendas	98	100	120	128	120	130

Calcule a previsão para a 7ª quinzena, considerando um coeficiente de ajustamento α = 0,20. Compare essa estimativa com uma nova para α = 0,50. Considerando que o consumo da 7ª quinzena tenha atingido 125 unidades, então projete o consumo para a 8ª quinzena.

Estudo de caso — G & G Confecções Ltda.

George e Godofredo são donos da G & G, uma confecção que fabrica calças jeans.

A G & G Confecções Ltda. é uma empresa familiar que vem crescendo nos últimos anos. Esse crescimento foi motivado pelo grupo de proprietários, todos jovens entre 23 e 25 anos que, dentro do espírito empreendedor, criaram uma marca própria destinada a atender ao público jovem que vem tendo grande aceitação no mercado.

A fábrica da G & G Confecções Ltda. se localiza na região de Vilar dos Telles, que é um verdadeiro polo de fabricantes de confecções.

Atualmente, em face da expansão de seus mercados, está agora atendendo a cinco estados: São Paulo, Rio de Janeiro, Minas Gerais, Rio Grande do Sul e Curitiba.

Essa expansão acabou por produzir alguns problemas relacionados à disponibilidade de produtos nas lojas e mesmo no dimensionamento das necessidades de matérias--primas, muito especialmente de jeans destinado à fabricação das calças masculinas, que é o produto-chave de seu portfólio.

George, sabendo que você estuda administração de materiais, solicitou sua colaboração para resolver os problemas relacionados às previsões de vendas necessárias para adequação dos estoques de calças jeans e destinadas à compra das matérias-primas básicas para a produção das roupas.

Ele apresentou os dados de consumo dos últimos anos, que foram compilados e consolidados em uma planilha, como mostra o espelho da planilha eletrônica do Quadro 2.

QUADRO 2 Configuração da planilha de vendas de calças jeans masculinas

Mês	Vendas em unidades				
	Ano				
	2007	2008	2009	2010	2011
Janeiro	1.510	1.585	1.670	1.740	1.845
Fevereiro	1.350	1.360	1.460	1.475	1.535
Março	1.200	1.225	1.250	1.250	1.275
Abril	800	825	850	875	900
Maio	1.100	1.130	1.260	1.340	1.390
Junho	700	720	780	800	850

(continua)

CAPÍTULO 9 Previsão de demanda

QUADRO 2 Configuração da planilha de vendas de calças jeans masculinas (*continuação*)

Mês	Vendas em unidades				
	Ano				
	2007	2008	2009	2010	2011
Julho	600	640	720	750	835
Agosto	1.475	1.560	1.660	1.750	1.855
Setembro	1.150	1.175	1.200	1.220	1.245
Outubro	1.200	1.245	1.310	1.345	1.415
Novembro	1.535	1.620	1.760	1.830	1.960
Dezembro	1.550	1.635	1.750	1.840	1.950
Total	14.170	14.720	15.670	16.215	17.055

Análise do caso

1. Desenvolva uma previsão mensal para o triênio de 2012/2014. Apresente os resultados na forma de uma tabela.
2. Considere que a empresa venda as calças jeans para seus clientes ao preço de R$ 70,00 a unidade e, então, monte um fluxo de caixa esperado para o ano de 2012, partindo-se do pressuposto de que as vendas previstas para cada mês serão faturadas para pagamento no mês subsequente ao do faturamento.
3. Determine o lucro líquido mensal estimado considerando os dados para o cálculo do lucro líquido indicados na Tabela 3.

TABELA 3 G & G Confecções Ltda. memória de cálculo do lucro líquido

Impostos sobre vendas	20% da receita bruta de vendas
Custo direto das mercadorias vendidas	35,6% da receita líquida de vendas
Despesas administrativas	46,5% do lucro bruto
Despesas de vendas, marketing e logística	25,8% do lucro bruto

4. Calcule a quantidade de tecido (jeans) necessária à produção trimestral das calças para o ano de 2012 levando em conta que o tecido é normalmente fornecido em rolos de 180 m de comprimento com 1,73 m de largura, e considerando que para confeccionar uma calça jeans masculina tamanho 40 são utilizados, em média, 1,25 m de tecido. Essa medida (1,25 m) é tomada na direção do comprimento do rolo.

251

CAPÍTULO 10

Gestão de estoques

INTRODUÇÃO

A questão relacionada aos estoques perpassa o viés de manter a disponibilidade do produto para satisfazer a demanda na ponta de consumo.

A aplicação de técnicas sofisticadas com apoio da tecnologia da informação permite manter estoques mínimos ou mesmo trabalhar no suprimento da demanda segundo o critério de sistema puxado, o que significa suprir a demanda de acordo com a forma que ela se apresenta. Essa proposta é muito utilizada por grandes empresas e tem como exemplo bastante conhecido a Dell Computadores. Sua utilização acaba por reduzir grandemente as incertezas decorrentes das previsões, que, por mais sofisticadas que sejam, sofrem mutações em função de fatores externos não mensuráveis nos modelos adotados para o cálculo das previsões.

A variação da demanda tem um impacto significativo na adequação dos estoques e, efetivamente, nos denominados estoques adicionais, também conhecidos como estoques de segurança ou estoque "pulmão", que também será estudado neste capítulo.

Objetivamente, o que a gestão de estoque procura encontrar é um meio-termo entre a oferta de produtos e o atendimento à demanda. Essa busca contínua tem por objetivo primordial a redução de todos os custos envolvidos na gestão dos estoques e no suprimento dos materiais.

É importante lembrar que os estoques são periodicamente renovados e essa renovação tem um custo adicional que está relacionado ao processo de aquisição do produto e sua reposição no estoque.

Saber equacionar esses problemas é a grande missão da gestão de estoques.

Em razão disso, serão discutidos aqui os principais fatores gerenciais que permitem fazer uma gestão eficaz mediante custos mais reduzidos.

CONCEITO DE LOTE ECONÔMICO DE COMPRAS

Gerenciar o estoque de materiais não é uma tarefa simples, especialmente em face das grandes oscilações de demanda e do suprimento de materiais em um mundo cada vez mais globalizado e complexo.

O atentado de 11 de setembro de 2001 mostrou de forma bastante contundente os reflexos da globalização e seus problemas. Em virtude do bloqueio de voos no espaço aéreo americano e do grande crivo que passou a ser realizado nos portos, aeroportos e rodovias transcontinentais, ocorreram várias paralisações na produção de bens de consumo. A Toyota, por exemplo, que trabalhava no modelo *just in time,* praticamente paralisou integralmente a produção de veículos automotores em função da impossibilidade de manter o abastecimento da montadora com peças e componentes para a fabricação dos modelos de veículos que lançou no mercado americano.

Em termos gerais, o controle de estoques tem como finalidade atender à demanda na quantidade e na data que a necessidade ocorre. Para realizar essa tarefa hercúlea, é necessária uma série de atividades, a começar pela previsão da demanda esperada para os períodos seguintes, cuja finalidade é antever a necessidade de adequar os níveis de estoques para suprir as novas solicitações.

Indiscutivelmente, manter estoques tem um custo. Esse custo, de uma forma geral, poderá ser retratado dentro de dois ambientes principais: de um lado, há um investimento em estoque retratado pelo valor vertido em produtos; de outro, há o espaço que esse produto vai ocupar no seu armazenamento.

É evidente que o valor alocado (investido) em estoque tem um custo. Esse custo normalmente retrata o custo do dinheiro, ou seja, o aluguel que se paga por manter certa quantidade de valores monetários aplicados na forma de estoque de um determinado produto.

Normalmente, retrata-se esse custo como custo do dinheiro ou custo de oportunidade de capital, levando em consideração a alternativa de manter ou não um estoque em comparação com a possibilidade de aplicar o montante que seria alocado para aquisição do produto no mercado financeiro, que remuneraria esse capital a uma determinada taxa de juros. Assim, trata-se realmente de um custo de oportunidade: investir em estoques ou aplicar o montante correspondente no mercado financeiro?

Por conta disso, esse custo de oportunidade é conhecido como custo de capital (c_c). Ele pode ser originário de várias fontes. Por exemplo, quando se adquire um produto com condição de pagamento de 30 dias após a entrega, na verdade, o fornecedor está financiando por 30 dias a uma determinada taxa de juros. Se essa é a única fonte de recursos disponível, essa taxa de juros embutida no preço ofertado pelo fornecedor irá representar o custo de capital do bem adquirido para estoque.

Como observado, além do c_c há também de se considerar o custo de armazenagem do produto. Este custo retrata uma gama de custos envolvidos no armazenamento, como espaço, condições especiais, movimentação dentro da área de estocagem etc. Para esse custo, será utilizada a simbologia c_{ar}.

Pelo exposto, pode-se então concluir que manter estoques leva a incorrer em dois custos básicos:

- Custo de capital (c_c).
- Custo de armazenagem (c_{ar}).

Assim, na posse de um estoque incorre-se no denominado custo de posse (C_{posse}) que reflete os dois custos citados. Logo, pode-se escrever a Equação 10.1:

$$C_{posse} = c_c + c_{ar}$$
(Equação 10.1)

A pergunta que surge quase imediatamente é: como é possível, então, calcular o c_{posse} do estoque de um item se este estoque é dinâmico, ou seja, a cada instante ele pode oscilar para mais ou para menos, em função do fornecimento do produto (saída de estoque) ou do recebimento de uma encomenda?

Para resolver esse dilema, introduz-se o conceito de estoque médio. Trata-se do estoque que, em média, manteve-se ao longo de um determinado período de tempo.

De forma simplificada, pode-se supor que o estoque de um produto se comporta como mostra a Figura 10.1.

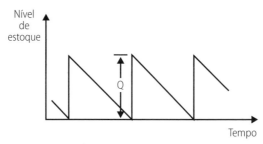

FIGURA 10.1 Comportamento do estoque.
Fonte: adaptada de Gonçalves (2010a).

A partir da análise da Figura 10.1, surge a pergunta: em média, qual é o estoque mantido no horizonte de tempo considerado, levando-se em conta que a cada momento o estoque começa a decrescer até que uma nova encomenda de Q quantidade seja recebida e, novamente, o processo se recicle?

A Figura 10.2 representa a resposta a essa pergunta.

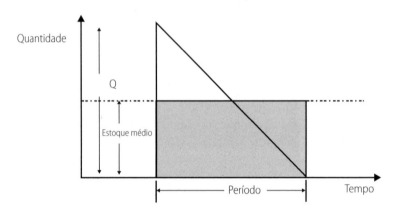

FIGURA 10.2 Conceito de estoque médio.
Fonte: adaptada de Gonçalves (2010a).

Da análise da Figura 10.2, é possível perceber que, durante todo o período considerado, mantém-se em média um estoque correspondente à metade do lote recebido (Q), ou matematicamente:

$$\text{Estoque médio} = \frac{Q}{2}$$

(Equação 10.2)

Uma vez que se conhece o estoque médio, pode-se então calcular o custo de mantê-lo, o que será expresso pela Equação 10.3:

$$CT_{posse} = \left(\frac{Q}{2}\right) c_p$$

(Equação 10.3)

Resolvida a questão relacionada ao c_{posse} do estoque, resta pensar então no problema seguinte: se há uma certa demanda para suprir no decorrer de 1 ano, por exemplo, qual é o critério de recomposição do estoque que deve ser mantido?

CAPÍTULO 10 **Gestão de estoques**

Primeiramente, deve-se ter em mente que a reposição do estoque, a exemplo da Figura 10.1, corre sempre em lote de Q unidades.

Imagine-se, paralelamente, que todas as vezes que se faz um pedido de compra e esse pedido é processado, o fornecedor é contratado e, finalmente, o produto será recebido para reposição do estoque.

De um lado, todo o processo de processamento do pedido tem um custo que é conhecido como custo de processamento do pedido (c_{proc}) ou custo de reposição. Assim, todas as vezes que uma encomenda for gerada e, por consequência, um pedido for processado, incorre-se no c_{proc}.

Por outro lado, deve-se lembrar que é preciso atender a uma demanda anual estabelecida por algum modelo de previsão. Assim, no decorrer de 1 ano de planejamento, é necessário fazer várias reposições do estoque.

Dessa forma, se para cada reposição incorre-se em um c_{proc}, pode-se afirmar que o custo total dessas reposições será dado pela Equação 10.4 a seguir:

$$\text{Custo total de reposição} = \text{N}^{\underline{o}} \text{ de reposições.} c_{proc}$$
(Equação 10.4)

Lembrando-se que há uma demanda anual (D) a ser atendida, pode-se então concluir que o número de reposições que deve ser realizada será determinado pela Equação 10.5:

$$\text{N}^{\underline{o}} \text{ de reposições} = \frac{D}{\text{Lote de compra (Q)}}$$

(Equação 10.5)

Com base na Equação 10.5, pode-se escrever que, considerando-se uma demanda anual (D) e um lote de compra (Q), o custo de processar as encomendas anuais para satisfazer a demanda anual é dado pela Equação 10.6 de custo total de processamento de pedido (CT_{proc}):

$$CT_{proc} = \frac{D}{Q} c_{proc}$$

(Equação 10.6)

Considere-se, então, uma situação em que já foi determinada a previsão de demanda (D) de certo item de estoque. Levando-se em conta que esse item é adquirido por c unidades monetárias e que o custo de posse do estoque é c_{posse} e o custo de processamento de uma encomenda, c_{proc}, a etapa seguinte é calcular a quantidade ideal que deve-se adquirir para reduzir os custos totais.

Esse cálculo é feito a partir da equação do custo total de uma política de estoque que resulta em adquirir (Q) quantidades em cada lote de compra de tal forma, ao longo de 1 ano, que venha a atender a uma demanda projetada (D).

Assim, pode-se expressar essa equação de custos totais como a Equação 10.7:

$$CT_{estoque} = D.c + \left(\frac{D}{Q}\right).C_{Proc} + \left(\frac{Q}{2}\right).c_p$$

(Equação 10.7)

Considerando que o custo D.c, que representa o valor total da aquisição de uma quantidade igual à demanda (Q), é um custo fixo, só resta então procurar a quantidade ótima do lote de compra.

Para solucionar o problema, a Figura 10.3 apresenta um gráfico que representa a Equação 10.2, com as curvas de custos variáveis, ou seja, a curva de custo de posse (CT_{posse}) e a curva de custo de processamento de pedido (CT_{proc}).

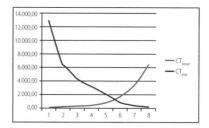

FIGURA 10.3 Simulação dos custos variáveis dos estoques de um item.

Como é possível verificar, as duas curvas de custos se encontram em um ponto de mínimo. Assim, neste ponto, o custo total de posse do estoque se iguala ao custo total de processamento das encomendas. Essa situação permite escrever a seguinte igualdade:

$$CT_{posse} = CT_{proc} \text{ (no ponto de custos mínimos)}$$

Logo, pode-se escrever (Equação 10.8):

$$\frac{Q}{2}.C_p = \frac{D}{Q}.C_{proc}$$

(Equação 10.8)

CAPÍTULO 10   Gestão de estoques

Como o objetivo é encontrar o melhor lote que minimize os custos totais, é possível, com o auxílio da Equação 10.8, fazer as manipulações algébricas para chegar ao denominado lote econômico de compras (Q_{LEC}), que é expresso pela Equação 10.9:

$$Q_{LEC} = \sqrt{\frac{2 . D . c_{proc}}{c_p}}$$

(Equação 10.9)

Por meio dessa fórmula, é possível calcular o lote que ocasione menor custo total de uma determinada política de estoques. Para o conjunto de dados fornecidos para o caso em análise, espelhado na Figura 10.3, pode-se calcular que o lote econômico para a questão descrita será:

$$Q_{LEC} = \sqrt{\frac{2 \times 5.200 \times 250,00}{2,50}} = 1.020 \text{ unidades}$$

É possível, ainda, calcular o custo total da política de estoques $CT_{político}$ que acarreta aquisições periódicas de lotes de aproximadamente 1.020 unidades por intermédio da Equação 10.10, que retrata de forma genérica a denominada equação de custo total de uma política de estoque para lotes de compra de Q unidades. No exemplo citado, o valor de Q = 1.020 unidades foi encontrado por meio da Equação 10.8, e corresponde ao lote econômico de compras:

$$CT_{político} = Dc + \left(\frac{D}{Q}\right) . c_{proc} + \left(\frac{Q}{2}\right) . c_p$$

(Equação 10.10 ou equação de custo total)

Logo, tem:

$$CT_{LEC} = 5.200 \times 9,80 + \frac{5.200}{1.020} \times 250,00 + \frac{1.020}{2} \times 2,50 = 53.509,51$$

Examinando agora a Figura 10.3, é possível verificar que esse custo total está entre o lote de compras de 600 unidades, cujo custo total é de R$ 53.876,67, e o lote de 1.300 unidades, cujo custo total é de R$ 53.585,00.

DIMENSIONAMENTO DE ESTOQUES DE SEGURANÇA

Considera-se que um item de estoque é reposto em função de determinado nível do estoque deste item[1]. É evidente que nenhum produto é reposto imediatamente após o processamento de um pedido de compra. Por conta disso, entre o processamento do pedido e o recebimento do produto requerido, decorre um determinado período de tempo.

De outra forma, é possível dizer que o disparo de um pedido de renovação de estoque de um produto vai acontecer no exato momento em que o estoque deste produto atingir um determinado nível.

O exame da Figura 10.4 permite verificar que a situação esperada é aquela em que, ao final do período entre a data de processamento da encomenda e o recebimento do produto, a taxa de consumo se processe de tal maneira que não haverá estoque no exato momento em que o produto é recebido. É importante ressaltar que a taxa de consumo aqui considerada é a taxa média no período.

A realidade, no entanto, apresenta outra configuração. Três situações básicas dentro dessa análise poderão acontecer: consumo maior do que o esperado, tempo de reposição superior ao estimado, ocorrência dos dois eventos anteriores conjuntamente (Figura 10.5).

Em uma primeira hipótese, o consumo é inferior ao médio esperado, tendo como resultado final uma elevação do nível de estoque, acima das expectativas. Essa situação será melhor examinada quando forem abordados os sistemas de gestão de estoques.

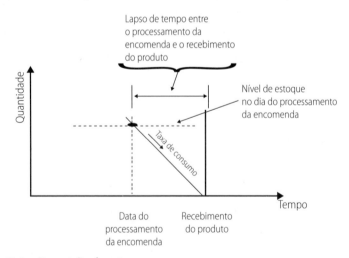

FIGURA 10.4 Reposição do estoque.

---

[1] Esse sistema, como será apresentado, é conhecido como sistema "Q" ou sistema de revisão contínua dos estoques. Para maiores detalhes, leia o tópico "Sistemas de gestão de estoques".

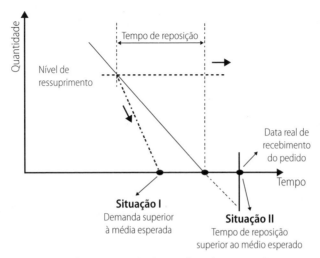

FIGURA 10.5 Situações de variação da demanda e do tempo de reposição.

Uma segunda hipótese refere-se ao caso em que o consumo é superior ao esperado. Nessas circunstâncias, fatalmente, chega-se a uma posição crítica, visto que a falta do produto acontecerá e será necessário aguardar um novo recebimento para então dar continuidade ao fornecimento. Essa ocorrência acaba por refletir em paralisação das atividades produtivas por falta do produto.

Para suprir essa deficiência, é importante manter um estoque adicional, também conhecido como estoque pulmão, estoque reserva ou estoque de segurança, que supra a demanda até que uma nova encomenda seja recebida.

A etapa seguinte desse racional é o dimensionamento desse estoque, a determinação de qual quantidade deve ser mantida para atender ao consumo, na eventualidade desse ser superior ao médio esperado.

Introduz-se aqui um novo conceito: nível de serviço. De uma maneira mais generalista, pode-se definir o nível de serviço como a relação entre a demanda e o suprimento durante um determinado período de tempo. De outra forma, se durante o tempo de reposição as expectativas de consumo forem superiores à média esperada e não houver um estoque adicional para supri-la, não será possível atender à totalidade da demanda e, por consequência, o nível de serviço será inferior a 100%.

Matematicamente, é possível expressar o nível de serviço pela Equação 10.11:

$$\text{Nível de serviço} = \frac{\text{Demanda suprida}}{\text{Demanda requerida}} \times 100\%$$

(Equação 10.11)

Assim, por exemplo, se durante o tempo de reposição a demanda requerida (quantidade de produto solicitada pelos usuários) atingir 1.000 unidades e a demanda suprida (quantidade de produto fornecida aos usuários) atingir 900 unidades, pode-se afirmar que, nessa situação, o nível de serviço foi de 90%. Seguindo a Equação 10.10 teremos então:

$$Nível\ de\ serviço = \frac{900}{1.000} \times 100\% = 90\%$$

Uma vez introduzido o conceito de nível de serviço, retorna-se à questão de manter um estoque adicional para dar continuidade ao suprimento do produto, levando-se em conta a decisão sobre o nível de serviço que se pretende prestar no fornecimento do material.

É fácil perceber que, na medida em que o nível de serviço vai aumentando, o estoque adicional para suprir a demanda também aumenta. Mas, em que proporção ocorre esse aumento? Para responder a essa pergunta, deve-se levar em conta a forma pela qual a demanda se processa, ou, em outras palavras, a distribuição de probabilidade (curva estatística) que melhor representa a variação da demanda.

Considere-se, então, que a demanda varie de acordo com a curva de distribuição normal de probabilidade. Essa curva tem a forma de um sino, também conhecida como distribuição de Gauss[2] (Figura 10.6).

Trata-se de uma curva perfeitamente caracterizada por meio de dois parâmetros: a média e o desvio-padrão. Assim, uma vez que sejam conhecidos a média e o desvio-padrão de uma curva de distribuição normal de probabilidades, será possível encontrar todos os demais valores de x, bastando para isso conhecer a área da parte hachurada da curva (Figura 10.6). Por exemplo, o ponto $C_{máx}$ da curva poderá ser representado pelo ponto $C_{médio}$, um certo número de desvios-padrão. Matematicamente, pode-se escreve a Equação 10.12:

$$C_{máx} = C_{médio} + k.\sigma$$
(Equação 10.12)

Os valores de k são encontrados em uma tabela da distribuição normal, bastando para isso que se conheça a área hachurada da curva ou a probabilidade de ocorrência de valores superiores ao $C_{máx}$. No caso da distribuição normal propriamente dita, tem-se os valores apresentados na Tabela 10.1.

---

[2] Johann Carl Friedrich Gauss (1777-1855) foi matemático, astrônomo e físico alemão.

CAPÍTULO 10   Gestão de estoques

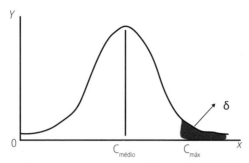

FIGURA 10.6   Curva de Gauss ou curva normal de probabilidades.

TABELA 10.1   Nível de serviço e desvio-padrão

Número de desvios	Nível de serviço
–	50,00%
0,25	60,00%
0,53	70,00%
0,84	80,00%
1,04	85,00%
1,28	90,00%
1,65	95,00%
1,75	96,00%
1,88	97,00%
2,06	98,00%
2,33	99,00%
3,10	99,90%
3,62	99,99%

Fonte: Gonçalves (2010a).

Na Figura 10.6, $C_{médio}$ representa o consumo médio esperado e $C_{máx}$, o consumo máximo que se pretende atender. Por consequência, a parte hachurada da curva representa o percentual do consumo que não será atendido, visto que será superior ao $C_{máx}$, que é o consumo máximo que se decidiu atender.

A área da curva normal representa todos os valores possíveis de ocorrência do consumo que estão distribuídos ao longo da curva. Assim, a área hachurada representa a probabilidade de não atender à totalidade da demanda que venha a incidir durante um determinado período de tempo.

Do ponto "0" (zero) da curva até o ponto "x", estão todos os valores possíveis de ocorrência da demanda. Igualmente, do ponto $C_{máx}$ até o ponto "x" está representado o intervalo de valores de ocorrência da demanda que se decidiu não atender.

Logo, levando-se em conta o conceito de nível de serviço indicado pela Equação 10.10, é possível que o nível de serviço que se decidiu atender é representado pela relação entre a área total da curva de distribuição de probabilidade da demanda, que é igual a 1 (o que representa a incidência de todos os valores de demanda), subtraída da área correspondente à parcela da demanda que não será atendida, o que corresponde à área hachurada da curva (δ).

Logo, o nível de serviço desejado será representado pela Equação 10.13:

$$\text{Nível de serviço} = 1 - \delta$$
(Equação 10.13)

Por meio de recursos da estatística, sabe-se que o valor entre $C_{médio}$ e $C_{máx}$ pode ser calculado em função do desvio-padrão da distribuição normal de probabilidade, como indicado nos parágrafos anteriores. Assim, por exemplo, para um nível de serviço de 95%, é possível verificar pela tabela da Figura 10.7 que esse nível de serviço corresponde a um valor de k igual a 1,65. É importante registrar que um nível de serviço de 95% representa assumir um risco de 5% (100% - 95%) de não atender à demanda.

Então, se a demanda média de um produto atingir 1.200 unidades no período, com um desvio-padrão de $\pm$ 400 unidades e demanda normalmente distribuída, é possível afirmar que, considerando um nível de serviço de 95%, a demanda máxima que será atendida corresponde à Equação 10.12:

$$C_{máx} = C_{médio} + k.\sigma$$

Logo, pode-se calcular que:

$$C_{máx} = 1.200 + 1,65 \times 400$$
$$C_{máx} = 1.860 \text{ unidades}$$

O resultado indica que é possível atender a um consumo de até 1.860 unidades assumindo um risco de 5% de não atender à totalidade de produtos demandados.

Deve-se observar que, nas circunstâncias descritas, mantém-se um estoque adicional de 660 unidades que foi dimensionado em função do desvio-padrão da demanda e do nível de serviço desejado, no caso, 95%.

CAPÍTULO 10 Gestão de estoques

Retornando à Figura 10.4 é possível verificar que entre a data de processamento de uma encomenda e o recebimento do produto decorre um determinado período de tempo, denominado tempo de reposição (tr) (representado pelo "lapso de tempo entre a data de processamento da encomenda e a data de recebimento do produto").

Como descrito anteriormente, o período crítico no suprimento do produto vai acontecer exatamente no intervalo de tempo entre a encomenda e o recebimento, ou seja, durante o tempo de reposição. Por esse motivo, o desvio-padrão da distribuição da demanda para esse período deverá ser corrigido em função do próprio tr, ou seja, deve-se calcular o desvio-padrão da demanda durante o tempo de reposição. Esse cálculo é feito por meio da teoria estatística, que resulta na Equação 10.14:

$$\sigma_{tr} = \sigma_D \sqrt{tr}$$

(Equação 10.14)

Isso leva a concluir que o estoque de segurança, ou estoque adicional, que deve ser mantido em função do risco assumido será expresso por:

$$ES = K . \sigma_{tr}$$

Ou, fazendo a correção de desvio-padrão como mostra a Equação 10.14:

$$ES = k \sigma_D \sqrt{tr}$$

Assim, considerando os dados do exemplo (demanda média de 1.200 unidades por mês e um desvio-padrão de $\pm$ 400 unidades), para um tempo de reposição de 12 dias, tem-se:

$$ES = 1,65 \times 400 \sqrt{\frac{12}{30}} = 417 \text{ unidades}$$

Outra situação que pode ocorrer refere-se a um eventual atraso na entrega. Esse evento se caracteriza por um aumento do período médio esperado entre o disparo de uma nova encomenda e o recebimento do produto. Nesses casos, deve-se tratar o dimensionamento do estoque de segurança levando em conta essa possibilidade.

Uma forma simplificada de examinar o problema é considerar que a demanda não sofre variação, porém o tr pode variar segundo uma distribuição de probabilidade de ocorrência conhecida.

265

Considerando que o tr seja normalmente distribuído com uma média de 10 dias e um desvio-padrão de ± 4 dias, isso significa dizer que o tr poderá oscilar entre 6 e 14 dias. Segue-se, então, para o dimensionamento do estoque de segurança na situação descrita.

Para tal, deve-se retornar ao explicado nos parágrafos anteriores: inicialmente é necessário decidir o nível de serviço ou o risco que se quer assumir para então partir finalmente para a determinação do estoque de segurança correspondente.

Para os casos em que a demanda não sofre variação e o tr é variável, o estoque de segurança é dimensionado pela Equação 10.15:

$$ES = K.D\,\sigma_{tr}$$
(Equação 10.15)

Como pode-se verificar, o fator k é obtido considerando-se a distribuição de probabilidade do tr e o risco assumido.

Para exemplificar essa metodologia, conside-se um item de estoque com demanda constante de 1.200 unidades e tr seja variável segundo uma distribuição normal com média de 10 dias e um desvio-padrão de ± 4 dias.

Para determinar o estoque de segurança que será adotado, deve-se inicialmente definir o risco a ser assumido. Para isso será considerado um risco assumido de 15% de não atender à demanda, o que significa dizer que se espera atingir um nível de serviço de 85% (100% - 15% = 85%). Assim, considerando que o tr é normalmente distribuído, pode-se utilizar os valores da Tabela 10.1 para determinar o valor do fator k correspondente (a leitura da tabela permitirá considerar k = 1,04). Assim, utilizando a fórmula da Equação 10.15, pode-se então calcular o estoque de segurança correspondente (Equação 10.16):

$$ES = K.D\,\sigma_{tr}$$
(Equação 10.16)

$$ES = 1,04 \times 1.200 \times 4 = 5.824 \text{ unidades}$$

A pior hipótese que poderá acontecer é a ocorrência dos dois eventos simultaneamente, ou seja, tanto o tempo de reposição quanto a demanda sofrerem variação. Nesse caso, o estoque de segurança deverá ser calculado considerando a distribuição de probabilidade conjunta entre a demanda e o tr. Para isso, deve-se encontrar o desvio-padrão da distribuição conjunta, cuja fórmula é explicitada a seguir (Equação 10.17):

$$\sigma_{TR.D} = \sqrt{\overline{D}^2 . \sigma_{tr}^2 + \overline{tr}^2 . \sigma_{tr}^2 + \sigma_{tr}^2 . \sigma_{tr}^2}$$

(Equação 10.17)

Em que:

D = demanda média.

σ_p = desvio-padrão da demanda.

tr = tempo de reposição.

σ_{tr} = desvio-padrão do tempo de reposição.

Depois de calculado o desvio-padrão da distribuição de probabilidade conjunta, é possível determinar o estoque de segurança pela fórmula explicitada na Equação 10.18:

$$ES = k.\sigma_{TR,D}$$
(Equação 10.18)

Com um exemplo simples é possível demonstrar a aplicação do modelo de cálculo do estoque de segurança explicitado na Equação 10.18. Um gerente de um posto de combustível que atende a uma grande variedade de clientes se desloca para o local com o objetivo de abastecer seus veículos automotores.

Nesse posto, são vendidos em média 600 L/dia de gasolina com um desvio-padrão de ± 90 L.

Essa gasolina é adquirida de uma distribuidora que leva em média 5 dias para entregar a encomenda efetuada pelo gerente do posto, porém esse tempo de entrega também pode variar, com um desvio-padrão de ± 2 dias.

Considere-se, ainda, que tanto a demanda quanto o tempo de reposição são normalmente distribuídos.

Como é possível dimensionar um estoque de segurança que garanta o abastecimento dos clientes em até 95% da demanda? Para calcular esse estoque, basta calcular os parâmetros correspondentes.

É possível perceber que o caso em análise se enquadra exatamente no modelo de determinação de estoques de segurança em que se tem a demanda variável e o tempo de reposição variável.

De um lado, considerando que a distribuição de probabilidade da demanda e do tempo de reposição ocorre segundo uma distribuição normal, conforme a tabela da Figura 10.7, obtém-se o valor de k para um nível de serviço de 95%, que corresponde a 1,65.

De outro, a fórmula a ser utilizada para o cálculo do estoque de segurança é a equação 10.18, que é aqui repetida:

$$ES = k.\sigma_{TR,D}$$

Assim, em primeiro lugar deve-se calcular o desvio-padrão da distribuição de probabilidade conjunta utilizando a Equação 10.17:

$$\sigma_{TRD} = \sqrt{\overline{D}^2 \cdot \sigma_{tr}^2 + \overline{tr}^2 \cdot \sigma_{tr}^2 + \sigma_{tr}^2 \cdot \sigma_{tr}^2}$$

$$\sigma_{TRD} = \sqrt{600^2 \times 2^2 + 5^2 \times 90^2 + 90^2 \cdot 2^2}$$

$$\sigma_{TRD} = 1.294,180 \text{ L}$$

Depois de calculado o valor do desvio-padrão, de imediato pode-se calcular o estoque de segurança (ES):

$$ES = 1,65 \times 1.294,180$$
$$ES = 2.135,397 \text{ L}$$

Examinando o resultado encontrado, pode-se verificar que esse estoque de segurança será suficiente para atender a aproximadamente 3,6 dias de consumo médio, como mostra o cálculo a seguir:

$$\text{Tempo de suprimento com o ES} = \frac{ES}{\overline{D}} = \frac{2.135,397}{600} \cong 3,6 \text{ dias}$$

Ou seja, com o estoque de segurança dimensionado para o posto de combustível, verifica-se que esse estoque será suficiente para suportar o consumo de 600 L diários por 3,6 dias.

SISTEMAS DE GESTÃO DE ESTOQUES

Na gestão dos estoques, duas perguntas básicas se colocam diante do gestor:

- Quanto comprar?
- Quando comprar?

A primeira pergunta refere-se à data em que se deve realizar a compra de certa quantidade de um produto com o objetivo de suprir a demanda durante certo período de tempo; enquanto a segunda visa determinar a data na qual essa encomenda deverá ser efetuada.

Diante das duas situações, foram criados dois sistemas básicos de controle dos estoques. Assim, com base na primeira pergunta, ou seja, "quando comprar?" procura-se saber em que nível de estoque de um determinado produto deve-se dar início ao processamento de uma encomenda com a finalidade de garantir o seu recebimento em tempo hábil para a manutenção do atendimento desse produto.

Sistema de reposição contínua — sistema "Q"

A primeira pergunta trata de uma situação na qual o disparo de uma nova encomenda para repor o estoque vai acontecer quando este estoque atingir um determinado nível. Assim, todas as vezes que o estoque de um determinado produto atingir este nível, uma nova encomenda será então processada.

Para melhor visualizar a situação descrita, a Figura 10.7 apresenta um gráfico desse sistema.

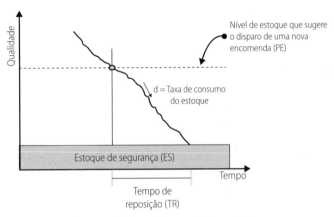

FIGURA 10.7 Sistema de reposição contínua — sistema "Q".
Fonte: Gonçalves (2010a).

Observa-se que o nível de estoque (PE) que vai sugerir o disparo de uma nova encomenda poderá ser encontrado pela seguinte expressão matemática, levando-se em conta que o estoque se esgota a uma taxa de consumo constante (d) e que tr é o período de tempo decorrido entre o disparo da encomenda e o recebimento de uma nova encomenda (Equação 10.19):

$$PE = d \cdot tr + ES$$
(Equação 10.19)

Também deve-se lembrar que o estoque de segurança é definido pela Equação 10.20:

$$ES = k \cdot \sigma_d \sqrt{tr}$$
(Equação 10.20)

Logo, o ponto de disparo de uma nova encomenda será caracterizado pela Equação 10.21:

$$PE = d.tr + k.\sigma_f\sqrt{tr}$$

(Equação 10.21)

Uma vez definido o nível de estoque que vai disparar uma nova encomenda, denominado ponto de encomenda, ponto de reposição ou ponto de gatilho, o passo seguinte é determinar qual a quantidade a ser reposta.

Recordando o conceito de lote econômico, pode-se concluir que a quantidade que deverá ser reposta será determinada pelo lote econômico de compra, cuja fórmula (Equação 10.9) é repetida aqui:

$$Q_{LEC} = \sqrt{\frac{2 . D . C_{proc}}{C_p}}$$

(Equação 10.9)

Assim, é possível concluir que o sistema "Q" ou de reposição contínua é assim denominado pelo fato de que, a qualquer instante, em função da taxa de consumo com que o estoque vai se esgotando, uma nova reposição é sugerida. Daí denominar-se sistema de reposição contínua.

Esse sistema é perfeitamente caracterizado por dois parâmetros de gestão:

- Ponto de encomenda ou ponto de disparo (PE).
- Lote de compra (LC).

O ponto de encomenda é definido pela fórmula apresentada na Equação 10.20 e a quantidade a ser encomendada é calculada por meio da fórmula do lote econômico de compra, expressa pela Equação 10.8.

É importante observar que o sistema de revisão contínua é também conhecido como sistema de duas gavetas, visto que, ao se esgotar o estoque de uma gaveta (momento em que é atingido o ponto de encomenda), passa-se a utilizar o da segunda. Essa sistemática permitiu desenvolver um processo de gestão de estoques bastante conhecido que é o *just in time* e o sistema de produção denominado de Kanban[3].

Um pequeno exemplo pode demonstrar a aplicação desse modelo de gestão de estoque.

---

[3] O Kanban é um sistema de controle de fluxo de materiais utilizado na produção. Ele utiliza um sistema de cartões que sinalizam a necessidade de reabastecer uma célula, movimentar um produto etc. Tem como meta a produtividade e a qualidade, interligando em um fluxo uniforme e ininterrupto todas as operações. Atualmente, esse sistema de cartões foi substituído por um sistema de gestão que utiliza a tecnologia da informação.

CAPÍTULO 10 **Gestão de estoques**

Uma empresa possui um item de estoque que tem um consumo médio diário normalmente distribuído de 100 unidades/dia com um desvio-padrão de ± 40 unidades. Sabe-se que são gastos 5 dias entre o processamento de uma encomenda e o recebimento do item no centro de distribuição da empresa.

Para esse item, de acordo com dados obtidos na área de controladoria, o custo de processamento de uma encomenda foi estimado em R$ 35,00 por encomenda processada e o custo de manter uma unidade desse item em estoque durante 1 ano foi estimado em R$ 9,40.

Supõe-se, ainda, que o gerente de materiais da empresa tenha fixado um nível de serviço para esse item de 90%.

Os parâmetros básicos do sistema "Q" são:

- Consumo médio (d) = 100 unidades por dia.
- Desvio-padrão do consumo (σ) = 40 unidades por dia.
- Custo de processar uma encomenda (c_{proc}) = R$ 35,00.
- Tempo de reposição (tr) = 5 dias.
- Custo de posse do estoque (c_{posse}) = R$ 9,40 por unidade por ano.
- Nível de serviço desejado (NS) = 90% e k = 1,28 (conforme Tabela da distribuição normal).
- Regime de trabalho = 52 semanas por ano e 5 dias por semana.

Com as informações disponíveis, é possível calcular os parâmetros procurados. Inicialmente, deve-se calcular o estoque de segurança que será determinado por:

$$ES = 1,28 \times 40 \sqrt{5} \cong 115 \text{ unidades}$$

Em seguida pode-se determinar o ponto de encomenda por meio de:

$$PE = 5 \times 100 + 115 = 515 \text{ unidades}$$

Resta, então, calcular o lote de compras que será igual ao lote econômico de compra, levando-se em conta que a demanda anual e os custos de reposição e de posse são, respectivamente:

$$D_{anual} = 52 \text{ (semanas)} \times 5 \text{ (dias)} \times 100 \text{ (unidades por dia)} = 26.000 \text{ unidades}$$

$$Q_{LEC} = \sqrt{\frac{2.D.c_{Proc}}{c_p}} = \sqrt{\frac{2 \times 26.000 \times 35,00}{9,40}} = 440 \text{ unidades}$$

A conclusão final permite resumir o sistema "Q" para esse item:

Ponto de encomenda = 515 unidades
Lote de compra = 440 unidades

A Figura 10.8 apresenta a visualização gráfica do resultado da composição dos parâmetros básicos de funcionamento do sistema de reposição contínua para esse item de estoque.

A maioria dos sistemas de controle de estoques encontrados nas empresas funciona segundo as características dos sistemas de revisão contínua ou sistema "Q".

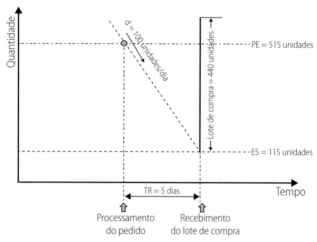

FIGURA 10.8 Operação do sistema "Q".

Sistema de reposição periódica ou sistema "P"

O sistema de periodicidade fixa tem o seu funcionamento bem diferente do sistema "Q" ou de revisão contínua. Enquanto o disparo de uma encomenda, no sistema de revisão contínua, acontece todas as vezes em que o estoque do item atinge um determinado nível prefixado, no sistema de periodicidade fixa o estoque é revisto segundo uma data previamente estabelecida e que se regula por períodos fixos. Por exemplo: se a revisão semanal do estoque de um determinado item for fixa, essa revisão vai indicar que a cada 7 dias deve-se examinar a posição do estoque e, então, processar uma nova encomenda.

É importante observar que, ao realizar a revisão do estoque para reabastecê-lo, deve-se esperar um determinado tempo (o tempo de reposição, ou intervalo de tempo entre o processamento da encomenda e o recebimento do item no estoque) para ter a quantidade encomendada do item efetivamente disponível para consumo.

A Figura 10.9 permitirá visualizar melhor o processo de gestão dos estoques por intermédio de um sistema de periodicidade fixa ou sistema "P".

Observando a Figura 10.9, verifica-se que a encomenda de certa quantidade "Q_i" vai variar em função do nível de estoque existente no dia da revisão e do estoque máximo projetado. A encomenda assim realizada será recebida em um determinado período de tempo, decorrido entre o processamento da encomenda e o recebimento do item, que é o denominado tempo de reposição (TR).

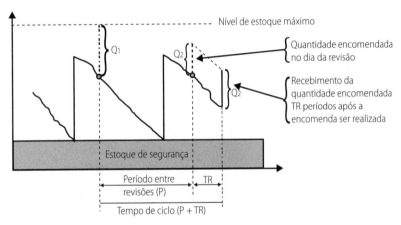

FIGURA 10.9 Sistema de reposição periódica ou sistema "P".

Assim, nota-se que entre a revisão do estoque e o recebimento do item decorrerá um período de tempo correspondente à soma do período entre as revisões do estoque (P) e o período entre o processamento da encomenda e o seu recebimento (TR). Esse intervalo de tempo é conhecido como tempo de ciclo.

Em função desse tempo de ciclo, que deixa o estoque exposto a risco até que uma nova encomenda seja recebida, dimensiona-se um estoque de segurança para suportar eventuais intercorrências.

Portanto, o cálculo do estoque de segurança para mitigar o risco de falta é uma extensão da fórmula utilizada para o sistema "Q" (Equação 10.20) que passa a tomar a seguinte configuração (Equação 10.22):

$$ES_P = k.\sigma_D \sqrt{P + TR}$$

(Equação 10.22)

É importante lembrar que o fator k da Equação 10.21 está diretamente relacionado ao nível de serviço que se pretende utilizar para cada item de estoque.

Resta então, complementar o estudo do sistema de periodicidade fixa examinando a questão relacionada ao nível de estoque máximo que deverá ser mantido. Ainda observando a Figura 10.9, é possível perceber que esse estoque deverá ser suficiente para atender à demanda durante todo o tempo de ciclo (P + tr). Assim, considerando-se que será mantido também um estoque adicional de segurança, como descrito no parágrafo anterior, o estoque máximo esperado será determinado pela Equação 10.23:

$$E_{máx} = (P + TR) \times \bar{d} + ES_p$$
(Equação 10.23)

Em que $\bar{d}$ representa o consumo médio esperado durante o tempo de ciclo.

Assim, no dia definido para a revisão do estoque, que vai acontecer a cada P intervalos de tempo, a quantidade que deverá ser encomendada será determinada pela diferença entre o estoque máximo projetado e o estoque existente (Equação 10.24):

$$Q_{encomendar} = E_{máx} - E_{existente}$$
(Equação 10.24)

Aproveitando os dados do exemplo anterior, que foi utilizado para o sistema "Q", é possível mostrar o processo funcional do sistema de periodicidade fixa:

- Consumo médio (d) = 100 unidades por dia.
- Desvio-padrão do consumo (σ) = 40 unidades por dia.
- Custo de processar uma encomenda (c_{proc}) = R$ 35,00.
- Tempo de reposição (tr) = 5 dias.
- Custo de posse do estoque (c_{posse}) = R$ 9,40 por unidade por ano.
- Nível de serviço desejado (NS) = 90% e k = 1,28 (conforme tabela da distribuição normal).
- Regime de trabalho = 52 semanas por ano e 5 dias por semana.

Imagine-se, então, que para o exemplo tenha sido fixada uma revisão periódica do estoque a cada 5 dias.

Assim, com base nas informações disponíveis, é possível então calcular:

$$E_{máx} = (5 + 5) \times 100 + ES_p$$

CAPÍTULO 10 Gestão de estoques

Em que o tempo de reposição (tr) é de 5 dias e o período entre previsões do estoque (p) é também de 5 dias, conforme decisão gerencial.

O estoque de segurança é calculado por meio da Equação 10.22, levando-se em conta que, para um nível de serviço de 90% e demanda normalmente distribuída, o valor do fator de segurança (k) é igual a 1,28.

Assim, tem-se:

$$ES_p = 1,28 \times 40 \sqrt{5+5} \cong 162 \text{ unidades}$$

Logo, calcula-se que o estoque máximo esperado será de:

$$E_{máx} = 10 \times 100 + 162 = 1.162 \text{ unidades}$$

Determinados os parâmetros de funcionamento do sistema "P", no dia da revisão do estoque, o cálculo da quantidade a ser encomendada, se o estoque existente é de 485 unidades, é feito a partir da Equação 10.24:

$$Q_{encomendar} = E_{máx.} - E_{existente}$$
$$Q_{encomendar} = 1.162 - 485 = 677 \text{ unidades}$$

QUADRO 10.1 Vantagens comparativas entre os dois sistemas

Sistema de revisão contínua – sistema "Q"	Sistema de revisão periódica – sistema "P"
■ O sistema da quantidade fixa individualiza a frequência de revisão do estoque, visto que ela vai depender, essencialmente, do comportamento da demanda.	■ Um sistema de reposição em intervalos fixos permite concentrar, de forma regular, as entregas e recebimentos dos materiais.
■ A quantidade fixada para ser encomendada, baseando-se ou não no lote econômico, poderá resultar em economias nas aquisições por intermédio da obtenção de descontos.	■ Esse sistema permitirá programar adequadamente as entregas dos itens junto aos usuários. Por exemplo, poderá ser elaborado um calendário de entregas programadas para os materiais de papelaria, em todos os escritórios da empresa, o que vai reduzir a frequência de pedidos esparsos.
■ Limitações de espaço no armazenamento, no transporte e na produção acarretam a necessidade de se ter uma quantidade fixa nos lotes de reposição. Isso facilita o planejamento do transporte, a disponibilidade de área para armazenagem etc.	■ Se vários itens são adquiridos de um mesmo fornecedor, é possível efetivar ordens de compras de múltiplos itens com redução de custos de emissão, transporte etc.
■ Em função do ciclo de proteção do estoque ser menor, o estoque de segurança também será menor, o que resultará em economias.	■ Nesse sistema, o estoque somente precisa ser conhecido por ocasião da revisão destinada a determinar a quantidade a ser encomendada.

Fonte: Gonçalves (2010a).

Logística e cadeia de suprimentos: o essencial

CURVA ABC OU CURVA DE PARETO

A curva ABC, que também é denominada de curva de Pareto[4], tem por objetivo fazer uma separação dos itens de estoque por seu valor de consumo.

A ideia, desenvolvida por H. Ford Dickie da General Electric, em 1950, tem por finalidade criar um critério de importância dos materiais de estoque em função do valor de consumo. Uma vez determinado o valor de consumo de todos os itens estocados, o passo seguinte é classificar esses valores e criar métodos de gestão dos materiais em função da importância desses itens em termos financeiros, ou seja, quanto maior for o valor de consumo do item mais importante ele se torna, visto que o seu impacto em termos de custos é bastante significativo.

O processo de elaboração da curva ABC é bastante simples. Primeiramente, deve-se calcular o consumo de todos os itens do estoque. Esse cálculo é normalmente baseado nos dados históricos e, de forma geral, a curva ABC poderá ser elaborada com base na média mensal de 12 meses de consumos históricos.

É importante observar o desempenho de cada item em termos dos consumos registrados, pois um item pode apresentar um baixo desempenho em termos de volume de saída simplesmente porque ficou em falta durante um certo tempo e, consequentemente, o resultado final é mascarado. Algo semelhante poderá acontecer com um item que tem substitutibilidade (ou seja, um item que pode ser substituído por outro de iguais características, como no caso do uso de uma caneta de cor preta em vez da caneta de cor azul por falta desta).

Uma receita bem simples para a elaboração da curva ABC é apresentada em Gonçalves (2010a) e representa a rotina básica para elaboração de uma curva ABC, conforme segue:

1. Listar todos os itens de estoques, seus respectivos consumos e os respectivos preços devidamente atualizados. Estes consumos poderão representar o consumo dos últimos 12 meses, como a média mensal de consumo desse período. Os preços deverão ser os mais atuais possíveis ou atualizados por índices adequados.
2. Calcular o valor do consumo multiplicando-se o consumo pelo respectivo preço atualizado.
3. Reordenar a lista de itens em ordem decrescente de valor de consumo.
4. Acrescentar uma nova coluna de dados na qual serão incluídos os valores acumulados de consumo, ou seja, essa linha será igual à linha anterior da mesma

---

[4] Vilfredo Pareto (1842-1923), economista italiano que estudou a distribuição de renda entre várias populações e que deu origem à curva de distribuição de renda que leva o seu nome.

276

coluna adicionada ao valor de consumo do item imediatamente posterior, cujo valor está indicado na coluna antecedente à coluna de consumo acumulado.
5. Calcular, então, os percentuais de valores acumulados de demanda.
6. Com base em um critério de partição, estabelecer a divisão entre as classes A, B e C. Na prática, dependendo do perfil da empresa, utilizam-se valores de 75 a 80% do valor de consumo para identificar a classe A e cerca de 5% do valor de consumo para identificar a classe C. Como consequência, a classe B fica na partição intermediária entre A e C.
7. Em linhas gerais, é possível separar as classes dentro do seguinte critério:
   a. Classe A – até 75% do valor acumulado de consumo.
   b. Classe B – entre 75 e 95% do valor acumulado de consumo.
   c. Classe C – de 90 a 100% do valor acumulado de consumo.
8. É importante observar que a classificação sugerida no item 7 não é rígida. Ela poderá sofrer alterações em função do perfil da curva ABC.

Na Figura 10.10, é apresentado um exemplo de curva ABC elaborada com auxílio de uma planilha eletrônica.

Ao construir a curva, é possível classificar os itens de acordo com a sua importância em termos de valor de consumo.

De um lado, os itens incluídos na classe A são aqueles que mais impactam os estoques em termos financeiros, pois o valor envolvido no consumo é bastante significativo; logo, qualquer elevação indevida dos estoques vai ter um impacto considerável, visto que esse valor tem um alto custo financeiro – maior capital investido no item em termos de estoque.

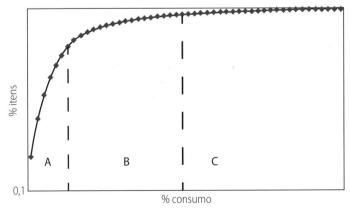

FIGURA 10.10 Exemplo de curva ABC.

Logística e cadeia de suprimentos: o essencial

De outro lado, os itens incluídos na classe C são aqueles que menos impactam os custos financeiros dos estoques. Nessa classe, poderão estar incluídos itens que, embora tenham um elevado consumo em termos de quantidade demandada, não representam grande impacto em termos de capital investido em seu estoque.

A maior aplicação da curva ABC nos estoques está justamente na separação dos itens considerados mais importantes sob a ótica dos custos financeiros. Assim, um item classificado como de classe A representa um grande impacto no investimento em estoque, dado que este item envolve um valor razoável imobilizado em estoque.

A gestão, nesse caso, trata esse item como especial e desenvolve estratégias especiais de tratamento e controle do estoque, além de parâmetros de ressuprimento. Utilizando-se de uma gestão por exceção, para esse item a gestão acaba por manter um nível de estoque razoavelmente baixo, o mesmo acontecendo em relação ao estoque de segurança em troca de um controle personalizado.

Normalmente, para os itens da classe A, o ideal é manter uma estratégia de fornecimento e suprimento com base nas técnicas do *just in time,* o que vai acarretar uma programação de entregas bem estruturada, com entregas frequentes e em lotes de pequeno porte, porém com um elevado controle do desempenho desse item em termos de nível de atendimento e acompanhamento do consumo.

EXERCÍCIOS

Questões

1. Qual é o impacto dos custos nos estoques?
2. Qual é o conceito embutido do custo de posse do estoque? Quais são os custos nele envolvidos?
3. Qual é o conceito do estoque médio? Por que utilizá-lo no cálculo do custo de posse do estoque?
4. Qual é a importância da existência de um estoque de segurança?
5. Explique o sistema de controle de estoque denominado revisão contínua.
6. Explique o sistema de controle de estoque denominado revisão periódica.
7. Qual é o foco principal de uma análise ABC de consumo de itens de estoque?

Exercícios quantitativos

1. Uma empresa adquiriu um produto por R$ 5,00 a unidade. O custo de processamento de um pedido é de R$ 30,00/pedido. O custo para manter um produto no estoque é de R$ 1,50/unidade/ano. Se a demanda anual foi estimada em 16.000 unidades, calcule:
   a. A quantidade a ser adquirida que resulte em menor custo total.

CAPÍTULO 10 Gestão de estoques

b. O custo total de uma política de estoque para Q = 2.000 unidades/encomenda.

c. O número de pedidos gerado com aquisições via lote de custos mínimos.

2. Uma empresa utiliza a fórmula $\overline{D}_t = \overline{D}_{t1} + \alpha^* (\overline{C}_{t-1} - \overline{D}_{t-1})$ para fazer suas estimativas de demanda anual. Em 2010, para uma estimativa de 5.000, o consumo atingiu 6.000 unidades para $\alpha = 0{,}20$.

A empresa trabalha com um *mix* de capital de giro conforme a Tabela 1:

TABELA 1 *Mix* de capital de giro

Descrição	Porcentagem	Taxa de juros
Crédito de fornecedores	60%	15% ao ano
Empréstimos bancários	30%	18% ao ano
Outros	10%	12% ao ano

Operando com um estoque médio de R$ 192.000,00, foi apresentado na conta "Almoxarifados" custos de 2% ao ano com seguros e R$ 29.500,00 com os demais custos operacionais.

O produto adquirido para a empresa tem um custo de aquisição de R$ 100,00.

O processamento de um pedido de compra tem um custo estimado de R$ 1.339,00.

Calcule o número de encomendas que serão emitidas se a empresa adotar uma política de custos mínimos.

3. A demanda semanal de *palm pilots* da Ziron Computadores é normalmente distribuída com uma média de 2.500 unidades e um desvio-padrão de 500 unidades. O fabricante demora 2 semanas para atender a um pedido feito pela Ziron. É feito um pedido de 10.000 *palm pilots* quando o estoque em mãos é reduzido a 6.000 unidades. Avalie os estoques de segurança e médio mantidos pela Ziron Computadores. Avalie também o tempo médio de permanência de um *palm pilot* na loja.

Considerando o tempo médio de permanência de um *palm pilot* na loja, qual é o custo financeiro de cada *palm* se a taxa de juros média de mercado é de 3% ao mês (considerando-se o mês com 4 semanas) e a Ziron compra, em média, por R$ 600,00 os *palm pilots* de seu fabricante?

4. O Hospital São Paulo consome 1.000 caixas de bandagem por semana. O preço das bandagens é de R$ 35,00 por caixa, e o hospital opera 52 semanas por ano. O custo de processar um pedido de compra é de R$ 15,00 por pedido e o custo de manutenção de uma caixa durante um ano é de 15% do valor do material.

A demanda desse produto possui uma distribuição normal com um desvio-padrão de 100 caixas para a demanda semanal.

Logística e cadeia de suprimentos: o essencial

a. Que estoque de segurança será necessário se o hospital adotar um sistema de revisão contínua (sistema "Q") e desejar um nível de atendimento durante o ciclo de 95%?
b. Qual deve ser o ponto de recolocação do pedido?
c. Se o hospital usa um sistema de revisão periódica do estoque, com revisões a cada 2 semanas, qual deve ser a meta para o nível de estoque máximo?

5. O supermercado Bom Preço utiliza um sistema de revisão contínua (sistema "Q") para o controle de estoque de seus itens e está analisando a política de estoque de um item que possui uma demanda semanal de 1.500 unidades e um desvio-padrão de 300 unidades.

A empresa opera 60 semanas em 1 ano. Com um tempo médio de reposição de 3 semanas para esse item, vem processando a encomenda de 15.000 unidades.

De acordo com informações obtidas na controladoria, o custo de colocação de uma encomenda junto a um fornecedor tradicional é de R$ 1.250,00 por pedido.

Se o supermercado deseja proporcionar um nível de serviço de atendimento aos clientes de 95%, determine:

a. O estoque de segurança e o ponto de encomenda desse item.
b. O custo total da política de estoques do sistema "Q".
c. Considerando que o estoque desse item, disponível no supermercado, é de 5.850 unidades e ainda falta o fornecedor entregar 820 unidades de uma encomenda em atraso, qual é quantidade a ser encomendada caso a empresa venha a adotar uma política de revisar a cada 6 semanas o estoque desse item?

CAPÍTULO 11

Gestão dos riscos da cadeia de suprimentos

INTRODUÇÃO

Depois do fatídico 11 de setembro, o mundo sofreu uma grande transformação.

Em primeiro plano, a paranoia de um ataque terrorista iminente se concretizou com a destruição das torres gêmeas do World Trade Center, símbolo do capitalismo e da pujança dos Estados Unidos.

Deixando de lado essa face mórbida, doentia e de pouco conteúdo humano desses atos de fanatismo, todos percebemos que as mudanças ocorridas após o atentado causaram grande impacto nas operações globais das empresas e, consequentemente, também acabaram por atingir as pessoas.

Estratégias operacionais no estilo *just in time* foram paralisadas a partir do momento em que os Estados Unidos simplesmente impediram, por medida de cautela e proteção, que qualquer aeronave levantasse voo, e a vigilância nos aeroportos, portos e rodovias intercontinentais passou a ser severa, demorada, em uma verdadeira operação estilo "pente-fino".

Vivendo uma situação de franco desenvolvimento mundial na expansão do comércio de bens e serviços, a hipótese de bloqueio no suprimento de um produto, de uma matéria-prima ou de um componente era pouco estudada ou, mesmo, totalmente negligenciada, sendo tratada como mera especulação dos considerados "paranoicos de plantão".

Por conta dessa situação abrupta, porém esperada, sem ser antecipadamente diagnosticada, as empresas passaram a começar a pensar nos riscos das suas fontes de suprimentos.

De um lado, a partir dessa constatação, analistas e estrategistas começaram a fazer uma série de perguntas para esboçar cenários e planejar estratégias operacionais alternativas:

Logística e cadeia de suprimentos: o essencial

- O que aconteceria se a cadeia de suprimento e/ou de distribuição fosse interrompida por um evento inesperado?
- Se um modal de transporte essencial ao suprimento de matérias-primas ou de produtos sofresse um dano irreparável, quais as consequências na continuidade da produção?
- Se uma carga importante e/ou de alto valor fosse destruída, roubada ou contaminada, quais seriam os seus efeitos no suprimento de bens?
- Quais os custos envolvidos na recuperação da cadeia de suprimento e/ou de distribuição?

Por outro lado, esses especialistas também começaram a se debruçar em problemas relacionados aos riscos, não só de atos terroristas ou sequestros de navios, como foram as recentes operações dos piratas da Somália, mas, especialmente, relacionadas a um leque de atividades dolosas que começaram a crescer exponencialmente nas empresas.

Palavras como fraude, roubos, chantagem, sabotagem e vandalismos passaram a fazer parte do dicionário operacional dos estrategistas.

Dois exemplos permitem melhor compreender a gravidade das situações. Um deles está relacionado com um medicamento e aconteceu nos EUA: alguém informou ao fabricante que tinha inserido veneno em várias caixas do produto espalhadas em todo o território norte-americano. Esse foi um caso emblemático que a indústria farmacêutica enfrentou de plano e de uma forma bastante arrojada e inteligente.

Outro exemplo, cujo tributo ainda se paga, resultou do leque de fraudes produzidas nos balanços de grandes corporações americanas ligadas ao mercado financeiro (misteriosamente não detectadas pelas auditorias independentes) e que vieram à tona com a crise do *subprime*.

Aliados a tudo isso, estão os problemas relacionadas aos desastres da natureza (incêndios, inundações, tempestades, tornados e furacões), desastres ecológicos (vazamento de produto, poluição, lixos tóxicos e contaminações) e mesmo riscos tecnológicos (ruptura das comunicações, falta de suprimento energético, falta de transporte, caos aéreo etc.).

É desnecessária a exemplificação dos citados riscos em face das recentes notícias veiculadas pela mídia, tanto em âmbito nacional quanto internacional.

Nesse novo cenário, cada vez mais globalizado e, por consequência, com reflexos em todo o planeta, tornou-se indispensável, em termos estratégicos, operacionais e financeiros, que as empresas passassem a se preocupar com a gestão dos riscos logísticos.

CAPÍTULO 11 Gestão dos riscos da cadeia de suprimentos

CLASSIFICAÇÃO DOS RISCOS

A definição mais comum de risco é baseada na volatilidade da possibilidade de retorno, no conceito de falta de informação e na disposição de aceitar uma potencial perda, se um possível retorno é esperado.

Na teoria da decisão tradicionalmente estudada, o risco é então definido como a variância da distribuição de potenciais resultados, a sua probabilidade de ocorrência e seu valor subjetivo.

São várias as definições de riscos, dependendo da sua aplicação específica a um ambiente de negócio ou situação crítica a pessoas ou em uma situação contextual.

Em sua forma clássica, o risco representa a probabilidade de eventualidades específicas acontecerem dentro de certas circunstâncias.

Tecnicamente, o risco não tem valor, da mesma forma que a ocorrência de um evento probabilístico poderá acarretar consequências benéficas (ganhos) ou adversas (perdas).

Normalmente, o estudo do risco da ocorrência de algum evento envolve a análise de eventos não esperados ou não previstos que efetivamente têm alguma chance de acontecer por razões diversas.

Assim, pode-se considerar também dois tipos de riscos:

* Riscos qualitativos.
* Riscos quantitativos.

Os riscos qualitativos são aqueles de difícil mensuração e os impactos de suas consequências têm um valor subjetivo, normalmente classificado como de baixa ou alta intensidade, menor ou maior gravidade etc.

Já os riscos quantitativos são passíveis de mensuração e, nesses casos, a probabilidade de ocorrência ou o impacto de suas consequências têm frequência e custos envolvidos e mensuráveis.

Os riscos podem ser classificados dentro das seguintes modalidades:

* De propriedades.
* De pessoas.
* Especulativos.
* Administrativos.
* Públicos.
* Tecnológicos.

283

Por um lado, é possível considerar alguns aspectos relacionados à intervenção humana na causa central de um risco, o que envolve especialmente as atividades dolosas, quais sejam: fraudes, roubos, furtos, chantagem, sabotagem, vandalismos e mesmo a pior delas, os atos terroristas, que são um risco real.

Por outro, há também a intervenção da própria natureza na formação e na propagação de um risco. Nesse sentido pode-se considerar:

- Desastres naturais – incêndios, inundações, tempestades, tornados e furacões.
- Desastres tecnológicos – relacionados a ruptura das comunicações por quaisquer tipos de evento; falta de suprimentos de energia para operar serviços, manufatura e iluminar ambientes; falhas nos transportes; e falhas no suprimento por problemas relacionados com os fornecedores.
- Desastres ecológicos – vazamento de produto (óleo cru, produto químico ou tóxico etc.), poluição ambiental, lixos tóxicos etc.

O tratamento da gestão dos riscos permitirá agir de forma proativa, objetivando evitar a ruptura do sistema de suprimentos e o fluxo de bens e serviços por meio das cadeias logísticas, mantendo, por consequência, a continuidade dos negócios.

É evidente que a falta do gerenciamento dos riscos das cadeias logísticas coloca as operações em frentes abertas para uma paralisação dos suprimentos e uma descontinuidade dos negócios, com grandes prejuízos para as empresas, acionistas, clientes e consumidores.

Dentro desse processo, pode-se considerar que o gerenciamento dos riscos inerentes a uma cadeia de suprimentos poderá ser tratado de forma integrada com o gerenciamento da manutenção dos negócios.

Se, por um lado, os riscos podem ser classificados segundo a sua natureza (tecnológicos, ecológicos ou naturais); por outro, deve-se examinar também a classificação do dano causado. Nesse contexto, pode-se considerar:

- Danos desprezíveis – são aqueles que não provocam dano significativo a pessoas, operações empresariais e logísticas.
- Danos marginais – são aqueles que acabam causando danos a equipamentos e pessoas, porém sem grandes consequências.
- Danos críticos – nessa classificação, encontram-se as ocorrências que trazem consequências mais graves para pessoas, equipamentos ou ambiente empresarial, social etc.
- Danos catastróficos – situações em que as consequências são realmente sérias. Um exemplo de dano catastrófico foi o atentado terrorista de 11 de setembro de 2001.

A Figura 11.1 apresenta essa abordagem de forma bastante simplificada, mas suficiente para um perfeito entendimento dos entes envolvidos no processo de gestão de riscos dos negócios e manutenção das operações logísticas.

É importante ressaltar que os riscos poderão advir de fatores externos, também considerados como riscos do ambiente de negócios, como entrada de novos competidores, regulamentação do setor, novas exigências de clientes e da sociedade etc. ou fatores internos, que envolvem o risco das operações empresariais e de seus procedimentos, sem contar com os riscos inerentes a falta de informações e/ou insuficiência de informações para a tomada de decisão empresarial.

É possível, também, analisar os riscos sob a ótica de:

- Riscos organizacionais:

A falta de normas empresariais bem elaboradas e de adequação de sistemas de controle de qualidade representa risco de procedimento da organização, que, nesse caso, precisa ser melhor estruturada e normatizada. Do mesmo modo, o excesso de burocracia, a falta de autoridade ou a falta de suporte para a tomada de decisões também representam riscos oriundos da própria organização.

O mesmo poderá acontecer no que se refere às diferenças culturais, barreiras linguísticas, desentendimentos, falta de educação formal, falta de treinamento e carência de mão de obra qualificada, que representam sérios riscos para a organização.

- Risco da rede de negócios:

No que se refere à rede de negócios, é possível considerar os riscos de falta de suprimentos de bens e serviços, falta de materiais, atrasos da programação de

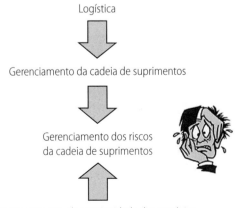

FIGURA 11.1 Adequação da logística à gestão dos riscos logísticos.

recebimentos dos suprimentos, falhas ou paradas de produção ou mesmo mudanças tecnológicas. Do mesmo modo, a instabilidade dos clientes ou variabilidade da demanda de bens e serviços também representa um risco, assim como roubos de cargas ou outros tipos de delito de apossamento de um bem, falsificações de produtos, pirataria ou quebra da infraestrutura, que são riscos inerentes à rede de negócios.

* Riscos do macroambiente:

Na questão relacionada aos riscos do macroambiente, pode-se inicialmente considerar as questões do macroambiente e, como tal, pode-se ter riscos inerentes à mudança ambiental (clima, por exemplo), recessão (caso que vem acontecendo na Comunidade Comum Europeia), impacto dos cursos de mão de obra, variações cambiais, mutação do portfólio de clientes etc.

Ainda no contexto dos riscos do macroambiente, também encontram-se situações como as ações governamentais de restrições quanto às questões ambientais, modificação da legislação relacionada à proteção industrial, proteção de patentes, modificações das exigências quanto ao descarte de produtos e obrigatoriedade da logística reversa etc.

Ainda dentro do tema, é possível também considerar as incertezas provenientes de ações de concorrentes ou novos entrantes no mercado, e a falta de recursos, tanto de capital e tecnologia quanto de mão de obra qualificada. Um exemplo típico é o recente crescimento do setor de construção civil nas grandes metrópoles e a falta de mão de obra pra a realização dos serviços. O resultado tem provocado um impacto negativo junto ao grupo de adquirentes de casas e apartamentos, cujas entregas são postergadas muito além dos prazos contratuais vigentes com desgastes das construtoras e acirramento de demandas judiciais por parte dos compradores de imóveis.

A gestão de risco é uma prática comum nas atividades relacionadas à área financeira há muitos anos. Muitas técnicas e ferramentas são extensivamente usadas no que se refere à determinação dos riscos financeiros.

Essa prática foi estendida também para a cadeia de suprimentos, muito especialmente em função de novas práticas que são aplicadas no fluxo de bens e serviços que escoam ao longo de uma cadeia logística. Práticas como *just in time*, redução do número de fornecedores e de centros de distribuição, redução dos custos logísticos totais de uma cadeia de suprimentos e a racionalização dos processos têm como resultado um aumento dos riscos da cadeia de suprimentos.

Vários fatores colocam em risco uma cadeia de suprimentos, entre eles:

* Globalização da economia, dos mercados de fornecimento de matérias-primas, insumos e componentes e da distribuição de produtos.

CAPÍTULO 11 Gestão dos riscos da cadeia de suprimentos

- Intervenção do Estado na economia por intermédio da regulação do comércio de bens e serviços, tanto no que se refere à tributação quanto a exigências relacionadas ao meio ambiente e à proteção à saúde, como também nas questões relativas ao controle do câmbio e à manutenção da competitividade local.
- Elevação considerável das incertezas econômicas, mais especialmente nos anos recentes, com a mudança do regime em países do Oriente Médio e a pujança da China no mercado internacional.
- Grandes avanços na área da tecnologia aplicada a produtos e serviços, que provocam uma acelerada redução do ciclo de vida dos produtos, mais especialmente aqueles voltados para a tecnologia de ponta, como computadores, celulares etc.
- Pressão por parte dos clientes, muito especialmente por conta do acelerado processo de compras via internet, que passaram a exigir entregas mais rápidas com alto grau de acurácia e excelente qualidade nos serviços; bem como a dificuldade em fazer as previsões de vendas em função do aspecto migratório dos consumidores em termos de compra de produtos e serviços via internet.
- Terrorismo e pirataria, principalmente no que se refere à costa da Somália e aos atos terroristas sem precedentes que vêm ocorrendo no mundo.
- Desastres ambientais e outros eventos catastróficos, como a erupção do vulcão chileno Puyehue-Cordón Caulle, cujas cinzas chegaram à Austrália, provocando o cancelamento de voos na região. Por conta desse incidente, as companhias aéreas australianas Qantas e Jetstar anunciaram a suspensão temporária de vários voos. Ou o que aconteceu com o incêndio da fábrica da IBM no Novo México em 2000, cujos produtos atendiam às empresas Nokia e Ericsson, resultando em falta de produtos com perdas superiores a US$ 390 milhões.

É importante observar que o transporte representa, no contexto da cadeia de suprimentos, a face do processo com maior probabilidade de risco e torna-se ainda mais vulnerável quanto às práticas de *just in time* que são implantadas nas fábricas. Assim, qualquer incidente de maiores proporções poderá paralisar o sistema de entregas com elevados prejuízos para todos os atores envolvidos no processo.

O suporte da tecnologia da informação, por exemplo, que é praticamente invisível, é parte central da coordenação dos sistemas de suprimentos das redes logísticas e envolve um variado número de transações entre atores da cadeia de suprimentos dentro de uma rede global, o que a torna extremamente interdependente e vulnerável. Um exemplo refere-se às previsões de vendas de um tipo de tênis da Nike no verão do ano 2000, o que causou a falta do produto para atender

Logística e cadeia de suprimentos: o essencial

à demanda dos clientes com perdas financeiras da ordem de US$ 100 milhões (IBM White Paper, 2008).

Dentro do foco de análise dos riscos da cadeia de suprimentos, é possível encontrar algumas categorias como as descritas no Quadro 11.1.

QUADRO 11.1 Análise de risco por categoria

Categoria	Exemplo
Tecnologia e operações	Erros nas previsões de demanda, restrições de capacidade da manufatura, problema com a qualidade dos produtos, quebra de máquinas, problemas de comunicação e de suporte da tecnologia da informação, problemas com o transporte de suprimentos ou de transporte na distribuição dos produtos, atendimento incompleto aos pedidos dos clientes etc.
Social	Problemas com greves e pressões dos sindicatos, acidente de trabalho, absenteísmo, fraudes, sabotagens, atos terroristas, pilhagem, queda da produtividade etc.
Natural	Incêndios, inundações, tempestades, mudanças climáticas repentinas etc.
Economia e competição	Variação da taxa de câmbio, flutuação da taxa de juros, flutuação dos preços das *commodities*, falência de fornecedores, recessão econômica etc.
Legal e política	Novas regulamentações dos governos; pressões de governos, grupos e clientes; instabilidade política; riscos na inspeção; falta de documentação etc.

Fonte: IBM White Paper (2008).

A identificação e a classificação dos riscos de uma cadeia de suprimentos permitirá aos gerentes de logística e à corporação, por meio de seus executivos, melhor compreender quais os pontos da cadeia de suprimentos que são os mais vulneráveis e, consequentemente, traçar estratégias específicas para mitigar essa vulnerabilidade ou mesmo criar alternativas para manter o fluxo de bens e serviços em quaisquer situações adversas.

A identificação dos riscos de uma cadeia de suprimentos começa pelo mapeamento da própria cadeia, seus atores e o desenho do fluxo de bens e serviços que por ela circulam.

Primeiramente, há que se identificar os riscos provocados por uma eventual paralisação do fluxo motivada por quebra na fonte de suprimentos e parada dos processos e das operações na manufatura e nos serviços.

A importância do mapeamento do fluxo está justamente no levantamento de todos os pontos de interconexão entre atividades e, por consequência, em permitir uma análise detalhada no que diz respeito aos pontos fortes e pontos fracos sujeitos a maior ou menor incidência de riscos.

Com esse mapeamento, será então possível compreender os riscos potenciais da cadeia de suprimentos, identificá-los, quantificá-los e priorizar esses riscos em

CAPÍTULO 11 Gestão dos riscos da cadeia de suprimentos

função de seus potenciais danos, com o objetivo de desenvolver estratégias para mitigar ou, quando possível, afastar os efeitos potenciais do risco mediante o planejamento de estratégias contingenciais, que podem ser denominadas "plano B".

RISCOS DA CADEIA DE SUPRIMENTOS

A noção de risco foi devidamente explicada nos tópicos anteriores. A questão aqui se refere a explicar o que representa, efetivamente, o risco da cadeia de suprimentos.

Para examinar essa questão, inicialmente deve-se considerar algumas variáveis indispensáveis ao correto e acurado fluxo de bens e serviços ao longo de uma cadeia logística. Essas variáveis são refletidas por meio de perguntas, como:

- O que aconteceria se a cadeia de suprimentos ou a logística de distribuição física fosse interrompida por algum evento inesperado?
- Quais seriam os custos envolvidos na recuperação da cadeia de suprimentos ou na logística de distribuição física?
- Se um modal de transporte essencial ao suprimento de matéria-prima ou produto sofresse um dano irreparável, quais seriam as consequências na continuidade das operações da manufatura e nos serviços?
- Se uma carga importante ou mesmo de alto valor fosse destruída, roubada ou contaminada por algum agente físico ou químico, quais seriam os efeitos na continuidade das operações na manufatura, nos serviços e no atendimento aos clientes?
- Que estratégias as empresas deverão ter fixadas para estarem preparadas para manter o fluxo de bens e serviços, na hipótese da ocorrência de algum tipo de risco?

Explorando esse conjunto de perguntas, tem-se alguma possibilidade de estabelecer um critério que permita examinar a potencialidade dos riscos ao expor a cadeia de suprimentos ou a rede de distribuição física a perdas ou danos, que poderão envolver riscos ou perigos de mudanças com perdas, e também estimar a probabilidade de ocorrência dessas perdas.

Assim, o risco na cadeia de suprimentos ou na logística de distribuição física poderá ter origem interna ou externa à empresa. Os riscos internos, que são os riscos na empresa, poderão ser de natureza relacionada aos processos, ao controle do suprimento, à gestão da demanda ou mesmo ao ambiente que a circunda; ao passo que os riscos externos, que são os riscos provocados à empresa, também poderão envolver os mesmos atores listados nos riscos internos, porém estes têm impacto direto na cadeia de suprimentos ou na logística de distribuição física.

289

Ao se considerar o ambiente empresarial integralmente e o macroambiente que o circunda, é possível vislumbrar os aspectos dos riscos inerentes a cada um dos ambientes (externo e interno), como mostra a Figura 11.2.

O impacto do risco na cadeia de suprimentos ou na logística de distribuição física poderá resultar em duas vertentes básicas:

- Por um lado, a ruptura do suprimento ou do atendimento à distribuição em função de desastres ambientais, disputas por mão de obra, guerra ou terrorismo, dependência persistente das fontes de suprimentos, falta de estrutura operacional para uma resposta rápida às exigências de suprimentos ou às flutuações da demanda.
- Por outro lado, podem ocorrer atrasos menos danosos em comparação com a ruptura, que podem ser denominados questões relacionadas à sobrecarga da capacidade das fontes de suprimentos que encontram-se com suas capacidades em seu pico máximo, o que acarreta uma impossibilidade de suprir as solicitações de suprimentos de matérias-primas, insumos e componentes solicitados pela empresa; o mesmo acontece com a baixa qualidade dos produtos ou mesmo após uma escolha inadequada das fontes de suprimentos. A excessiva movimentação das cargas por intermédio dos modais de transporte, objetivando a transferência de uma unidade produtiva para outra, também pode gerar atrasos e ocasiona considerável aumento dos custos logísticos de

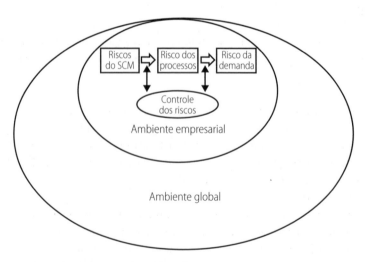

FIGURA 11.2 Gestão dos riscos da cadeia de suprimentos.
SCM = *Supply chain management* — Gerenciamento da cadeia de suprimentos.
Fonte: Husdal (2009).

CAPÍTULO 11 Gestão dos riscos da cadeia de suprimentos

transporte, com impactos inesperados nos custos de produção e distribuição de produtos.

No que se refere aos sistemas empresariais, também é possível ocorrer problemas relacionados a quebra da infraestrutura dos sistemas de informação, dificuldades correntes ou momentâneas de integração de sistemas ou com sistemas de redes externas ou extensões de redes envolvidas no comércio eletrônico etc.

Do mesmo modo, grande impacto poderá advir de questões relativas à baixa acurácia dos modelos de previsão de médio e longo prazo, envolvendo enfoques relacionados a sazonalidade, multiplicidade de produtos, ciclos de vidas de produtos de alta tecnologia, efeitos chicote na rede de suprimentos, falta de visibilidade da cadeia integrada e variações abruptas da demanda em situações em que o abastecimento de insumos e matérias-primas é escasso, em função de safras ou situações climática não esperadas.

Com o objetivo de reduzir o impacto dos riscos logísticos, deve-se considerar várias estratégias, entre elas:

- Estratégia de mitigação – funciona tal qual o uso dos freios em um veículo em movimento: destina-se a reduzir ao mínimo possível o impacto do dano causado a uma cadeia logística. O foco é reduzir as causas dos riscos logísticos.
- Estratégia de contingenciamento – funciona como um "plano B" e destina-se a manter as operações em funcionamento apesar dos danos causados. Um exemplo dramático: o incêndio em uma fábrica e seus danos vultuosos poderão ser contingenciados pelo deslocamento da produção para outra unidade. A falta de suprimento de energia poderá ser suprida, em caráter emergencial, por geradores.

O resultado da análise dos riscos da cadeia de suprimentos e distribuição poderá ser retratado em um gráfico que descreve, por um lado, o impacto do risco nos negócios da empresa e, por outro, o grau de gravidade do risco, como mostra a Figura 11.3.

O resultado dessa análise delineia possibilidades múltiplas de ações conjugadas com a situação de risco ocorrente em duas possibilidades distintas:

- Risco das fontes de suprimentos – situação na qual poderá acontecer uma paralisia no suprimento de bens e serviços motivada por diversos fatores, como os descritos em tópicos anteriores.
- Riscos decorrentes das fontes de suprimentos – acarreta impacto direto nas operações de manufatura, operações de serviços e logística de distribuição física.

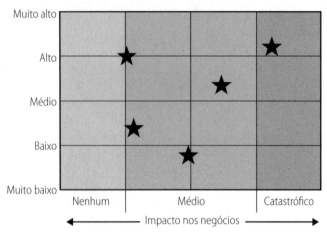

FIGURA 11.3   Análise dos riscos.
Fonte: Husdal (2009).

GESTÃO DOS RISCOS LOGÍSTICOS

Para se gerenciar os riscos de uma cadeia logística, deve-se, inicialmente, fazer um rastreamento da sua estrutura em rede visando identificar as vulnerabilidades. Uma cadeia de suprimentos será vulnerável quando ela for muito densa, complexa e crítica.

Assim, a análise dos riscos tem por finalidade identificar as possíveis fontes e os atores envolvidos nas operações que apresentem alguma vulnerabilidade local ou sistêmica.

O gerenciamento dos riscos objetiva estabelecer uma estratégia destinada a mitigar os riscos potenciais e criar planos de contingência que permitam manter a continuidade do fluxo de bens e serviços, embora de forma parcial, com o objetivo de reduzir o impacto na cadeia de suprimentos.

Sob o foco empresarial da gestão de riscos, o gerenciamento dos riscos da cadeia de suprimentos pode ser examinado pela ótica da intervenção da gerência de riscos na cadeia de suprimentos, mediante o controle dos processos desta, tendo como objetivo minimizar os riscos para a manutenção das suas operações.

A Figura 11.4 mostra a interface entre a gestão de riscos e a gestão da cadeia de suprimentos.

O resultado da análise dos riscos vai permitir criar estratégias operacionais visando minimizar o impacto do risco na cadeia de suprimentos e, consequentemente, nas operações da empresa.

Sob esse aspecto, essas estratégias poderão ser focadas dentro de grandes grupos, listados a seguir:

CAPÍTULO 11 Gestão dos riscos da cadeia de suprimentos

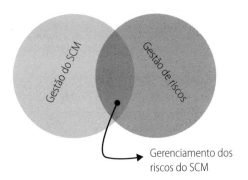

FIGURA 11.4 Interface da gestão de riscos e da cadeia de suprimentos.
SCM = *Supply chain management* – Gerenciamento da cadeia de suprimentos.

- Evitação ou esquivamento do risco – essa estratégia poderá acarretar o adiamento do lançamento de um produto, por exemplo, até que os suprimentos necessários à sua produção sejam normalizados ou, em outras situações, retirada temporária do produto do mercado.
- Comprometimento – estratégia pautada na ação de adiar a utilização dos recursos com o objetivo de manter a maior flexibilidade operacional possível nas operações.
- Especulação – nessa estratégia, a especulação entra em cena objetivando assumir riscos para ganhar vantagem competitiva.
- Proteção ou de Hedging – objetiva dispersar globalmente o portfólio de fornecedores, clientes e facilidades operacionais da empresa, visando garantir a sua operação, ou seja, criando uma proteção para as operações.
- Controle – nessa estratégia, objetiva-se fazer uma integração vertical e horizontal com os fornecedores e parceiros de negócios com a finalidade de equacionar a questão do risco e flexibilizar as operações.
- Compartilhamento dos riscos – envolve operações de *outsourcing* e *offshoring* e a contratação externa mediante terceirização.
- Segurança – essa estratégia tem como objetivo identificar e proteger a empresa contra a presença de pessoas indesejáveis para evitar sabotagens, roubos, vandalismos etc.

O impacto de um evento inesperado na cadeia de suprimentos poderá provocar sérios danos e a sua evolução tem aproximadamente uma configuração semelhante à da Figura 11.5.

Assim, três possibilidades poderão advir com relação à continuidade funcional da cadeia logística:

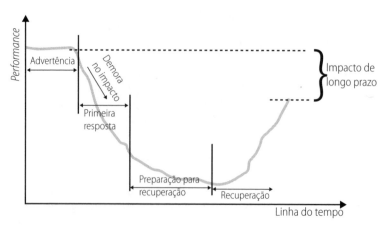

FIGURA 11.5 Impacto do evento de risco da cadeia de suprimentos.
Fonte: adaptada de Husdal (2009).

- Robustez – a característica de robustez de uma cadeia de suprimentos está diretamente relacionada à sua capacidade de receber o impacto de um risco, entrar em um estado transiente e retornar à sua situação normal.
- Flexibilidade – em uma cadeia de suprimentos flexível, o impacto causa um dano que é reparado, mas não há retorno à situação normal anterior, e sim um processo de adaptação e ajustamento que ocasiona uma nova configuração. Em muitas situações, essa flexibilidade poderá resultar em mudanças consideráveis entre colaboradores, fornecedores, intermediários e clientes.
- Resiliência – pode ser definida como a capacidade de a cadeia de suprimentos se recuperar em um ambiente que sofreu um grande impacto. Essa é precisamente a melhor das configurações, visto que muito acima da robustez está a capacidade adaptativa dos negócios em face de eventos extraordinários.

Por um lado, a resiliência de uma organização e, consequentemente, de sua cadeia de suprimentos pode ser analisada mediante observação da Figura 11.6.

Por outro, é importante observar que a vulnerabilidade da cadeia de suprimentos está diretamente relacionada ao seu projeto. Desse modo, em função da sua concepção estrutural e funcional, vários fatores poderão agravar ou atenuar o impacto dos eventuais riscos a que uma cadeia de suprimentos poderá estar submetida.

Assim, a vulnerabilidade da cadeia está ligada às suas próprias características organizacionais e operacionais. Como consequência, uma cadeia de suprimentos torna-se vulnerável se ela for densa, complexa e crítica.

A capacidade de mitigar o eventual impacto de um risco a que a cadeia de suprimentos poderá estar sujeita envolve algumas características inerentes à própria

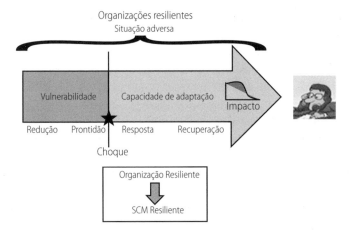

FIGURA 11.6 Organização resiliente.
Fonte: adaptada de Husdal (2009).

cadeia de suprimentos, como ter capacidade de adaptação, manter o compartilhamento das informações com os seus parceiros de negócios e, acima de tudo, dotar essa cadeia de visibilidade. Assim, será essencial que os gestores das organizações envolvidas no processo tenham visibilidade desta cadeia para exercerem sua capacidade preventiva ao fazer os ajustes essenciais para resistir ou reduzir o impacto do risco provocado.

Dentro desse contexto, é possível citar duas possibilidades:

- Capacidade operacional – objetiva analisar previamente os elos e os parceiros da cadeia que são os mais importantes e que poderão sofrer os maiores danos na hipótese da ocorrência de um evento de risco. Para tanto, o resultado dessa análise redundará em estar de prontidão, antecipar-se ao evento e preparar-se para o seu impacto.
- Aceitação passiva – acarreta a decisão de "nada fazer" e acompanhar passivamente a ocorrência do evento de risco e suas consequências. É claro que, em uma situação como a descrita, não estar preparado envolve, isoladamente, um elevado risco para a organização e a cadeia de suprimentos.

A receita para buscar uma elevada capacidade operacional da organização e da cadeia de suprimentos vai resultar em, primeiramente, priorizar de forma antecipada os direcionadores das ações que deverão ser tomadas no caso da ocorrência de um evento de risco.

Deve-se, portanto, identificar as estruturas críticas que poderão afetar esses direcionadores, localizando na organização e na estrutura da cadeia de suprimentos as áreas sujeitas a vulnerabilidade.

Por meio da utilização de um conceito mais amplo da cadeia de suprimentos, que nesse caso vai envolver os diversos níveis dentro da organização e externos a ela, será então possível analisar as modificações que se farão necessárias, objetivando minimizar o impacto dos eventuais riscos.

Dentro dessa concepção, dois vetores se interpõem no processo: de um lado, a complexidade da cadeia de suprimentos que precisa ser analisada em sua inteireza, inclusive mediante a elaboração dos mapas dos fluxos logísticos relacionando todos os processos desenvolvidos ao longo da cadeia; de outro, as questões relacionadas à gestão de riscos e, nesse caso, interconectadas com a cadeia de suprimentos que, por consequência, demandam um elaborado plano relacionado aos riscos da própria cadeia de suprimentos.

A Figura 11.7 permite visualizar melhor o contexto desses dois vetores, ou seja: a cadeia de suprimentos e a gestão de riscos.

É importante observar que é indispensável que a gestão da complexidade da cadeia de suprimentos e a gestão de riscos tenham uma coordenação conjunta e bem afinada, especialmente porque a gestão dos riscos afeta tanto o nível de risco envolvido como também o nível de complexidade que se pretende avaliar. Na medida em que a cadeia de suprimentos vai se tornando mais complexa, principalmente em face da globalização dos mercados e das redes de fornecedores, mais complexa ficará a gestão dos riscos logísticos.

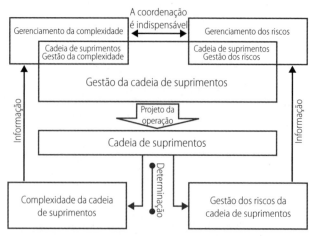

FIGURA 11.7 Gestão da cadeia de suprimentos e gestão de riscos.
Fonte: adaptada de Kersten e Blecker (2006).

CAPÍTULO 11 Gestão dos riscos da cadeia de suprimentos

Nos anos mais recentes, a composição do portfólio dos riscos mudou significativamente em função dos mercados, que tornaram-se cada vez mais globalizados, tanto no que se refere às fontes de suprimentos quanto ao leque elástico que envolve a distribuição física de produtos e as plataformas de tecnologia da informação que, subsidiariamente, também apoiam as operações logísticas e, consequentemente, também estão sujeitas a potenciais riscos.

Dentro desse enfoque, uma combinação de operações que se deslocaram do cenário local para um cenário globalizado acabou por aumentar consideravelmente a vulnerabilidade da cadeia de suprimentos, ao mesmo tempo em que incrementou o elenco de possíveis riscos.

O leque ficou ampliado, pois:

- Ocorreu uma globalização das cadeias de suprimentos.
- Houve uma considerável redução dos estoques objetivando o aumento da competitividade, com consequente redução de custo dos estoques.
- Aumentou a centralização da distribuição física e, consequentemente, aumentou o risco potencial em caso de dano significativo das instalações de recebimento, armazenagem e expedição de materiais.
- Houve uma redução do leque de fornecedores objetivando um ganho na escala que traduziu por uma melhoria nas questões relacionadas à qualidade total dos produtos e serviços por eles supridos.
- Aumentou a utilização de mão de obra terceirizada, o que significa um aumento do risco por disponibilizar serviços a serem executados por terceiros, além dos riscos consequentes dessa transferência de serviços.
- Ocorreu a centralização da produção objetivando aumento da escala e redução de custos e, por consequência, redução do leque de possibilidades de induzir um maior portfólio de riscos na manufatura centralizada.

Por exemplo, a globalização dos mercados e das fontes de suprimentos acaba por aumentar a complexidade geográfica no trânsito de serviços e produtos. Da mesma forma, essa globalização cria um grande nível de dependência das organizações entre si, isto é, a manufatura depende de seus fornecedores e, no sentido inverso, há uma dependência dos fornecedores com a manufatura.

Um caso simples para entender essa complexidade se dá por ocasião da descoberta de alguma falha em algum produto, como vem acontecendo com razoável frequência na indústria automotiva. Assim, uma vez descoberta a falha, o *recall* torna-se obrigatório – o que por si só já demonstra um alto risco com elevados custos para as empresas –, gerando ainda um desgaste perante o mercado de usuários, agora não só local, mas totalmente globalizado, visto que, em muitos casos, parte da produção é exportada para diversas outras regiões geográficas em função da globalização dos mercados.

297

Um exemplo bastante conhecido ocorreu com a IBM em sua unidade mexicana, que foi praticamente destruída por um incêndio de grandes proporções. Essa fábrica supria a Nokia e a Ericsson. Uma solução encontrada pela Nokia foi recorrer ao mercado supridor, que reagiu rápida e proativamente. Já a Ericsson acabou ficando sem os componentes, o que lhe causou um prejuízo da ordem de US$ 390 milhões. A maior consequência desse evento foi o fato de que a Ericsson acabou perdendo uma boa fatia do mercado para a Nokia em virtude de sua rápida reação de contingenciamento do evento ocorrido.

Esse exemplo mostra, de forma bastante clara, a importância de se gerenciar efetivamente os riscos da cadeia de suprimentos: enquanto, de um lado, um agente reagiu positivamente, procurando buscar solução imediata para o problema; o outro, por essa falta, acabou perdendo uma boa parte de sua clientela.

Outro exemplo bastante contundente aconteceu com a UPS em face da greve deflagrada pelos motoristas dos veículos de transporte, cujo impacto foi elevadíssimo, já que cerca de 80% de todas as encomendas dos Estados Unidos são controladas pela UPS. Essa greve acabou afetando significativamente inúmeros fabricantes dos Estados Unidos. De maneira semelhante, uma greve nos portos da costa oeste americana causou grandes transtornos e enormes prejuízos para várias empresas.

Esses exemplos mostram a importância de se identificar e classificar os eventos de risco a que está sujeita uma cadeia de suprimentos, o que significa dizer que a melhor estratégia, nesse caso, é procurar entender as suas vulnerabilidades.

Há estudos utilizando modelagem matemática e processos estocásticos na simulação de eventos que possibilitam analisar as incertezas quanto à ruptura da cadeia de suprimentos e permitem, de certa maneira, identificar os possíveis riscos e as formas de gerenciá-los e mitigar o seu impacto.

CRITÉRIOS PARA A IDENTIFICAÇÃO DOS RISCOS DE UMA CADEIA DE SUPRIMENTOS

Uma perfeita avaliação dos potenciais riscos de uma cadeia de suprimentos e a identificação antecipada dos pontos de vulnerabilidade desta cadeia são indispensáveis para o desenho do modelo a ser seguido para um bom gerenciamento dos riscos decorrentes.

Várias são as metodologias para levantar os dados e realizar uma análise focada na obtenção de informações importantes que permitam antever, em um diagnóstico precoce, as limitações, as vulnerabilidades e a sujeição de riscos a que pode estar submetida uma cadeia de suprimentos.

CAPÍTULO 11 Gestão dos riscos da cadeia de suprimentos

Dentro desse escopo, será apresentada a seguir uma metodologia que é utilizada pela IBM (IBM White Paper, 2008) quando mapeia o fluxo de informações e de bens objetivando identificar os riscos e a *performance* no atendimento das peças e componentes de seus servidores:

1. Identificam-se os riscos mediante o mapeamento dos processos de negócios necessários para aquisição de peças e montagem e expedição dos equipamentos.
2. O capital humano e os recursos informacionais necessários para os processos devem ser mapeados para indicar os componentes de suporte das atividades e os processos de decisão.
3. Uma série de entrevistas é realizada com os gerentes-chave e engenheiros envolvidos, destinadas a identificar os fatores de risco-chave e suas origens. O resultado dessas entrevistas é retratado em um diagrama de causa-efeito das possíveis falhas e rupturas da cadeia de suprimentos. Os fatores de risco incluem tanto as fontes das possíveis catástrofes como também as fontes dos problemas diários que possam afetar a eficiência operacional da cadeia de suprimentos.
4. Os fatores que influenciam e podem causar impacto na cadeia de suprimentos são então integrados dentro de um processo de negócio e mapa de recursos, objetivando identificar com precisão os pontos de possível ruptura da cadeia de suprimentos e sua eventual propagação ao longo de toda a cadeia.

Assim, diante desse quadro de diagnóstico preliminar, é importante registar que, de um lado, a modelagem dos processos de negócios permite avaliar as atividades e recursos que precisam ser monitorados para uma elevada *performance* da cadeia de suprimentos e de outro, o mapeamento dos recursos, incluindo os recursos humanos, financeiros e de tecnologia da informação, é um instrumento indispensável para a identificação dos pontos-chave da vulnerabilidade e de falhas que poderão ocorrer na cadeia de suprimentos.

Do mesmo modo, as informações geográficas das unidades produtivas e estratégicas são cruciais para identificar os diversos processos e recursos necessários para uma eventual realocação da produção, distribuição ou mutação na relação do fluxo de bens e serviços.

É importante registrar que o uso da simulação por meio da modelagem matemática também é um elemento importante a ser considerado; no entanto, essa estratégia só poderá ser empregada dependendo da complexidade do modelo, do tempo necessário para a sua elaboração e do estudo das operações simuladas pelo modelo.

299

Logística e cadeia de suprimentos: o essencial

ESTÁGIOS CRÍTICOS PARA A GESTÃO DOS RISCOS DE UMA CADEIA DE SUPRIMENTOS

Quando ocorre uma catástrofe que afeta a continuidade do fluxo de bens e serviços de uma cadeia de suprimentos, uma resposta rápida é essencial para minimizar as consequências do impacto e manter a continuidade dos negócios.

Várias estratégias têm como objetivo principal reduzir os impactos, manter a operação dos negócios e garantir um mínimo de perda para a empresa, tanto em termos operacionais como financeiros.

O elenco de estratégias para o mapeamento, a identificação e o estudo dos eventuais riscos a que está submetida uma cadeia de suprimentos é razoável e vai depender basicamente da complexidade da cadeia e dos atores nela envolvidos e de seu comprometimento com a sua *performance* integral.

De forma bem genérica, é possível elencar os principais pontos que deverão ser estudados, objetivando a formulação de uma estratégia de gerenciamento dos riscos de uma cadeia de suprimentos e a sua implementação (IBM White Paper, 2008):

- Entender o risco ambiental – revisão das métricas, quais sejam: acidentes, relatórios de auditorias, apólices de seguros, condições dos contratos, desastres e picos de demanda de bens e serviços.
- Identificar e avaliar os riscos atuais – avaliação dos processos atuais e fatores externos, avaliação de possíveis ameaças e avaliação da maturidade do risco por intermédio da identificação dos fatores externos que podem influenciar os processos de negócios e dos pontos-chave da maturidade corrente do risco.
- Quantificar e priorizar os riscos – mensuração da probabilidade de sua ocorrência ou impacto e da dificuldade ou maior facilidade na sua identificação.
- Desenvolver uma estratégia de mitigação do risco – elaboração de um manual de recomendações e planos para mitigação dos riscos internos e externos à cadeia de suprimentos.
- Desenvolver a implementação do mapa de ações estratégicas – seleção das ações e desenvolvimento de estratégias de implementação de cooperação entre os parceiros da cadeia de suprimentos.

O resultado desse conjunto de ações será então compreender os riscos potenciais aos quais uma cadeia de suprimentos poderá estar submetida, identificando-os, qualificando-os e priorizando os riscos em função de seus potenciais danos causados, com o objetivo de se desenvolver estratégias para mitigar ou, quando possível, afastar os efeitos potenciais do risco, mediante o planejamento de estraté-

CAPÍTULO 11   Gestão dos riscos da cadeia de suprimentos

gias contingenciais que poderão ser também consideradas como o "plano B" das operações em situação de risco.

A gestão de riscos logísticos tem por finalidade, dentro do escopo da gestão de risco da organização, desenvolver estratégias e táticas de resposta da organização e de seus parceiros, em uma ação de mensuração proativa de detecção, resposta e reconstrução diante de um evento crítico que poderá colocar em risco a cadeia de suprimentos.

É um processo intensivo engajado na busca de uma capacidade de resposta para contingenciar e mitigar o impacto dos riscos por meio de uma ação coordenada de planejamento e atividades de resposta permeadas por toda a organização e seus parceiros de negócios.

Para ser efetiva, essa estratégia deverá ser de gestão integrada aos processos de suporte da organização desde o seu topo, níveis intermediários e operacionais, com a criação de equipes que são previamente designadas e treinadas para a realização de ações rápidas e direcionadas, que objetivam garantir a operação da organização, mantendo as atividades fabris e o fluxo de bens e serviços da cadeia de suprimentos em funcionamento, mesmo que em escala reduzida.

EXERCÍCIOS

Questões

1. Como podem ser divididos os riscos de uma cadeia de suprimentos?
2. Indique e discuta algumas estratégias para o gerenciamento desses riscos.
3. Como a estratégia de contingenciamento pode ser implementada em uma empresa que fornece produtos ao mercado varejista?
4. O que ocasiona uma estratégia de mitigação de riscos?
5. Elenque os principais procedimentos que deverão ser utilizados quando da elaboração de uma estratégia de gerenciamento de riscos logísticos.
6. Qual é a importância da gestão compartilhada da cadeia de suprimentos em termos da gestão de riscos?

Estudo de caso

A GC Modas comercializa camisas utilizando-se da globalização e do fluxo logístico de bens e serviços entre países. Na Figura 1, é apresentado um diagrama simplificado do processo que envolve fornecedores e o mercado para o qual a empresa vem direcionando sua produção.

Municiada por um arsenal de tecnologia da informação, a empresa produtora de camisas não existe no conceito tradicional de manufatura; trata-se de uma fábrica virtual.

Logística e cadeia de suprimentos: o essencial

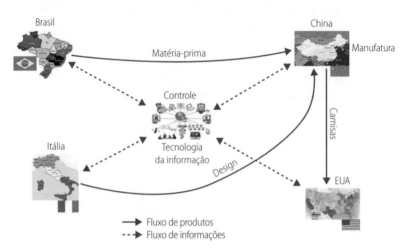

FIGURA 1 Diagrama simplificado do sistema de suprimento da GC Modas.

Esse sistema de manufatura permite que a empresa tenha flexibilidade para redirecionar sua produção e possa buscar novos mercados fornecedores dentro de um amplo espectro de possibilidades, creditando-lhe um alto índice de flexibilidade operacional. Basicamente, ela se utiliza da globalização dos mercados e da sua excelente estrutura em tecnologia da informação para gerenciar seus processos, desde a aquisição das matérias-primas e insumos até a entrega do produto acabado no mercado cliente.

O processo de produção propriamente dito tem início por meio da compra do *design* das camisas, que acontece na Itália, onde é especificado todo o detalhamento necessário para a confecção do produto. O tecido dessas camisas é adquirido de um grande fabricante no Brasil, e os botões e linhas, comprados no mercado da China, onde as camisas são fabricadas mediante contrato entre a GC Modas e uma confecção chinesa. Toda a matéria-prima e os insumos são enviados pelos respectivos fornecedores diretamente para a fábrica chinesa.

O envio do projeto das camisas e o detalhamento da sua operação de manufatura são realizados por meio de um protocolo eletrônico EDI/EDFAX. O projetista italiano envia o material por via eletrônica para a central de controle da GC Modas e, após as verificações de rotina, o remete para a fábrica chinesa.

Toda a produção de camisas era direcionada ao mercado americano (12 milhões de unidades).

Considerando a atual crise que se desenrola tendo como epicentro o mercado americano, o CEO da GC Modas pretende direcionar 40% da produção de camisas para o Mercado Comum Europeu.

CAPÍTULO 11 Gestão dos riscos da cadeia de suprimentos

Perguntas:

a. No conceito de custos logísticos totais, quais os custos envolvidos no atual processo de comercialização da GC Modas?

b. Apresente, sob a visão do conceito do ciclo de pedido, quais os processos operacionais envolvidos na atual comercialização da GC Modas.

c. Aponte os pontos fortes e fracos, sob o aspecto das estratégias logísticas, que a GC Modas apresenta.

d. Aponte pelo menos três riscos logísticos que a GC Modas poderá correr e comente.

CAPÍTULO 12

Indicadores de desempenho das atividades logísticas

INTRODUÇÃO

Há uma máxima na gestão de negócios que diz: "o que não pode ser medido não pode ser controlado".

Logo, não há dúvidas quanto à necessidade da criação de indicadores de desempenho. Eles são essenciais para uma boa gestão dos negócios, pois permitem avaliar os diversos elos da cadeia ou os processos.

Um primeiro aspecto que se apresenta, visto que os indicadores de desempenho não se destinam exclusivamente ao acompanhamento de *performance* do setor, do processo ou da cadeia de suprimentos como um todo, é o fato de que eles também permitirão visualizar os pontos fracos do sistema de forma que a priorização dos investimentos na busca de melhorias poderá ocorrer com uma análise mais detalhada desses indicadores.

INDICADORES DE DESEMPENHO

Para garantir o sucesso e a competitividade em um mercado cada vez mais agressivo na competição global, uma empresa precisa entregar produtos e serviços que efetivamente atendam às expectativas de seus clientes dentro de uma conceituação mais global, que envolve a percepção do valor, dos prazos e das condições gerais de fornecimento por parte do cliente final.

A centralização ou descentralização vertical em um ambiente altamente competitivo envolve decisões estratégicas que poderão, por sua vez, acarretar aumento ou redução dos custos operacionais.

A solução encontrada dentro do ambiente de uma cadeia logística é a coordenação e a sincronização dos processos mediante a troca de informações entre

Logística e cadeia de suprimentos: o essencial

os parceiros e a existência de um processo de franca cooperação entre todos os atores envolvidos.

É evidente que a integração dos processos logísticos e o efeito da globalização levam à elaboração de um conjunto de indicadores de desempenho especificamente projetado para uma determinada rede logística, ou seja, a seleção dos indicadores a serem utilizados na gestão de uma rede vai depender consideravelmente de seus aspectos operacionais e da forma pela qual o fluxo de bens e serviços circula ao longo dessa rede. Assim, cada empresa deverá definir os indicadores que melhor permitam avaliar o desempenho geral de sua cadeia logística.

Diante desse contexto, pode-se considerar dois elencos básicos de indicadores de desempenho:

- Indicadores internos – envolvem basicamente a mensuração do desempenho dos processos internos da organização.
- Indicadores externos – destinados a monitorar o desempenho das organizações envolvidas nos processos logísticos, ou seja, mensurar a eficiência e a eficácia das operações que envolvem seus parceiros de negócios.

De uma forma mais genérica, é possível afirmar que os indicadores de desempenho logístico são ferramentas indispensáveis para o controle e o aprimoramento dos processos logísticos, permitindo, por sua vez, a tomada de decisões e uma intervenção mediante ações coerentes sempre orientadas para a estratégia global da empresa ou do grupo de empresas que participam dos processos de negócios.

O escopo da análise dos indicadores de desempenho tem como objetivos primordiais:

- Medir a eficiência das funções gerenciais desenvolvidas nos processos logísticos e operacionais da organização em termos de qualidade, estrutura de apoio e custos.
- Mensurar o desempenho operacional relacionado às atividades voltadas para as necessidades dos clientes e a flexibilidade da empresa frente às novas demandas dos respectivos clientes.
- Mensurar a capacidade de a empresa desenvolver um processo adaptativo frente às necessidade do mercado e suas incertezas.

É importante ressaltar que o projeto de um sistema de indicadores para medir o desempenho funcional específico de uma atividade ou de atividades tem características bem diferentes de um projeto destinado a mensurar o desempenho da cadeia logística integrada, visto que, mensurando o desempenho da cadeia lo-

306

gística, o que se procura é medir a dinâmica interempresarial diante de inúmeros objetivos conflitantes entre os parceiros que a compõem.

BALANCED SCORECARD

Kaplan e Norton (1997) desenvolveram uma metodologia específica para a avaliação do desempenho empresarial que tem por fundamento a mensuração de quatro vetores impulsionadores do desempenho empresarial, quais sejam:

- Perspectiva financeira.
- Perspectiva dos clientes.
- Perspectivas dos negócios internos.
- Perspectivas da inovação.

É importante observar que a análise da estrutura da empresa para a elaboração de um sistema de avaliação de desempenho com base no *balanced scorecard* deve levar em conta o modelo apresentado na Figura 12.1.

Dentro dessa análise, a avaliação de desempenho deverá focar três aspectos básicos de uma cadeia de suprimentos:

- Velocidade – trata do fluxo de bens, serviços e informações que circulam ao longo da cadeia de suprimentos.

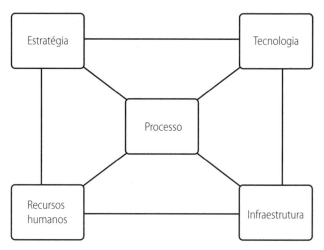

FIGURA 12.1 Modelo de cadeia de suprimentos e gestão por processos.
Fonte: adaptada de Manship Jr. (2001).

- Variedade – representa a habilidade de a empresa gerenciar de forma integrada a gestão dos processos da cadeia de suprimentos, mantendo sob controle as mutações de eventos e processos que se desenvolvem ao longo desta cadeia.
- Visibilidade – envolve a capacidade de a empresa examinar os eventos dos processos e as informações de seus parceiros de negócios para controlar o fluxo de bens e serviços de forma a realizar as ações preventivas e/ou corretivas necessárias para manter um excelente desempenho geral e um elevado nível de serviço ao cliente.

Dentro desse escopo, o *balanced scorecard* toma a configuração apresentada na Figura 12.2, visto levar em conta a análise do desempenho tomando como foco os quatro pontos-chave: financeiros, inovação, processos internos e clientes.

A interligação desses pontos-chave permitirá a elaboração de um conjunto de indicadores, considerando, para isso, uma interface entre os vetores indicados e suas relações ao longo da cadeia de suprimentos.

Dentro dessa conceituação, é possível observar que as medidas financeiras (orçamentos, receitas, retorno dos ativos etc.) permitirão verificar se as estratégias utilizadas pela empresa estão focadas para um crescimento sustentável do sistema logístico por intermédio, por exemplo, do aumento das receitas, da redução de custos, das melhorias de produtividade e da maximização no uso dos ativos (Kato, 2003).

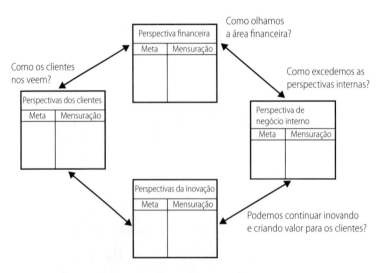

FIGURA 12.2 Cadeia de suprimentos e *balanced scorecard*.
Fonte: adaptada de Manship Jr. (2001).

CAPÍTULO 12 Indicadores de desempenho das atividades logísticas

No que se refere à perspectiva dos clientes, haverá necessidade de se identificar os segmentos de mercado e respectivos clientes e, nesse contexto, avaliar as estratégias utilizadas na retenção e no incremento dos mercados e clientes. Nesse sentido, rapidez nas entregas, disponibilidade de produtos e serviços, atendimentos emergenciais etc. podem ser indicadores importantes sob a ótica do cliente (Kato, 2003).

Quanto à perspectiva dos processos internos, o primeiro passo é identificar os denominados processos críticos da empresa que permitam oferecer um elevado serviço aos clientes, atraindo-os e retendo-os, tendo como apoio os sistemas logísticos (Kato, 2003).

Por um lado, a melhoria contínua deverá ser examinada por meio da utilização dos conceitos de gerenciamento da qualidade e análise dos processos de negócios, objetivando buscar qualidade, aumento da produtividade e redução de custos.

Por outro, na perspectiva da inovação, o importante é verificar o quão inovadora é a empresa visto que isso é, sem dúvida, a mola mestra impulsionadora da evolução, da permanência no mercado, da competitividade a da melhoria econômico-financeira. Esse esforço para a inovação envolve também a avaliação dos recursos aplicados em pesquisa e desenvolvimento (P & D), lançamento de novos produtos, aquisição de novas patentes e toda a dinâmica transmitida por processos que realmente produzem inovação em relação a tecnologias, serviços e melhorias no treinamento e no desenvolvimento do capital humano (Kato, 2003).

MODELO SCOR

O modelo SCOR (*supply chain operations reference*) foi desenvolvido a partir do conceito de gerenciamento da cadeia de suprimentos, implementado pelo Supply Chain Council (SCC), e é uma ferramenta destinada a avaliar a gestão da cadeia de suprimentos. Esse modelo foi criado em 1996 e começou a ser testado em algumas empresas. Posteriormente, foi implementado a partir de 1997 pelo próprio SCC.

Por intermédio da utilização de um conjunto de definições padronizadas, o modelo SCOR integra os conceitos conhecidos de análise dos processos de negócios, *bench marking* e identificação das melhores práticas.

Em linhas gerais, esse modelo trata de alguns pontos relevantes, quais sejam:

- Processos de gestão da cadeia de suprimentos.
- Desempenho dos processos.
- Melhores práticas na gestão da cadeia de suprimentos.
- Seleção de programas destinados à gestão da cadeia de suprimentos.

309

A Figura 12.3 apresenta resumidamente a concepção do modelo SCOR, sendo importante observar que ele considera a cadeia de suprimentos estendida, em um sentido mais amplo, isto é, desde o fornecedor até o cliente final.

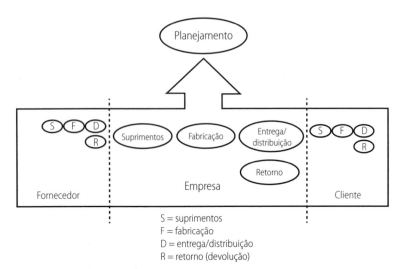

FIGURA 12.3 Modelo SCOR.
Fonte: adaptada de Supply Chain Council (2010).

De uma forma geral, esse modelo considera três processos básicos, a saber: processos de planejamento, processos de execução e processos de capacitação, dentro da estrutura mostrada na Figura 12.3, ou seja, suprimento, fabricação, entrega/distribuição e retorno.

Dentro desse enfoque, o modelo em primeiro nível referencia as operações da cadeia de suprimentos, estabelecendo os objetivos de rendimento dos processos destinados ao suprimento de bens e serviços, dos processos de manufatura e da distribuição de produtos.

Em verdade, a proposta do modelo SCOR envolve a descrição, a caracterização e a avaliação de um sistema de produção em toda a extensão de sua cadeia logística e é tratado dentro de três aspectos primordiais:

- Processos de negócios – por meio de uma avaliação detalhada dos atuais processos e sua reengenharia, objetiva melhorar a *performance* de todo o sistema e o fluxo de bens e serviços.
- *Benchmarking* – observação e análise de empresas congêneres na busca de melhores indicadores de desempenho comparativamente aos indicadores da própria empresa. Em resumo, trata-se da análise da própria *performance* con-

CAPÍTULO 12   Indicadores de desempenho das atividades logísticas

forme a base de indicadores de desempenho que projeta, em comparação com seus concorrentes.

* Melhores práticas – mediante uma avaliação das práticas utilizadas nas diversas empresas, tanto no que se refere ao processo de gerenciamento dos negócios quanto no que tange às soluções de apoio gerencial, faz-se a incorporação dessas práticas às suas atividades operacionais e gerenciais.

Nesse contexto, o processo SCOR é tratado dentro de cinco aspectos principais: *plan, source, make, deliver* e *return.*

Plan

Planejamento do suprimento/gestão da demanda e gerenciamento dos negócios por intermédio do balanceamento dos recursos e necessidades, estabelecendo-se planos para toda a cadeia de suprimentos, incluindo o retorno e os processos destinados a procura, fabricação e distribuição.

O gerenciamento dos negócios, o desempenho da cadeia de suprimentos, a gestão dos estoques, a necessidade de capital, o transporte etc. são alinhados ao planejamento das unidades de manufatura e ao planejamento financeiro dos negócios da empresa.

Source

Envolve a programação de entrega, recebimentos, verificações e transferência de produtos e autorizações de pagamentos aos fornecedores.

Trata-se da identificação e da seleção de fontes de suprimentos quando não são preexistentes.

Estabelece regras específicas para a gestão dos negócios, a avaliação da *performance* de fornecedores e a manutenção dos registros históricos.

A partir dessa análise realiza-se a gestão dos estoques, ativos financeiros, chegada de produtos, rede de fornecedores, necessidades de importação e exportação, e contratos de fornecimento.

Make

Envolve as atividades de programação da produção, remessa de produtos, produção e teste, acondicionamento dos produtos, produtos em processo e liberação de produtos para distribuição.

Estabelece as normas de gestão, desempenho, dados de produtos em processo, equipamentos, facilidades operacionais, transporte, rede de produtos e autorização para a produção.

Deliver

Envolve todas as etapas das autorizações para o processamento dos pedidos dos clientes, definição das rotas de carregamento e seleção dos transportadores.

O gerenciamento dos depósitos e centros de distribuição desde o recebimento de produtos e separação para carregamento até o despacho dos produtos depende dessa etapa.

Estabelece a realização do recebimento e da verificação de produto para unidade do cliente e sua instalação, quando necessário.

É a partir desse estudo que são determinadas as normas de gerenciamento para a expedição de produtos, *performance*, informações, estoque de produtos acabados, ativos financeiros, transporte, ciclo de vida dos produtos e necessidade de importação e exportação.

Return

Trata do retorno de todos os produtos defeituosos de acordo com a sua origem, que envolve: identificação das condições dos produtos, disposição dos produtos, autorizações para a devolução de produtos, programação para o despacho destes produtos, recebimento dos produtos e transferência de produtos defeituosos.

Estabelece as etapas de todos os retornos de manutenção, reparo e inspeção de produtos por origem, e a programação de despacho dos produtos a serem devolvidos.

Identifica as etapas de retorno de produtos em excesso mediante o registro das condições do produto, disposição dos produtos, autorização para a devolução dos produtos, programação de despacho dos produtos a serem devolvidos e transferência dos produtos e autorizações.

É a partir desse estudo que são determinadas as normas para o gerenciamento da devolução dos produtos, desempenho, coleta de dados, estoques devolvidos, ativos financeiros, transporte, configuração da rede e necessidade de regulamentação e autorizações.

Metodologia do SCOR

A metodologia SCOR em geral está baseada em um conjunto de categorias para a avaliação da cadeia de suprimentos.

Por um lado, pode-se definir essa metodologia como mostrado no Quadro 12.1.

Por outro, as principais categorias na busca do desempenho da cadeia de suprimentos preconizadas pelo modelo SCOR envolvem:

CAPÍTULO 12 Indicadores de desempenho das atividades logísticas

QUADRO 12.1 Métricas principais do modelo SCOR

Atributo de desempenho	Definição do atributo	Métrica
Confiança da expedição da cadeia de suprimentos	O desempenho efetivo da cadeia de suprimentos na expedição de pedidos *versus* o desempenho esperado para uma expedição perfeita	Desempenho da expedição Acurácia na seleção de pedidos (*picking*) Pedido perfeito
Resposta da cadeia de suprimentos	A velocidade com que a cadeia de suprimentos atende aos pedidos dos clientes	Tempo de ciclo de pedido perfeito Rapidez no atendimento ao pedido
Flexibilidade da cadeia de suprimentos	Agilidade da cadeia de suprimentos em atender às exigências do mercado para ganhar e manter as vantagens competitivas do negócio	Tempo de resposta da cadeia de suprimentos Grau de flexibilidade da produção
Custos da cadeia de suprimentos	Os custos associados com a operação da cadeia de suprimentos	Custo da venda de produtos Gerenciamento dos custos da cadeia de suprimentos Valor adicionado à produtividade
Gerenciamento dos ativos da cadeia de suprimentos	A habilidade de gerir os ativos em conformidade com as exigências de satisfação dos clientes	Utilização da capacidade Utilização dos equipamentos

Fonte: baseado em Rushton et al. (2006).

- Ativos – capacidade de utilização e disponibilidade de equipamentos.
- Custos – custos de posse dos estoques e de faturamento.
- Dados – acurácia das previsões e visibilidade da cadeia de suprimentos.
- Flexibilidade – flexibilidade de pedidos e retornos.
- Estoques – disponibilidade e obsolescência dos estoques .
- Pedidos – acurácia dos pedidos e erros no faturamento.
- Produtividade – mão de obra direta *versus* mão de obra indireta, subcontratações.
- Tempo – tempo de ciclo de pedido, atendimento em tempo hábil.

Em se tratando de pequenas e médias empresas, a complexidade do modelo SCOR poderá produzir grandes dificuldades para operacionalizá-lo, especialmente em função dos critérios utilizados para a análise das categorias de indicadores e do foco sistêmico e integrado da cadeia de suprimentos.

Assim, em linhas gerais, as recomendações básicas para a elaboração de indicadores de desempenho para pequenas e médias empresas envolve inicialmente a elaboração de um estudo que envolva:

1. Determinar o escopo das atividades logísticas da empresa.
2. Identificar na organização os objetivos dos diversos setores ou departamentos.
3. Determinar os princípios e métodos de operação da empresa.
4. Elencar um conjunto de indicadores de produtividade e de desempenho.

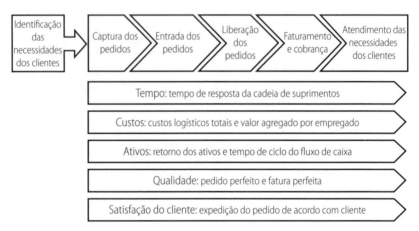

FIGURA 12.4 Dinâmica para indicadores de desempenho de uma cadeia de suprimentos.
Fonte: adaptada de Rushton et al. (2006).

Em uma visão mais geral, a dinâmica para a elaboração de indicadores de desempenho de uma cadeia de suprimentos poderá ter uma configuração bastante semelhante à apresentada na Figura 12.4.

O acompanhamento desses indicadores de desempenho dos serviços logísticos, que tem a função de avaliar o desempenho de toda a cadeia de suprimentos, permitirá implementar uma dinâmica da melhoria dos serviços logísticos dirigidos aos clientes.

Essas melhorias são desenvolvidas dentro de alguns estágios que evoluem à medida que o estágio antecedente tenha sido complementado em sua constituição e estratégia. Assim, esses estágios se desdobram, como mostra a Figura 12.5.

Cada estágio envolve uma estratégia específica:

- Estágio I – estratégias para a obtenção de maior eficiência em custos logísticos.

CAPÍTULO 12 Indicadores de desempenho das atividades logísticas

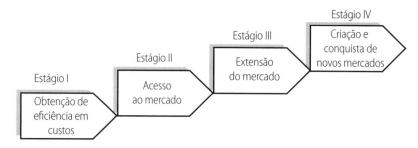

FIGURA 12.5 Dinâmica da melhoria nos serviços logísticos aos clientes.

- Estágio II – estratégias para incrementar o acesso ao mercado consumidor.
- Estágio III – estratégia destinada a aumentar a extensão do mercado, ultrapassando, por consequência, as limitações geográficas e temporais (vencer o desafio logístico de entregar produtos e serviços em regiões geográficas em que antes a empresa não estava presente).
- Estágio IV – criação e conquista de novos mercados. Aqui, novamente o desafio se impõe nos mesmos moldes que o indicado no estágio III. Para esse caso, a busca de novos mercados está focada em âmbito internacional.

Esses estágios deverão ser perseguidos sob a ótica do cliente e dentro de uma perspectiva estratégica de serviço ao cliente.

A primeira definição de estratégia de atendimento ao pedido de um cliente e, consequentemente, da análise do desempenho de todos os processos logísticos de uma cadeia de suprimentos teve origem com Mather (1988), que publicou em 1988 sua tese sobre as estratégias de atendimento de pedidos. Nesse trabalho, o autor discutia a relação entre o tempo necessário para a produção de um produto e o tempo que um cliente dispõe para permanecer aguardando o fornecimento do produto.

Dentro desse contexto, os indicadores de desempenho logístico poderão estar configurados em quatro aspectos básicos (Reynolds, 2001):

- Indicadores de atendimento de pedidos (ou *order fulfilment*), cuja concepção foi baseada na tese inicial de Mather – como anteriormente explicitado.
- Indicadores de produtividade.
- Indicadores de *performance*.
- Indicadores de custos.

Dentro do conceito que envolve os indicadores de *atendimento de pedidos*, esses se desdobram nos seguintes fatores:

- Entrega no prazo (*on time delivery*).
- Índice de atendimento de pedidos (*order fill rate*).
- Acurácia dos pedidos (*order accuracy*).
- Acurácia da linha de pedidos (*line accuracy*).
- Tempo do ciclo de pedido (*order cycle time*).

Já os indicadores de *produtividade* se desdobram em:

- Número de pedidos atendidos por período de tempo.
- Número de pedidos separados e embalados por período de tempo.
- Tempo médio de entrega dos produtos etc.

Para esses indicadores, a medida de tempo a ser considerada para efeito de avaliação do desempenho em produtividade é a hora. Assim, tem-se medições de produtividade em função das operações realizadas no decorrer do espaço de tempo de 1 hora: pedidos atendidos por hora, itens do pedido separados por hora e assim por diante.

Quanto aos indicadores de *performance*, esses estão voltados diretamente para a operação propriamente dita e, sem esgotar todos os indicadores possíveis, pode-se citar:

- Acurácia do inventário de produtos em estoque.
- Utilização da capacidade de armazenagem.
- Período de tempo entre a doca e o estoque (carga e descarga) – tempo médio que um item demora desde a sua chegada até ser disposto no estoque.
- Giro do estoque.
- Índice de falta – medida obtida em função do número de itens em falta ou indisponíveis para atender às solicitações dos clientes.
- Índice de utilização da capacidade de carga dos caminhões.
- Índice de utilização de equipamento de movimentação.
- Índice de avaria no transporte de produtos.
- Tempo médio de entrega de um pedido de compra etc.

FIGURA 12.6 Tempos na logística.

CAPÍTULO 12   Indicadores de desempenho das atividades logísticas

Quanto aos indicadores de custos, podem ser citados, entre outros:

- Custo de posse do estoque médio.
- Custo por pedido de compra.
- Custo por pedido de cliente.
- Custo de movimentação e armazenagem em função do volume de vendas.
- Custo de transporte em função do volume de vendas.
- Custo de frete por modal de transporte etc.

É evidente que aqui não foram esgotados todos os indicadores possíveis. O número deles e sua utilidade vão depender da empresa e do mercado na qual atua e também da criatividade de seus gestores. É bom frisar, no entanto, que um elenco elevado de indicadores poderá ocasionar um tedioso e dispendioso processo de coleta de dados que, em certas circunstâncias, poderá se tornar complexo e disperso, o que poderá inviabilizar a sua operacionalidade.

Nesse sentido, a recomendação é criar alguns indicadores importantes sob a ótica da empresa, sempre focada no atendimento ao cliente, e, então, fazer um acompanhamento periódico desses indicadores, analisando, por consequência, a sua evolução.

O uso de gráficos para a análise da evolução dos indicadores é recomendável, visto que visualizar o desempenho por meio de gráficos fica muito mais fácil do que a partir de uma tabela de índices.

Paralelamente, esses indicadores também poderão sinalizar os pontos nos quais será necessária a introdução de melhorias e permitirão também direcionar a aplicação dos recursos destinados às melhorias operacionais, focando, dessa forma, a utilização dos recursos nos pontos nevrálgicos em que a *performance* dos indicadores deixa muito a desejar ou está abaixo dos índices mínimos requeridos.

Outro aspecto que também deverá ser considerado envolve a análise e a busca das melhores práticas do segmento empresarial, o que permitirá a elevação a um padrão superior. Isso decorre de um processo proativo que a gerência da empresa deverá realizar visando a melhorias contínuas dos processos e buscando no mercado em quem se espelhar em termos de desempenho operacional.

A Figura 12.7 apresenta essa metodologia de forma simplificada e explicita os itens mais importantes que deverão ser abordados na busca de melhorias operacionais.

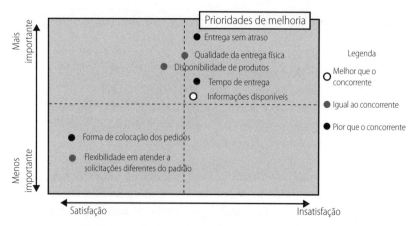

FIGURA 12.7 Análise das melhores práticas (*benchmarking*).
Fonte: adaptada de Lavalle (2001).

EXERCÍCIOS

Questões

1. Qual é a importância do uso de indicadores de desempenho nas atividades logísticas?
2. Qual é a metodologia utilizada no *balanced scorecard* aplicada à logística?
3. Em que consiste o modelo SCOR?
4. Cite as principais etapas do modelo SCOR.
5. O que são os denominados indicadores de produtividade? Cite pelo menos três deles e explique.
6. O que são os denominados indicadores de *performance*? Cite pelo menos três deles e explique.
7. Em que consiste a análise das melhores práticas? Qual é o seu objetivo?

Referências

AIR FORCE LOGISTICS MANAGEMENT AGENCY. *Thinking about logistics – readings in the issues and concerns facing air force logistics in the 21st Century*. Alabama: Air Force Logistics Managements Agency, 2005.

ANTONETTE, G.; GIUNIPERO, L.C.; SAWCHUK, C. *E-purchasing plus: transforming supply management through technology*. Goshen: JGC Enterprises, 2002.

ARC Advisory Group. ARC Strategies. *Global logistics strategies*. march-2001. Disponível: http://www.slideshare.net/AChatha/global-logistics-strategies. Acesso em: 08/09/2011.

BALLOU, R.H. *Gerenciamento da cadeia de suprimentos: planejamento, organização e logística empresarial*. 4.ed. Porto Alegre: Bookman, 2001.

_____. *Gerenciamento da cadeia de suprimentos/logística empresarial*. 5.ed. Porto Alegre: Bookman, 2006.

BARBOSA, R.; ARBACHE, F. *Logística empresarial*. Apostila do FGV/Management, 2005.

BERTOLINI SISTEMAS DE ARMAZENAGEM. Disponível em: http://www.bertoliniarmazenagem.com.br/por/index.php?cat=produtos&sub=flow_rack. Acesso em: 11/10/2011.

BIGATON, A.L.W.; Escrivão Filho, E. Logística e a tecnologia da informação. In: *Simpósio de Excelência em Gestão e Tecnologia – SEGeT*. Resende: SEGet, 2004.

BOWERSOX, D.J.; CLOSS, D.J. *Logistical management: the integrated supply chain process*. New York: McGraw-Hill International Editions, 1996.

BOWERSOX D.J.; CLOSS, D.J.; COOPER, M.B. *Supply chain logistics management*. 2.ed. New York: McGraw-Hill, 2006.

_____. *Gestão da cadeia de suprimentos e logística*. 2.ed. Rio de Janeiro: Campus, 2007.

BRONZATTO, A. *EPC Tecnologia de RFID para a Cadeia de Suprimentos*. Brasil, 2006.

BROWN, R.G. *Statistical forecasting for inventory control*. New York: McGraw-Hill, 1959.

CARVALHO, J.C.; ENCANTADO, L. *Logística e negócios eletrônicos*. Porto: Sociedade Portuguesa de Inovação, 2006.

Logística e cadeia de suprimentos: o essencial

CHASE, R.B.; JACOBS, F.R.; AQUILANO, N.J. *Operations management for competitive advantage.* 13.ed. McGraw-Hill, 2004.

CHINTHAL, A. *Li & Fung – estudo de caso.* 2009. Disponível em: http://www.slideshare.net/ashish.chinthal/li-fung-case-study.

CHIU, D. *Overview of logistics and supply chain management.* 2006. Disponível em: http:// www.scribd.com. Acesso em: 04/10/2011.

CHOPRA, S.; MEINDL, P. *Gerenciamento da cadeia de suprimentos: estratégia, planejamento e operação.* Rio de Janeiro: Prentice-Hall, 2003.

CHRISTOPHER, M. *Logística e gerenciamento da cadeia de suprimentos.* São Paulo: Atlas, 2005.

_____. *O marketing da logística: otimizando processos para aproximar fornecedores e clientes.* São Paulo: Pioneira, 1999.

[CNT] CONFERÊNCIA NACIONAL DE TRANSPORTES. *Plano CNT de Logística.* 2009. Disponível em: http://www.cnt.org.br/Imagens%20CNT/PDFs%20CNT/Plano%20CNT%20de%20Log%C3%ADstica/PlanoCNTdeLog2010.pdf. Acesso em: 18/08/2010.

COHEN, S.; ROUSSEL, J. *Strategic supply chain management.* New York: McGraw-Hill, 2005.

COPPEAD/UFRJ. *Pesquisa realizada sobre operações de armazenagem.* Rio de Janeiro: Centro de Estudos em Logística, 2005.

COSTA, N. *Enfim, um plano estratégico de transporte e logística – alerta na rede.* Disponível em: http://www.alerta.inf.br/Transporte/1071.html. Acesso em: 27/06/2007.

GLOBAL LOGISTICS RESEARCH TEAM. Council of Logistics Management. *World Class Logistics: the chalenge of managing continuous change.* East Lansing: Michigan State University, 1995.

DASKIN, M.S. *Logistics: an overview of the state of the art and perspectives on future research.* Transportation Research-A, v.19A, n.5/6, 1985, p.383-93.

DREWRY SHIPPING CONSULT LTD. Disponível em: http://www.drewry.co.uk. Acesso em: 12/05/2011.

DUDLEY, P. *Transportation: economics and public policy.* 3.ed. Illinois: Irwin Edition, 1973.

DURSKI, G.R. Avaliação do desempenho em cadeias de suprimentos. *Revista da FAE*, v.6, n.1, p.27-38, jan/abr, 2003.

EAN Brasil. 2001. Disponível em: http://www.ecrbrasil.com.br/ecrbrasil/page/buscabiblioteca.asp?palavra=&midia=7&pagina=1. Acesso em: 10/05/2013

EMBLEMSVAG, J. Augmenting the risk management process. Risk Management Trends – InTech, 2011. Disponível em: http://www.intechopen.com. Acesso em: 12/01/2012.

ENOMOTO, L.M. *Análise da distribuição física e roteirização em um atacadista do sul de Minas Gerais.* Dissertação (Mestrado em Engenharia de Produção). Itajubá, Universidade Federal de Itajubá, 2005.

FARIA, A.C.; Costa, M.F.G. *Gestão de custos logísticos.* São Paulo: Atlas, 2005.

FIESP/CIESP. Relatório do Semninário Fiesp/Ciesp de Logística, 2009.

FIGUEIREDO, K.F; FLEURY, P.F; WANKE, P. *Logística e gerenciamento da cadeia de suprimentos.* São Paulo: Atlas, 2003.

320

Referências

FLEURY, P.F; FIGUEIREDO, K. F.; WANKE, P.F. *Logística empresarial: a perspectiva brasileira*. São Paulo: Atlas, 2000.

FRANCO, D.H.; KITZBERG, H.; OLIVEIRA, F. Logística: um levantamento das opções de modais de transportes para a região metropolitana de Campinas (RMC). In: *Anuário de Produção Acadêmica*, v.XII, n.2, 2008.

FREIRES, F.G.M. *Proposta de um modelo de gestão dos custos da cadeia de suprimentos*. Dissertação (Mestrado em Engenharia de Produção). Florianópolis: UFSC, 2000.

FRIEDMAN, T. *O mundo é plano*. Rio de Janeiro: Objetiva, 2007.

GASPARINI, A. *Transporte dutoviário e meio ambiente – o controle da rede de dutovias terrestres da Petrobras operadas pela Transpetro*. Dissertação (Mestrado em Engenharia de Transporte). São Paulo: IME, 2006.

GAUSS, C. *Theoria combinationis observationum – erroribus minimis obnoxiae*. Disponível em: http://www.archive.org/stream/werkecarlf04gausrich#page/n35/mode/2up.

Global Logistics Strategies. *Slides*. 2009. Disponível em: http://www.scribd.com. Acesso em: 12/10/2011.

GONÇALVES, P.S. *Administração de materiais*. 3.ed. Rio de Janeiro: Campus, 2010a.

_____. Logística e cadeia de suprimentos. Cadeia de logística. *Apostila do Curso de Administração das Faculdades IBMEC*, 2010b.

GONÇALVES, P.S.; SCHWEMBER, E. *Administração de estoques: teoria e prática*. Rio de Janeiro: Interciência, 1979.

GUEDES, P. Coluna semanal de Paulo Guedes. *O Globo*. 13/02/2012.

GUILHOTO, L.F.M.; MILONE, M.C.M. Distribuição e logística no mercado empresarial brasileiro: diagnóstico e novos desafios. In: V *Seminários em Administração*, FEA-USP, 2003.

HAKSEVER, C.; RENDER, B.; RUSSEL, R.S.; MURDICK, R.G. *Service management and operations*. 2.ed. New Jersey: Prentice Hall, 2000.

HARSH. Disponível em: http://pt.scrib.com/27953914/supply-chain-management-ptt. Acesso em:18/08/2010.

HEIZER, J.; RENDER, B. *Principles of opertions management*. 3.ed. New Jersey: Prentice Hall, 1999.

HEE-WOONG, K.; YOUNG-GUL, K. Rationalizing the customer service process. *Business Process Management Journal*. v.7, n.2, 2001, p.139-156.

HIJJAR, M.F. Utilizando pesquisas de serviço ao cliente para identificação de oportunidades de melhoria. In: FIGUEIREDO K.F.; FLEURY, P.F.; WANKE, P.F. *Logística e gerenciamento da cadeia de suprimentos*. São Paulo: Atlas, 2003.

HUSDAL, J. Supply chain risk. *International Journal of Physical Distribution and Logistics Management*, v.34, n.5, jul, 2009, p.434-456.

IBM White Paper. *Supply chain risk management – a delicate balancing act*. 2008.

INFRAERO. Disponível em: http://www.infraero.gov.br/cargaaerea. Acesso em 12/03/2010.

321

INSTITUTO DE LOGÍSTICA E SUPPLY CHAIN. *Logistics overview in Brazil*. 2008. Disponível em: http://www.ilos.com.br/site/index2.php?option=com_docman&task=doc_view&gid=31&Itemid=44. Acesso em: 15/11/2011.

JUNGHEINRICH. Disponível em: http://www.jungheinrich.com.br/pt/br/jungheinrich-empilha-deiras/produtos/estruturas-de-armazenagem/armazenagem-de-paletes/porta-paletes-desli-zante. Acesso em: 12/04/2011.

KATO, J.M. Avaliação de desempenho de sistemas logísticos através do Seis Sigma e Balanced Scorecard. *Revista da FAE*, v.6, n.2, maio-dez 2003, p.113-124.

KAPLAN, R.S.; NORTON, D.P. A estratégia em ação – *balanced scorecard*. Rio de Janeiro: Campus, 1997.

KELVIN, L. *Metodologia científica – Física Experimental*. São José dos Campos: Universidade do Vale do Paraíba, 2012.

KERSTEN, W.; BLECKER, T. *Managing risk in supply chain*. Berlin: Erich Schmidt Verlag GmBH & Co, 2006.

Logística – um levantamento das opções de modais de transporte para a região metropolitana de Campinas (RMC). *Anuário de Produção Acadêmica Docente*, v. XII, n.2, 2008, p. 285-97.

LOGISTIC OVERVIEW. *Logistics notes*. BMS. University of Mumbai. Disponível em: http://pt.scribd.com/doc/17342484/1-Logistics-Overview-1. Acesso em: 20/08/2010.

KING, S. In: RUSHTON, A.; CROUCHER, P.; BAKER, P. *The handbook of logistics and distribution management*. 3.ed. London: Koogan Page, 2006.

KOOGAN LAROUSSE. *Pequeno dicionário Enciclopédico Koogan Larousse*. Dir.de Antônio Houaiss. Rio de Janeiro: Larousse do Brasil, 1981.

KRAUR, A. *Management information systems to manage supply chain*. Disponível em: http://www.scribd.com/doc/7047252/MIS-Chapter-08-Supply-Chain-Management-and-Enterprise-Resource-Planning. Acesso em: 13/10/2011.

L100. *Basics of transportation and logistics (relatório)*. Infosys, 2006.

LACERDA, L. *Armazenagem estratégica – analisando novos conceitos.* Disponível em: http://www.sargas.com.br/site/index.php?option=com_content&task=view&id=40&Itemid=29. Acesso em: 25/10/2010.

LALONDE, B.J.; ZINSZER, P.H. *Customer service: meaning and measurement*. Chicago: National Council of Physical Distribution Management, 1976.

LAMBERT, D.M. Logistics cost, productivity and performance analysis. In: Copacino, W.C.; Robeson, J.F. (eds.). *The logistics handbook*. New York: The Free Press, 1994, p.260-302.

LAMBERT, D.M.; STOCK, J.R.; VANTINE, J.G. *Administração estratégica da logística*. São Paulo: Vantine Consultoria, 1998.

LANDES, D.S. *Prometeu desacorrentado*. Rio de Janeiro: Campus, 2005.

LAS CASAS, A.L. *Administração de vendas*. 5.ed. São Paulo: Atlas, 1999.

LAVALLE, C. *Pesquisa benchmarking – serviço ao cliente*. 2001. Disponível em: http://www.ilos.com.br. Acesso em: 28/05/2010.

Referências

LIMA, M.P. *Custos logísticos: uma visão gerencial*. Revista Tecnologística, dez-1998.

Logistics overview (1) – logistics notes. BMS, University of Mumbai. Disponível em: http://pt.scribd.com/doc/17342484/1-Logistics-Overview-1. Acesso em: 20/08/2010.

LUZENZANI, A.; DA SILVA, A. G & P, v. 11, set-dez/2004, p. 385-98.

LORENZATTO, J.T. *Estruturação de um sistema de indicadores de desempenho logístico*. Trabalho de diplomação em Engenharia de Produção. Universidade do Rio Grande do Sul. Porto Alegre, 2008.

MANSHIP Jr., W. *Air force supply – measures, metrics and mealth. Today's mogistics*. Air Force Logistics Management Agency, mai 2001, p. 511-67.

MATHER, H. *Competitive manufacturing*. Englewood Cliffs: Prentice-Hall, 1988.

MELVILLE, N.; Kraemer, K.; Gurbaxani, V. *Information technology and organizational performance – an integrative model of IT business value*. MIS Quarterly, v.28, n.2, 2004, p. 283-322.

MIRAMIRA, W.H.; CONTRERAS, C.C.; GUEVARA, L.R. Sistemas de almacenamiento logístico modernos. *Revista de la Facultad de Ingeniería Industrial*, v.12, n.1, 2009.

MOLLO, R.M.L. *O que é a globalização?*. Disponível em: http://www.cefetsp.br/edu/eso/introducaoglob.html.

MORASH, E.A. Supply chain strategies, capabilities, and performance. *Transportation Journal*, v.41, n.1, fall, 2001, p. 37-54. Disponível em: http://www.jstor.org/discover/10.2307/20713481?uid=37 37664&uid=2&uid=4&sid=21100805547471. Acesso em: 22/04/2011.

MRS Logística S.A. Um novo tempo para o transporte ferroviário – agenda 2012/2013. National Economic Development. Report. 2005.

NEVES, M.F. *Um modelo de planejamento de canais de distribuição – setor de alimentos*. Tese (Doutorado em Administração). São Paulo: Universidade de São Paulo, 1999.

O ESTADO DE SÃO PAULO. 28/07/2010.

O GLOBO. "Faturamento do comércio eletrônico sobe 40% e fecha o ano em R$14,8 bilhões". *G1 Economia*. Por Gabriela Gasparini. 23/03/2011.

OLIVEIRA, P.F. *A evolução da distribuição – cross-docking – logística descomplicada*. Disponível em: http://www.logisticadescomplicada.com. Acesso em: 18/11/2010.

ORACLE. *Meeting the challenger of the global supply chain*. 2006.

_____. *Going Global* (report). 2008.

PAGH, J.D.; COOPER M.C. Supply chain postponement and speculation estrategies – how to choose the right strategy. *Journal of Business Logistics*, v.19, n.2, 1998.

QUIROGA, J.P. *Introducción a la logística como herramienta de competitividad*. Cuadernillo 1 de 6. 2009. Formato PDF. Acesso em: 25/06/2010.

RODRIGUES, G.G; PIZZOLATO, N.D. *Centros de distribuição: armazenagem estratégica*. Disponível em: http://www.abepro.org.br/biblioteca/ENEGEP2003_TR0112_0473.pdf. Acesso em: 25/10/2010.

RAMSAY, J. The real meaning of value in trade relationships. *International Journal of Operations & Production Management*, v.25, n.6, 2005, p. 546-65.

Rede Infraero. PEGS 2009. Disponível em: www.infraero.gov.br. Acesso em: 17/08/2012.

Logística e cadeia de suprimentos: o essencial

REYNOLDS, J. *Logistics and fulfillment for e-business*. New York: CMP, 2001.

RUSHTON, A.; CROUCHER, P.; BAKER, P. *The handbook of logistics and distribution management*. 3.ed. London: Koogan Page, 2006.

SAP AG. Logistic Information System (LO-LIS). 2001.

SCAVARDA, L.F.R.R. do C.; NOGUEIRA FILHO, C.; KRAEMER, V. RFID na logística: fundamentos e aplicações. In: *XXV Encontro Nacional de Engenharia de Produção (Abepro)*. Porto Alegre, 2005.

SCHANKI, A. *Supply chain strategy and TI*. 2005.

SRINIVAS, R.A.O. Disponível em: http://www.scribd.com/doc/19464811/internationallogisticsmgmt. Acesso em: 20/08/2010.

STOA. Europe Parliament. RFID and Identity Management in Everyday Life. Study Europe Parliament. Stoa, 2006.

SUPPLY CHAIN COUNCIL. *Overview of SCOR process reference model – SCOR version 7.0 overview*. Disponível em: http://www.uni-potsdam.de/db/jpcg/Lehre/SS05/Vorlesung_Organizations_und_Personal_III_I/SCOR207.020Overview.pdf. Acesso em: 25/05/2010.

VAN´T HOF, C.; CORNELISSEN, J. *Europe Parliament RFID and identity management in everyday life - study Europe Parliament*. The Netherlands: The Rathenau Institute, 2006.

SULL, D. *Competing through organizational agility*. McKinsey Quarterly. dec. 2009.

SUPPLY SCHAIN & LOGISTICS CONSULTING LTD. Disponível em: http://www.supplychainlogistics-consulting.com/warehouse-design.html. Acesso em: 25/08/2011.

TAVARES, P.F.S. *Análise da competitividade do porto de Itajaí*. Dissertação (Mestrado). Universidade Estadual de Santa Cruz, 2005. Disponível em: http://www.pergamum.udesc.br/dados-bu/000000/000000000001/00000138.pdf. Acesso em: 18/05/2011.

TAYLOR, D.A. *Logística na cadeia de suprimentos: uma perspectiva gerencial*. São Paulo: Pearson Addison-Wesley, 2005.

TÉBOUL, J. *A era dos serviços – uma nova abordagem de gerenciamento*. São Paulo: Qualitymark, 1999.

Time series analysis for business forecasting. Disponível em: http://home.ubalt.ed/ntsbarsh/stat-data/forecast.htm. Acesso em: 20/06/2012.

TURBAN, E.; RAINER, R.K.; POTTER, R.E. *Introduction to information technology*. New York: John Wiley & Sons, 2003.

VALE DO RIO DOCE. Assessoria de imprensa da Vale. março, 2009.

VEJA. *Globalização. Há o que comemorar?* n.1749, 01/05/2002.

WANKE, P.F. Dinâmica da estatégia logística em empresas brasileias. RAE, v.45, n.4, 2005.

WEBSTER Jr. F.E. *Industrial marketing strategy*. 3.ed. New York: John Wiley & Sons, 1991.

Índice remissivo

A

Activity based costing 122
Adiamento 33
Agentes 207
Algoritmos computacionais 201
Análise dos processos de negócios 309
Análise dos riscos 291, 292
APS 77
Armazém 167
Armazenagem 11, 40, 51, 120, 178
Armazenamento 167
Armazenamento dos materiais 178
Atacadistas 202, 207
Atividades de *picking* 196
Automação 175
Automated storage/retrieval systems 188
Avaliação do desempenho empresarial 307

B

Balanced scorecard 308

C

Cadeia de distribuição 202
Cadeia de suprimentos 9, 15, 38, 295
Cadeia logística 38, 284
Canal 202, 213
Canal de distribuição 9, 42
Canal híbrido 213
Carga e descarga 217
Centro de distribuição 108, 165
Ciclos 229
Classificação dos riscos 288
Código de barras 61, 182
Coeficiente de correção 235
Coeficiente de correlação 239
Comerciantes 207
Competitividade 305
Compras 11
Consolidação de cargas 34, 111
Consumo 253
Consumo médio 263
Contingenciar 301
CPFR 68
Cross-docking 39, 170
CRP 79
Curva ABC 276
Curva de Pareto 276
Curva normal 263
Custo de armazenagem 255
Custo de capital 254, 255
Custo de manutenção dos estoques 112
Custo de processamento do pedido 113, 257

Custo de transporte 110
Custos logísticos 107, 113, 115

D

Data warehouse 56
Demanda 172, 181, 253
Depósitos 165
Desempenho 28
Desempenho operacional 306
Diagrama de causa-efeito 299
Direcionador de custo 123
Direcionador de recurso 123
Distribuição 107
Distribuição diferenciada 33
Distribuição exclusiva 213
Distribuição física 49, 297
Distribuição seletiva 213
Distribuidores 202, 208
DRP 79

E

E-commerce 59
ECR 56
EDI 61
E-fulfilment 77
E-Logistics 68
Embalagem 11
Embalagens 14
Empilhadeiras 188
E-procurement 68
Equação de regressão 239
Equipamentos 180
ERP 78
Erro médio percentual dos erros de
    previsão 246
Escolha do modelo de previsão 245
Estocagem dos materiais 180
Estoque 11, 89, 98, 112, 253
Estoque de segurança 260, 266
Estoque máximo 274
Estoque médio 255

Estoques mínimos 16
Estratégia 4, 27
Estratégia da logística 30
Estratégia da rede 120
Estratégia de adiamento 171
Estratégia de contingenciamento 291
Estratégia de distribuição 222
Estratégia de mitigação 291
Estratégias operacionais 281
Estrutura do canal 120
Estrutura organizacional 121
Estrutura porta-palete deslizante 186
Estruturas *drive-in* 186
E-tag 61
Expedição 170, 178

F

Fabricantes 202
Flexibilidade 294
Fluxo de informações 167
Fluxo de materiais 167
Fluxo de produtos 201
Fluxo logístico 28, 29
Fontes de suprimentos 297

G

Gargalos 142
Gerência de riscos 292
Gerenciamento da qualidade 309
Gerenciamento de transporte 11
Gerenciamento dos riscos 284
Gerenciamento logístico 227
Gestão da qualidade 59
Gestão de centros de distribuição 13
Gestão de estoque 11, 13, 253
Gestão de risco 284, 286
Gestão dos materiais 120
Gestão dos riscos logísticos 292
Globalização 130, 297
GPS (*global positioning system*) 56

H

Hub and spoke 170

I

Identificação dos riscos 298
Indicadores de desempenho 305, 314
Infraestrutura portuária 158
Instalações e equipamentos 121
Inteligência artificial 215
Intermediários 207
Intermodal 157
Internet 59

J

Janela de tempo 111, 217
Just in time 12, 38, 168

K

Kanban 270

L

Layout 176
LDW 82
Lead time 12, 174
LIS 82, 83
Localização 40, 49, 51, 176
Logística 5, 15, 25
Logística de distribuição 109, 289
Logística de suprimentos 109
Logística reversa 111
Lote econômico 270

M

Manuseio 167, 178
Manuseio dos materiais 184
Mapas dos fluxos logísticos 296
Mapeamento dos processos de negócios 299
Marketing 5, 82
Média absoluta dos erros de previsão 246

Média aritmética 229
Média aritmética ponderada 230
Média dos erros de previsão 246
Média quadrática dos erros de previsão 246
Médias 229
Mercado consumidor 205
Método Clarke-Wright 219
Métodos 4
Milk run 215
Mitigar 301
Modais de transporte 35, 49
Modal 145
Modal aquaviário 145
Modal hidroviário 142
Modelagem dos processos de negócios 299
Modelagem matemática 299
Movimentação 40, 178
Movimentação consolidada 17
Movimentação dos materiais 11
MPS 79
MRP 79
Multimodalidade 157

N

Nível de serviço 41, 262

O

On demand 39
Operação de *picking* 193
Operadores logísticos 207
Operador logístico 191

P

Packing 78
Pacote de serviços 95
Padronização 34
PEPS/FIFO 182
Persistência 228
Picking 78, 192
Planejamento da logística 26

Logística e cadeia de suprimentos: o essencial

Planejamento da produção 11
Planejamento de estratégias
    contingenciais 300
Planejamento estratégico 29
Planejamento logístico 29
Plano operacional 31
Plataformas de tecnologia da
    informação 297
Políticas e procedimentos: 120
Ponto de encomenda 270
Portos 144
Presença de marketing 174
Previsão de demanda 178
Previsões 227
Probabilidade 283
Problema da roteirização 218
Processamento de pedido 10, 89, 176
Processo de negócio 58, 205
Processo de roteirização 217
Processos 4
Processos logísticos 306
Produção 50
Projeto de armazenagem 180, 222
Projeto do armazém 182

Q

Qualidade assegurada 17

R

Recebimento 170
Recepção 178
Rede arborescente 214
Rede centralizada 214
Rede de distribuição 201
Rede logística 13, 42, 49
Reposição periódica 272
Resiliência 294
Resposta rápida 16, 168
RF 56
RFID 61, 64
Risco 38, 281, 283
Risco da rede de negócios 285
Risco na cadeia de suprimentos 289

Riscos do macroambiente 286
Riscos logísticos 296
Riscos qualitativos 283
Riscos quantitativos 283
Robustez 294
Rupturas da cadeia de suprimentos 299

S

Sazonalidade 112, 181, 240
SCOR (*supply chain operations refer-ence*) 309
Separação automática 194
Separação dos pedidos 176
Separação manual 193
Separação por onda 194
Separação por zona 194
Sequenciamento das rotas 219
Série temporal 245
Serviço ao cliente 40, 89, 94, 120
Serviços logísticos 227, 314
Simulação 299
Sistema de informação 120, 222
Sistema de informações logísticas 81
Sistema de reposição contínua 269
Sistema logístico 130
Sistema "P" 272, 273
Sistema "Q" 269
Sistemas de informação geográfica
    (GIS) 220
Sistemas empresariais 291
SKU (*stock keeping unit*) 168
Supply Chain Council (SCC) 309

T

Tecnologia da informação 6, 56
Tecnologias 4, 205
TED 56
Tempo de ciclo 98
Teoria da decisão 283
Terminais portuários 159
TI 76
Trade-off 36, 108, 166
Trajetória 228

Transbordo 157
Transportador 191
Transporte 11, 89, 120, 129, 178
Transporte aéreo 135
Transporte dutoviário 134
Transporte ferroviário 135, 140
Transporte intermodal 139
Transporte marítimo 133
Transporte rodoviário 133

U

UEPS/LIFO 182
Unimodal 157

V

Valor de um serviço 102
Vantagens competitivas 10
Varejistas 207
Variância mínima 16
VMI 65, 67

W

Warehouse management system (WMS)
68, 182, 194